ARIOSTE

ROLAND FURIEUX

Traduction nouvelle

PAR

FRANCISQUE REYNARD

TOME PREMIER

PARIS

ALPHONSE LEMERRE, ÉDITEUR

27-31, PASSAGE CHOISEUL, 27-31

M DCCC LXXX

ROLAND·FURIEUX

Il a été tiré de ce livre :

40 exemplaires sur papier de Chine.
40   —   —   Whatman.

Tous ces exemplaires sont numérotés et paraphés par l'éditeur

PRÉFACE

DU TRADUCTEUR

Si Arioste ne nous avait laissé que ses comédies et son livre de satires, quel que soit le mérite de ces ouvrages, de quelque renommée qu'ils aient joui jadis, il est certain que le nom de leur auteur serait depuis longtemps sinon oublié, du moins confondu dans la foule des écrivains de son époque : les Berni, les Trissin, les Bembo, les Molza, les Sadolet, les Alamani, les Rucellaï, et tutti quanti. Heureusement pour Arioste et pour nous, son poème de Roland furieux l'a mis hors rang, à ce point que Voltaire, après l'avoir tout d'abord proclamé l'égal de Virgile, finit par le placer au-dessus d'Homère. Ne va-t-il pas jusqu'à dire, dans son Essai sur le poème épique, à l'article Tasse : « Si on lit Homère par une espèce de devoir, on lit et on relit Arioste pour son plaisir. » Le blasphème est manifeste. Homère est le poète souverain auquel nul ne saurait

être égalé. Il s'avance en tête de tous les autres
« comme un Sire, » pour employer l'expression
si belle et si juste de Dante. Mais si l'auteur
de Roland doit s'incliner devant le créateur de
l'Iliade et de l'Odyssée, « cette source qui épanche un si large fleuve [1], » il peut marcher de pair
avec les plus grands et les meilleurs.

Le Roland furieux est, en effet, un des joyaux
de la pensée humaine. Il a l'éclat et la solidité du
diamant, comme il en a la pureté et la rare valeur. C'est une de ces œuvres charmantes et fortes
qui ont le privilège de traverser les âges sans
prendre une ride, toujours plus jeunes, plus
éblouissantes de fraîcheur et de vie à mesure
que les années s'accumulent sur leur tête. Elles
sont immortelles de naissance, ayant reçu dans
leur berceau ce don de vérité éternelle que le
génie seul possède.

Le sujet en est multiple. Arioste nous le dit
lui-même dès le premier vers : « Les dames, les
chevaliers, les armes, les amours, les courtoisies, les entreprises audacieuses, voilà ce que je
chante. » Et durant quarante-six chants, qui ne
comptent pas moins de quarante mille vers, il
poursuit imperturbablement le programme annoncé, sans la moindre fatigue pour lui, et au
perpétuel enchantement de ses lecteurs, « avec
une grâce égale, en vers pleins et faciles, riants
comme les campagnes d'Italie, chauds et bril-

---

[1] *Divine Comédie*, de l'Enfer, chap. I, verset 27.

lants comme les rayons du jour qui l'éclaire, et plus durables que les monuments qui l'embellissent[1] ». Soit qu'il nous entraîne à la poursuite d'Angélique qui fuit le paladin Renaud à travers les forêts pleines d'épouvante; soit qu'il nous raconte la folie furieuse de Roland, semant sur son passage la terreur et la mort; soit qu'il décrive les batailles homériques des Sarrasins et des soldats de Charlemagne sous les murs de Paris; soit qu'il s'égare en quelque digression plaisante et joyeuse, comme l'histoire de Joconde, il nous tient sous le charme de sa belle humeur, de sa langue nombreuse et imagée, de son éloquence indignée ou railleuse, sans cesse maître de lui-même, et « conservant toujours un ordre admirable dans un désordre apparent[2] ».

« Il y a dans l'Orlando furioso, dit Voltaire, un mérite inconnu à toute l'antiquité, c'est celui de ses exordes. Chaque chant est comme un palais enchanté, dont le vestibule est toujours dans un goût différent, tantôt majestueux, tantôt simple, même grotesque. C'est de la morale ou de la gaieté, ou de la galanterie, et toujours du naturel et de la vérité[3] ».

Rien de plus vrai que cette observation; mais si, dès le vestibule, l'architecte a déployé ses plus rares merveilles, l'intérieur du palais n'est pas

---

1 M.-J. Chénier. *Cours de lecture.*
2 M.-J. Chénier.   Id.
3 Voltaire. *Dictionnaire philosophique*, article *Épopée.*

moins séduisant ni moins fécond en surprises de tous genres.

Où trouver plus de grâce et de charme que dans ces strophes si connues, où la jeune vierge est comparée à la rose sur son buisson :

La jeune vierge est semblable à la rose qui, dans un beau jardin, repose solitaire et en sûreté sur le buisson natal, alors que le troupeau ni le pasteur n'est proche. La brise suave et l'aube rougissante, l'eau, la terre lui prodiguent leurs faveurs ; les jeunes amants et les dames énamourées aiment à s'en parer le sein et les tempes.

Mais elle n'est pas plutôt séparée de la branche maternelle et de sa tige verdoyante, que tout ce que des hommes et du ciel elle avait reçu de faveurs, de grâce et de beauté, elle le perd. La vierge qui laisse cueillir la fleur dont elle doit avoir plus de souci que de ses beaux yeux et de sa propre vie, perd dans le cœur de tous ses autres amants le prix qu'auparavant elle avait.

Qu'elle soit méprisée des autres, et de celui-là seul aimée à qui elle a fait de soi-même un si large abandon...[1].

Quel plus touchant, quel plus saisissant tableau que celui d'Angélique perdue sur le rivage d'une île déserte, à l'heure où la nuit tombe :

Quand elle se vit seule, en ce désert dont la vue seule la mettait en peur, à l'heure où Phébus, couché dans la mer, laissait l'air et la terre dans une obscurité profonde, elle s'arrêta dans une attitude qui aurait fait douter quiconque aurait vu sa figure, si elle était une femme véritable et douée de vie, ou bien un rocher ayant cette forme.

Stupide et les yeux fixés sur le sable mouvant, les cheveux dénoués et en désordre, les mains jointes et les lèvres

---

[1] *Roland furieux*, chant I.

immobiles, elle tenait ses regards languissants levés vers le ciel, comme si elle accusait le grand Moteur d'avoir déchaîné tous les destins à sa perte. Elle resta un moment immobile et comme atterrée ; puis elle délia sa langue à la plainte et ses yeux aux pleurs.

Elle disait : « Fortune, que te reste-t-il encore à faire pour avoir rassasié sur moi tes fureurs et assouvi ta vengeance ?... [1] ».

Arioste n'est pas seulement le poète de la grâce et de l'émotion douce. Il a, quand il le faut, des accents âpres et mâles pour dépeindre les sanglantes mêlées, les assauts vertigineux, les cités croulant sous la flamme. Ses guerriers, même les moins intéressants, sont dessinés avec une vigueur, avec une maestria superbe. Écoutez-le parler de Rodomont escaladant les murs de Paris :

Rodomont, non moins indompté, superbe et colère, que le fut jadis Nemrod, n'aurait pas hésité à escalader le ciel, même de nuit, s'il en avait trouvé le chemin en ce monde. Il ne s'arrête pas à regarder si les murailles sont entières ou si la brèche est praticable, ou s'il y a de l'eau dans le fossé. Il traverse le fossé à la course et vole à travers l'eau bourbeuse où il est plongé jusqu'à la bouche.

Souillé de fange, ruisselant d'eau, il va à travers le feu, les rochers, les traits et les balistes, comme le sanglier qui se fraye à travers les roseaux des marécages de Mallea un ample passage avec son poitrail, ses griffes et ses défenses. Le Sarrasin, l'écu haut, méprise le ciel tout autant que les remparts.

À peine Rodomont s'est-il élancé à l'assaut, qu'il parvient sur une de ces plates-formes qui, en dedans des murailles,

---

[1] *Roland furieux*, chant VIII.

forment une espèce de pont vaste et large, où se tiennent les soldats français. On le voit alors fracasser plus d'un front, pratiquer des tonsures plus larges que celles des moines, faire voler les bras et les têtes, et pleuvoir, du haut des remparts dans le fossé, un fleuve de sang...

... Pendant que la foule des barbares descend, ou plutôt se précipite dans le fossé hérissé de périls, et de là, par toutes sortes de moyens, s'efforce de monter sur la seconde enceinte, le roi de Sarse, comme s'il avait eu des ailes à chacun de ses membres, malgré le poids de son corps gigantesque et son armure si lourde, bondit de l'autre côté du fossé.

Ce fossé n'avait pas moins de trente pieds de large. Il le franchit avec la légèreté d'un lévrier, et ne fait, en retombant, pas plus de bruit que s'il avait eu du feutre sous les pieds. Il frappe sur les uns et sur les autres, et, sous ses coups, les armures semblent non pas de fer, mais de peau ou d'écorce, tant est bonne la trempe de son épée et si grande est sa force [1].

Si maintenant on veut avoir la mesure complète de la souplesse du talent d'Arioste, qu'on mette en regard de ce portrait du guerrier sarrasin le passage où Angélique est exposée nue, sur une plage lointaine, aux entreprises d'un vieil ermite magicien. Je me hâte de le dire, il serait difficile d'imaginer une situation plus risquée, d'entrer dans des détails plus précis et plus scabreux ; mais il serait impossible aussi de s'en tirer avec plus de finesse, de malicieuse habileté, de rouerie naïve. Qu'on en juge :

Il (l'ermite) avait à son côté une poche ; il l'ouvre et il

---

[1] *Roland furieux*, chant XIV.

en tire une fiole pleine de liqueur. Sur ces yeux puissants où Amour a allumé sa plus cuisante flamme, il en jette légèrement une goutte qui suffit à endormir Angélique. La voilà gisant, renversée sur le sable, livrée à tous les désirs du lubrique vieillard.

Il l'embrasse et la palpe à plaisir, et elle dort et ne peut faire résistance. Il lui baise tantôt le sein, tantôt la bouche; personne ne peut le voir en ce lieu âpre et désert. Mais, dans cette rencontre, son destrier trébuche, et le corps débile ne répond point au désir. Il avait peu de vigueur, ayant trop d'années, et il peut d'autant moins qu'il s'essouffle davantage.

Il tente toutes les voies, tous les moyens, mais son roussin paresseux se refuse à sauter; en vain il lui secoue le frein, en vain il le tourmente, il ne peut lui faire tenir la tête haute. Enfin, il s'endort auprès de la dame qu'un nouveau danger menace encore [1].

Quelle richesse de palette, quelle variété de tons, quelle finesse, quelle grâce, quelle force, quelle puissance de peinture! Comme c'est bien la maîtresse qualité qu'Horace réclame chez un poète : ut pictura poesis.

On a voulu voir dans Roland furieux une critique de la chevalerie. Ces grands coups d'épée qui fendent du haut en bas chevaux et cavaliers bardés de fer; ces lances magiques au bout desquelles Roland emporte à bras tendu et au galop de son coursier jusqu'à dix Sarrasins, enfilés les uns après les autres comme une brochette de mauviettes ou de grenouilles; ces castels enchantés qui apparaissent et s'évanouissent à la cime des monts chenus sur un signe, sur une parole

---

[1] *Roland furieux*, chant VIII.

du premier magicien qui passe ; ces guerriers qui, après avoir terrassé en champ clos leurs plus robustes adversaires, se reposent en triomphant la nuit suivante de dix pucelles ; tous ces moyens, tous ces exploits hors nature ont été pris pour une parodie volontaire des mœurs chevaleresques déjà fort en désuétude au temps d'Arioste. On a comparé Roland à Don Quichotte, et Arioste à Cervantès. C'est, je crois, une erreur. Au commencement du XVIe siècle, la mode était toujours aux romans de chevalerie. Le Morgante maggiore *de Pulci*, et le Roland amoureux *de Boïardo*, publiés dans les dernières années du siècle précédent [1], étaient encore en pleine possession de la vogue immense qui les avait accueillis lors de leur apparition. Arioste a voulu, à son tour, écrire une œuvre qui répondît au goût du public. Il a simplement suivi les traces de ses devanciers, et cela est si vrai, qu'il ne s'est même pas donné la peine de chercher une fable nouvelle. Il a pris celle de Roland amoureux qui était resté inachevé, et dont Roland furieux n'est en réalité que la continuation. Ce sont les mêmes personnages et quasi les mêmes aventures, qui ont un même cadre : la guerre des Chrétiens et des Sarrasins. Seulement, sous la plume d'un écrivain de génie, le cadre s'est agrandi, les personnages ont pris un relief inat-

---

[1] Le *Roland amoureux*, de Boïardo, parut en 1495.

-tendu, et ce qui n'était en principe qu'un roman de chevalerie, s'est élevé aux proportions d'un poème épique. La teinte de raillerie jetée sur l'ensemble de l'œuvre ne provient pas d'une idée préconçue, n'est pas la résultante d'une pensée philosophique ou sociale, elle est l'expression naturelle, et pour ainsi dire inconsciente, de la société incrédule et superstitieuse, ignorante et lettrée, raffinée et barbare, au milieu de laquelle vivait Arioste, et dont il fut lui-même un très curieux spécimen.

Esprit léger et sérieux tout à la fois, ambitieux et désintéressé, prodigue par tempérament et économe par nécessité, Ludovic Arioste est une figure à part au milieu de ces gentilshommes courtisans qui donnaient aux petites cours italiennes de la Renaissance, et surtout à la cour du duc de Ferrare, une si brillante physionomie. Il naquit en 1474, à Reggio, province de Modène. Sa famille était originaire de Bologne, ainsi qu'il nous le dit dans la sixième de ses satires. Son père et ses oncles, hommes d'un certain mérite, occupaient des emplois assez élevés dans la cité de Ferrare. Sa mère appartenait à la très ancienne famille des Malaguzzi, ce qui le faisait cousin-germain d'Annibal Malaguzzi, auquel il a dédié la première de ses satires, et qu'il cite une fois ou deux avec éloge dans son poème. Il était l'aîné de dix enfants, cinq garçons et cinq filles. Nous savons, par sa satire IV, le nom de ses frères :

De cinq que nous sommes, Charles est dans le royaume d'où les Turcs ont chassé mon Cléandre, et il a le dessein d'y rester quelque temps.

Galas sollicite, dans la cité d'Évandre, la permission de porter la chemise sur la simarre; et toi, tu es allé vers le Seigneur, ô Alexandre.

Voici Gabriel; mais que veux-tu qu'il fasse, étant, depuis l'enfance, resté, par malechance, estropié des jambes et des bras?

Il ne fut jamais en place ni en cour.

Le patrimoine était mince pour élever toute cette nombreuse famille. Les ancêtres d'Arioste ne s'étaient point enrichis dans le négoce ou par les trafics :

Jamais Mercure n'a été trop ami des miens[1].

Aussi lui advint-il, comme jadis à Ovide, et à tant d'autres depuis, d'avoir à lutter contre la volonté paternelle pour se livrer à l'étude des belles-lettres où le poussaient ses goûts et comme la prescience de son génie. C'est ce dont il se plaint en ces termes à son ami Bembo :

Hélas! quand j'eus l'âge convenable pour goûter au miel Pégaséen, alors que mes joues fraîches ne se voyaient pas encore fleuries d'un seul poil,

Mon père me chassa avec les épieux et les lances, et non pas seulement avec les éperons, à compulser textes et gloses, et m'occupa cinq ans à ces sottises[2].

Après cinq ans d'essais infructueux et de luttes

---

1 Satire III.
2 Satire IV.

incessantes, son père finit par s'apercevoir qu'il perdait son temps à vouloir faire de son fils un homme de loi. Il lui rendit sa liberté. Arioste avait déjà dépassé l'âge de vingt ans. Il lui fallut réparer le temps perdu. Sa bonne fortune le fit tomber entre les mains du célèbre Grégoire de Spolète, savant helléniste et latiniste, sous la direction duquel il fit de rapides progrès dans la langue de Virgile et d'Horace. Il venait à peine d'entreprendre l'étude du grec quand il perdit son professeur. Sur les instances d'Isabelle, femme de Jean Galéas, Grégoire avait consenti à accompagner en France le jeune Ludovic Sforza, prisonnier de Louis XII. Peu de temps après, le père d'Arioste mourut, et tous les soins de la famille retombèrent à la charge de ce dernier, de sorte qu'il dut faire marcher de front ses études et ses démarches pour établir ses sœurs et ses frères. Il s'acquitta de cette double tâche avec un courage admirable.

Entre temps, il s'était fait connaître par quelques pièces de vers, sonnets, madrigaux, canzones. Sa réputation naissante lui valut la protection d'Hippolyte, cardinal d'Este, qui se l'attacha en qualité de poète. Mais, bien qu'Arioste fût déjà fort estimé pour ses talents d'écrivain, le cardinal se servit plus souvent de lui comme messager d'État que comme poète attitré. Il l'envoya à diverses reprises auprès du pape; une première fois quand les Vénitiens déclarèrent la guerre au duc Alphonse, pour lui réclamer une somme importante que lui devait Jules II ; une seconde fois, après la victoire des Français à Ravenne.

C'est au milieu de ces allées et venues qu'Arioste composa son poème de Roland ; qu'il dédia au cardinal Hippolyte, lequel ne paraît guère en avoir compris la valeur. Un jour, après avoir entendu la lecture de plusieurs chants que le poète venait de terminer, il lui dit en riant : « Hé ! maître Ludovic, où diable avez-vous pris toutes ces... sottises? » Le mot, en italien, est autrement expressif, mais il ne saurait être traduit en français[1]. Je dois ajouter que si le cardinal faisait assez peu de cas du talent de poète d'Arioste, il le payait fort mal.

Mais il fallait vivre ; il fallait surtout pourvoir aux besoins de la nombreuse couvée dont il était l'unique soutien. Arioste resta dix-sept ans auprès d'Hippolyte. A la mort du cardinal, il passa au service du duc Alphonse qui le traita avec plus de considération, sinon avec plus de largesse. Mais le désir de ne pas s'éloigner de Ferrare lui fit accepter cette nouvelle servitude :

Ce n'est pas que le service du duc soit bon de tous points; ce qui me plaît surtout en lui, c'est que je m'éloigne rarement du nid natal; ce qui jette peu de trouble dans mes travaux[2].

---

1 esser Ludovico, dove avete pigliato tante coglionerie?

2 Satire IV.

Arioste s'était bâti à Ferrare une maison entourée d'un jardin. C'est là qu'il écrivit la plupart de ses ouvrages, et qu'il mit la dernière main à son poème de Roland. A son vif regret, à la mort de Léon X, il dut quitter sa chère retraite pour aller prendre le gouvernement de la province de Garfagnana, en plein Apennin. On raconte à ce sujet l'aventure suivante : Il se rendait à sa résidence, et était sur le point d'arriver à Castelnuovo, quand il fut arrêté par des brigands, lesquels, aussitôt qu'ils eurent appris quel était leur prisonnier, le comblèrent de marques de respect et l'escortèrent jusqu'à ce qu'il eût franchi le passage dangereux. Peut-être n'est-ce là qu'une légende; mais l'aventure n'a rien d'invraisemblable. Elle est bien dans les mœurs de l'époque, et s'accorde parfaitement avec l'admiration que les contemporains d'Arioste avaient pour le poète de Roland.

Il resta trois ans à Castelnuovo. Rentré à la fin de sa mission à Ferrare, il ne s'y occupa plus que de ses travaux littéraires, retouchant sans cesse son poème de Roland. Il venait d'en donner une édition définitive, lorsqu'il mourut, le 8 juillet 1533, à l'âge de cinquante-neuf ans.

Outre Roland furieux, Arioste a écrit cinq comédies et des satires au nombre de sept. Voici comment s'exprime, au sujet de ces dernières, un des maîtres de la critique italienne : « Dans le genre de la satire, comme dans le genre épique et dans celui de la comédie, Arioste excelle comme se rapprochant le plus d'Horace, lequel a su, plus que les autres auteurs latins, conserver à la satire l'allure de la comédie[1]. » Pour nous, les satires d'Arioste ont surtout le mérite de nous retracer dans ses détails intimes la vie du poète.

Des cinq comédies, la plus célèbre, la meilleure aussi, est celle qui a pour titre : I Suppositi. Puis viennent la Cassaria, il Negromante, la Lena, et la Scolastica. Cette dernière, laissée inachevée par Arioste, fut terminée par son frère Gabriel. Ces cinq pièces, où se retrouvent à un haut degré les principales qualités de l'auteur de Roland, l'abondance, la verve, la clarté, l'esprit d'observation, eurent toutes, sauf la dernière qui ne fut pas jouée, du moins du vivant d'Arioste, un grand succès et le placèrent au premier rang des auteurs comiques en Italie. Mais encore une fois, son vrai titre aux yeux de la postérité n'est ni dans ses comédies, ni dans ses satires, ni dans les poésies lyriques qu'il a composées en l'honneur de divers personnages de la maison d'Este et, en particulier, du cardinal Hippolyte; c'est dans Roland qu'il faut le chercher. Les satires et les comédies d'Arioste ne sont plus guère lues que des érudits, tandis que Roland est dans toutes les mains, a été traduit

---

[1]. Gravina. *Trattato della Ragion poetica.*

dans toutes les langues. Bien qu'âgé de près de quatre siècles, il est, comme dit le poète :

Jeune encore de gloire et d'immortalité.

Roland furieux *fut publié pour la première fois à Ferrare, en 1515 ou 1516. Depuis cette époque, il en a été fait de nombreuses traductions françaises en prose et en vers. Voltaire disait à ce propos : « Je n'ai jamais pu lire un seul chant de ce poème dans nos traductions*[1]. » Si Voltaire vivait encore, il tiendrait certainement le même langage. Les traductions de Roland faites après lui ne valent guère mieux que celles qui existaient de son temps. Si les dernières ont été parfois un peu plus scrupuleuses sous le rapport de l'exactitude, elles sont toutes d'un terre à terre désespérant. Aucune n'a cherché à rendre le coloris étincelant, la naïveté savante, l'enjouement, le brio qu'Arioste a répandus à pleines mains sur son œuvre. A les lire, on ressent la même impression que ferait éprouver la vue d'un papillon dont les ailes, prises entre les doigts d'un rustre, y auraient laissé leurs couleurs.

Cependant, je ne crois pas qu'il soit impossible de donner de nos jours une bonne traduction du chef-d'œuvre d'Arioste. La langue française du XIXe siècle, telle que nous l'ont faite J.-J. Rous-

---

[1] *Dictionnaire philosophique*, mot *Épopée.*

seau, Chateaubriand, George Sand, Victor Hugo, est un instrument assez souple, assez sonore, assez complet pour prendre tous les tons, pour rendre toutes les nuances d'un idiome étranger, surtout de l'italien avec lequel elle a tant d'affinités d'origine. Aussi, n'ai-je pas hésité à traduire Roland furieux après tant d'autres. Ai-je réussi à faire mieux que mes devanciers? Il ne m'appartient pas d'en juger. Ce que je puis dire, c'est que je me suis efforcé de mieux faire. En tout cas, la façon si bienveillante avec laquelle le public a accueilli mes traductions de la Divine Comédie et du Décaméron, me fait espérer qu'il me tiendra compte, cette fois encore, des efforts que j'ai faits pour lui offrir, dans toute sa vérité, un des chefs-d'œuvre et, suivant quelques-uns, parmi lesquels Voltaire, le chef-d'œuvre de la poésie italienne.

Francisque REYNARD.

Paris, 30 octobre 1879.

ROLAND FURIEUX

CHANT PREMIER.

ARGUMENT. — Angélique, s'étant enfuie de la tente du duc de Bavière, rencontre Renaud qui est à la recherche de son cheval. Elle fuit de tout son pouvoir cet amant qu'elle hait, et trouve sur la rive d'un fleuve le payen Ferragus. Renaud, pour savoir à qui appartiendra Angélique, en vient aux mains avec le Sarrasin ; mais les deux rivaux s'étant aperçus de la disparition de la donzelle, cessent leur combat. — Pendant que Ferragus s'efforce de ravoir son casque qu'il a laissé tomber dans le fleuve, Angélique rencontre par hasard Sacripant qui saisit cette occasion pour s'emparer du cheval de Renaud. Celui-ci survient en menaçant.

E chante les dames, les chevaliers, les armes, les amours, les courtoisies, les audacieuses entreprises qui furent au temps où les Maures passèrent la mer d'Afrique et firent tant de ravages en France, suivant la colère et les juvéniles fureurs d'Agramant leur roi, qui s'était vanté de

venger la mort de Trojan sur le roi Charles, empereur romain.

Je dirai de Roland, par la même occasion, des choses qui n'ont jamais été dites en prose ni en rime ; comment, par amour, il devint furieux et fou, d'homme qui auparavant avait été tenu pour si sage. Je le dirai, si, par celle qui en a fait quasi autant de moi en m'enlevant par moments le peu d'esprit que j'ai, il m'en est pourtant assez laissé pour qu'il me suffise à achever tout ce que j'ai promis.

Qu'il vous plaise, race généreuse d'Hercule, ornement et splendeur de notre siècle, ô Hippolyte, d'agréer ce que veut et peut seulement vous donner votre humble serviteur. Ce que je vous dois, je puis le payer partie en paroles, partie en écrits. Et qu'on ne me reproche pas de vous donner peu, car tout autant que je puis donner, je vous donne.

Vous entendrez, parmi les plus dignes héros que je m'apprête à nommer avec louange, citer ce Roger qui fut, de vous et de vos aïeux illustres, l'antique cep. Je vous ferai entendre sa haute valeur et ses faits éclatants, si vous me prêtez l'oreille et si vos hautes pensées s'abaissent un peu, de façon que jusqu'à elles mes vers puissent arriver.

Roland, qui longtemps fut énamouré de la belle Angélique et pour elle avait dans l'Inde, en Médie, en Tartarie, laissé d'infinis et d'immortels trophées, était revenu avec elle dans le Ponant, où, sous les grands monts Pyrénéens, avec les gens de France et d'Allemagne, le roi Charles tenait campagne

Pour faire repentir encore le roi Marsille et le roi Agramant de la folle hardiesse qu'ils avaient eue, l'un de conduire d'Afrique autant de gens qui étaient en état de porter l'épée et la lance, l'autre d'avoir soulevé l'Espagne, dans l'intention de détruire le beau royaume de France. Ainsi Roland arriva fort à point ; mais il se repentit vite d'y être venu ;

Car peu après sa dame lui fut ravie. — Voilà comme le jugement humain se trompe si souvent ! — Celle que, des rivages d'Occident à ceux d'Orient, il avait défendue dans une si longue guerre, maintenant lui est enlevée au milieu de tous ses amis, sans qu'il puisse tirer l'épée, dans son propre pays. Le sage empereur, qui voulut éteindre un grave incendie, fut celui qui la lui enleva.

Peu de jours avant, était née une querelle entre le comte Roland et son cousin Renaud, tous les deux ayant pour cette rare beauté l'âme allumée d'amoureux désirs. Charles qui n'avait pas un tel conflit pour agréable, car il lui rendait leur concours moins entier, enleva cette donzelle qui en était la cause et la remit aux mains du duc de Bavière,

La promettant en récompense à celui des deux qui, dans cette bataille, en cette grande journée, aurait occis une plus grande masse d'infidèles, et de son bras lui aurait le plus prêté l'appui. Mais le succès fut contraire à ses vœux, car en fuite s'en alla la gent baptisée, et, avec beaucoup d'autres, le duc fut fait prisonnier, laissant abandonné le pavillon.

Où était demeurée la donzelle qui devait être la récompense du vainqueur. En présence du danger, elle était sautée en selle, et dès qu'il fallut, elle avait tourné les épaules, prévoyant qu'en ce jour la fortune devait être rebelle à la foi chrétienne. Elle entra dans un bois, et, sur le sentier étroit, elle rencontra un chevalier qui s'en venait à pied.

La cuirasse au dos, le casque en tête, l'épée au flanc, l'écu au bras, il courait par la forêt, plus léger que le vilain à demi nu, vers le pallio rouge. La timide pastourelle ne se détourne pas si prestement devant un serpent cruel, qu'Angélique ne fut prompte à tourner bride dès qu'elle aperçut le guerrier qui s'en venait à pied.

Celui-ci était ce vaillant paladin, fils d'Aymon, seigneur de Montauban, auquel peu auparavant son destrier Bayard était, par cas étrange, sorti des mains. Sitôt qu'il eut levé les regards vers la dame, il reconnut, bien que de loin, l'angélique semblance et le beau visage qui, dans leurs rets amoureux, le tenaient enlacé.

La dame tourne en arrière le palefroi, et, à travers la forêt, le chasse à toute bride. Par les clairières ou les taillis touffus, elle ne cherche pas la plus sûre et la meilleure voie ; mais pâle, tremblante et hors d'elle-même, elle laisse au destrier le soin de choisir sa route. En haut, en bas, dans la forêt profonde et sauvage, elle tourne jusqu'à ce qu'elle arrive à une rivière.

Au bord de la rivière se trouvait Ferragus, plein de sueur et tout poudreux. Hors de la bataille, l'avait poussé un grand désir de boire et de se reposer. Puis, malgré lui, il s'était arrêté là, parce qu'avide et pressé de goûter à l'eau, il avait laissé tomber son casque dans le fleuve et n'avait pas encore pu le ravoir.

Aussi fort qu'elle pouvait, la donzelle épouvantée s'en venait criant. A cette voix le Sarrasin saute sur la rive et la regarde au visage ; et aussitôt qu'elle arrive il la reconnaît, bien que pâle et troublée de crainte, et que depuis de longs jours il n'en eût pas eu de nouvelles, pour être sans doute la belle Angélique.

Et comme il était courtois, et qu'il n'en avait peut-être pas moins le cœur allumé que les deux cousins, il lui donna toute l'aide qu'il pouvait. Aussi courageux et hardi que s'il eût eu son casque, il tira l'épée, et, menaçant, courut sur Renaud qui l'attendait sans peur. Plusieurs fois déjà, ils s'étaient non pas seulement vus, mais reconnus à l'épreuve de leurs armes.

Là, ils commencèrent une cruelle bataille, à pied comme ils étaient, avec leurs glaives nus. Non seulement les plaques et les mailles de leurs armures, mais même des enclumes n'auraient pas résisté à leurs coups. Or, pendant qu'ainsi l'un contre l'autre travaille, le palefroi poursuit son chemin, car Angélique, autant qu'elle peut donner de l'éperon, le chasse à travers le bois et la campagne.

Après que les deux guerriers se furent longtemps fatigués en vain pour s'abattre réciproquement, tous les deux étant de forces égales les armes en mains et non moins habiles l'un que l'autre, le seigneur de Montauban fut le premier qui parla au chevalier d'Espagne, comme quelqu'un qui a dans le cœur tant de feu qu'il en brûle tout entier, et ne trouve pas le temps de l'exhaler.

Il dit au païen : « — Tu auras cru nuire à moi seul, et pourtant tu te seras nui à toi-même avec moi. Si tout cela arrive parce que les rayons fulgurants du nouveau soleil t'ont allumé la poitrine, quel bénéfice auras-tu de me retarder ici ? Quand bien même tu m'aurais mort ou prisonnier, la belle dame n'en serait pas plus à toi, car pendant que nous nous attardons, elle va son chemin.

« Combien mieux vaudrait-il, si tu l'aimes aussi, de te mettre au travers de sa route pour la retenir et l'arrêter, avant que plus loin elle ne s'en aille ! Quand nous l'aurons en notre pouvoir, alors nous verrons avec l'épée à qui elle doit appartenir. Autrement, je ne vois pas, après une longue fatigue, qu'il puisse en résulter pour nous autre chose que du désagrément. — »

La proposition ne déplaît pas au païen. Leur querelle est ainsi différée, et entre eux naît subitement une telle trêve, la haine et la colère s'en vont en tel oubli, que le païen, en s'éloignant des fraîches eaux, ne laisse pas à pied le brave fils d'Aymon. Avec prière il l'invite, puis le prend en croupe et, sur les traces d'Angélique, il galope.

O grande bonté des chevaliers antiques! Ils étaient rivaux, ils étaient de croyance opposée et ils sentaient toute leur personne encore endolorie d'âpres coups ; pourtant, par les forêts obscures et les sentiers de traverse, ils vont ensemble, sans que le soupçon les détourne. De quatre éperons stimulé, le destrier arrive à un endroit où la route en deux se partageait.

Et comme ils ne savaient si la donzelle avait suivi l'une ou l'autre voie, — car sans différence aucune apparaissaient sur toutes deux les traces nouvelles — ils s'en remirent à l'arbitrage de la fortune, Renaud prenant l'une et le Sarrasin l'autre. Par le bois, Ferragus s'avança longtemps et, à la fin, se retrouva juste à l'endroit d'où il venait.

Il se retrouve encore au bord de la rivière, là où son casque était tombé dans l'eau. Puisqu'il n'espère plus retrouver la dame, pour avoir le casque que le fleuve lui cache, à l'endroit même où il était tombé, il descend sur l'extrême bord humide. Mais le casque était tellement enfoncé dans le sable, qu'il aura fort à faire avant de l'avoir.

Avec un grand rameau d'arbre émondé, dont il avait fait une longue perche, il sonde le fleuve et cherche jusqu'au fond, ne laissant pas un endroit sans le battre et le fouiller. Pendant qu'à sa plus grande colère son retard ainsi se prolonge, il voit du milieu du fleuve surgir jusqu'à la poitrine un chevalier à l'aspect hautain.

Il était, sauf la tête, complètement armé, et tenait un casque dans la main droite ; c'était précisément le casque que Ferragus avait longtemps cherché en vain. S'adressant avec colère à Ferragus, il dit : « — Ah! parjure à ta foi, maudit, pourquoi regrettes-tu encore de me laisser le casque que depuis longtemps tu devais me rendre?

« Souviens-toi, païen, du jour où tu occis le frère d'Angélique. Ce frère, c'est moi. Avec le reste de mes armes, tu me promis de jeter, au bout de quelques jours, le casque dans la rivière. Or, si la fortune — ce que toi tu n'as pas voulu faire — a réalisé mon désir, ne t'en fâche pas ; et si tu dois te fâcher, que ce soit d'avoir manqué à ta parole.

« Mais si pourtant tu as envie d'un casque fin, trouves-en un autre et conquiers-le avec plus d'honneur. Le paladin Roland en porte un semblable ; un semblable, et peut-être encore meilleur, en porte Renaud. L'un appartint à Almont et l'autre à Mambrin. Acquiers l'un d'eux par ta valeur ; quant à celui-ci, que tu avais jadis promis de me laisser, tu feras bien de me le laisser en effet. — »

A l'apparition que l'ombre fit à l'improviste hors de l'eau, tout le poil du Sarrasin se hérissa, et son visage pâlit. Sa voix qui était prête à sortir, s'arrêta. Puis, s'entendant ainsi reprocher par Argail qu'il avait tué jadis, — il se nommait Argail —

son manque de parole, il se sentit brûler au dedans et au dehors de honte et de colère.

N'ayant pas le temps de chercher une autre excuse et reconnaissant bien qu'on lui disait la vérité, il resta sans réponse et la bouche close. Mais la vergogne lui traversa tellement le cœur, qu'il jura par la vie de Lanfuse ne vouloir jamais plus qu'un autre casque le couvrît, sinon celui si célèbre que jadis, dans Aspromonte, Roland arracha de la tête du fier Almont.

Et il observa mieux ce serment qu'il n'avait fait du premier. Puis, il s'en va si mécontent que, pendant plusieurs jours, il s'en ronge et s'en consume l'esprit, n'ayant d'autre préoccupation que de chercher le paladin, de çà de là, où il pense le trouver. Une aventure d'un autre genre arrive au brave Renaud qui avait pris des chemins opposés.

Renaud ne va pas loin, sans voir sauter devant lui son généreux destrier : « — Arrête, mon Bayard; arrête tes pas; car être sans toi m'est trop nuisible. — » A cet appel, le destrier reste sourd et ne vient pas à lui. Au contraire il s'en va plus rapide. Renaud le suit et se consume de colère. Mais suivons Angélique qui fuit.

Elle fuit à travers les forêts obscures et pleines d'épouvante, par des lieux inhabités, déserts et sauvages. Le mouvement des feuilles et de la verdure, s'agitant aux branches des chênes, des ormes et des hêtres, lui avait fait, par des peurs soudaines, tracer de çà de là d'étranges détours, car à toute ombre aperçue sur la montagne et dans la vallée, elle craint toujours d'avoir Renaud derrière les épaules.

Telle la jeune biche ou la jeune chèvre qui, à travers les feuilles du bois natal, a vu le léopard égorger sa mère, et lui ouvrir le flanc et la poitrine, de forêt en forêt, loin de la bête cruelle, s'échappe, tremblant de peur et de défiance. A chaque buisson qu'elle frôle en passant, elle croit être saisie par la gueule de la bête féroce.

Ce jour-là, et la nuit suivante et la moitié de l'autre jour, Angélique s'en va, tournant et ne sachant où. Elle se trouve à la fin dans un charmant petit bois, que doucement caresse une fraîche brise. Deux clairs ruisseaux murmurant tout autour, y tiennent les herbes toujours tendres et nouvelles, et font un doux concert à l'oreille, en se brisant et en courant lentement à travers de petites roches.

Là, pensant être en sûreté et à mille milles de Renaud, fatiguée de la route et brûlée par la chaleur, elle se décide à se reposer un peu. Elle descend de cheval parmi les fleurs, et laisse aller à la pâture le palefroi débarrassé de sa bride. Celui-ci s'en va errer autour des claires ondes dont les bords étaient remplis d'une herbe fraîche.

Non loin de là, Angélique voit un beau buisson d'épines fleuries et de roses vermeilles, qui se penche sur le miroir des eaux limpides, garanti du soleil par les grands chênes ombreux. Au milieu est un espace vide, de sorte qu'il forme comme une chambre fraîche parmi des ombres plus épaisses. Et les feuilles s'entremêlent aux rameaux, de façon que le soleil, ni le moindre regard, n'y peuvent pénétrer.

Au dedans, les herbes tendres y font un lit invitant à s'y reposer quiconque s'en approche. La belle dame se place tout au milieu. Là, elle se couche et s'endort. Mais elle ne reste pas longtemps ainsi, car il lui semble qu'un bruit de pas vient jusqu'à elle. Inquiète, elle se lève et, près de la rivière, elle voit qu'un chevalier armé est venu.

S'il est ami ou ennemi, elle l'ignore. La crainte, l'espérance, le doute lui secouent le cœur. Elle attend la fin de cette aventure, et d'un seul soupir se garde de frapper l'air. Le chevalier descend sur la rive du fleuve; sur l'un de ses bras il laisse reposer sa joue, et il se plonge dans une si profonde rêverie, qu'il paraît changé en une pierre insensible.

Pensif, il resta plus d'une heure la tête basse, le dolent chevalier. Puis il commença, d'un ton affligé et bas, à se lamenter d'une si suave façon, qu'il aurait de pitié attendri un rocher et rendu clément un tigre cruel. Soupirant, il pleurait tellement que ses joues semblaient un ruisseau et sa poitrine un Mont-Gibel.

« — O pensée, — disait-il — qui me glaces et me brûles le cœur, et causes la douleur qui sans cesse me ronge et me consume ! Que dois-je faire, puisque je suis arrivé trop tard, et qu'un autre, pour cueillir le fruit, est arrivé avant moi ? A peine en ai-je eu quelques paroles et quelques regards, et d'autres en ont toutes les dépouilles opimes. S'il ne m'en revient ni fruit, ni fleur, pourquoi mon cœur veut-il encore s'affliger pour elle ?

« La jeune vierge est semblable à la rose qui, dans un beau jardin, sur le buisson natal, pendant qu'elle est seule, repose en sûreté, alors que le troupeau ni le pasteur n'est proche. La brise suave et l'aube rougissante, l'eau, la terre, lui prodiguent leurs faveurs ; les jeunes amants et les dames énamourées aiment à s'en parer le sein et les tempes.

« Mais elle n'est pas plus tôt séparée de la branche maternelle et de sa tige verdoyante, que tout ce que des hommes et du ciel elle avait reçu de faveurs, de grâce et de beauté, elle le perd. La vierge qui laisse cueillir par un seul la fleur dont elle doit avoir plus de souci que de ses beaux yeux et de sa propre vie, perd dans le cœur de tous ses autres amants le prix qu'auparavant elle avait.

« Qu'elle soit méprisée des autres, et de celui-là seul aimée à qui d'elle-même elle a fait un si large abandon. Ah ! fortune cruelle, fortune ingrate ! Ils triomphent, les autres, et moi je meurs d'abandon. Mais peut-il donc arriver qu'elle ne me soit plus chère ? Puis-je donc abandonner ma propre vie ? Ah ! que plutôt manquent mes jours ; que je ne vive plus, si je ne dois plus l'aimer. — »

Si quelqu'un me demande quel est celui qui verse tant de larmes sur le ruisseau, je dirai que c'est le roi de Circassie, Sacripant, qui est ainsi d'amour

travaillé. Je dirai encore que de sa peine la seule
et première cause était d'aimer Angélique et d'être
un de ses amants ; et il fut bien reconnu par elle.

Aux pays où le soleil se couche, à cause de son
amour il était venu du bout de l'Orient, car il
apprit dans l'Inde avec une grande douleur comment elle suivit Roland dans le Ponant. Puis il sut
en France que l'empereur l'avait séquestrée de ses
autres prétendants et promise en récompense à
celui d'entre eux qui, en ce jour, aiderait le plus
les lis d'or.

Il avait été au camp et avait vu la défaite que
subit le roi Charles. Il chercha les traces d'Angélique la belle et il n'avait pas encore pu les retrouver. C'était donc là la triste et fâcheuse nouvelle
qui, d'amoureuse plainte, le faisait gémir, s'affliger,
se lamenter et dire des paroles qui, de pitié, auraient pu arrêter le soleil.

Pendant qu'il s'afflige et se lamente ainsi, qu'il
fait de ses yeux une tiède fontaine, et dit ces paroles et beaucoup d'autres qu'il ne me paraît pas
nécessaire de répéter, sa fortune aventureuse voulut qu'aux oreilles d'Angélique elles fussent portées ;
et c'est ainsi qu'il en vint, en une heure, à un point
qu'en mille années et plus on ne saurait atteindre.

La belle dame prête une grande attention aux
pleurs, aux paroles, aux gestes de celui qui ne veut
pas cesser de l'aimer. Ce n'est pas le premier jour
qu'elle l'entend ; mais plus dure et plus froide qu'une
colonne de marbre, elle ne s'abaisse pourtant pas
à en avoir pitié, semblable à celle qui a tout le

monde en dédain et n'estime pas que personne soit digne d'elle.

Pourtant, l'idée de se trouver seule dans ces bois lui fait songer à prendre celui-ci pour guide. Celui qui est plongé dans l'eau jusqu'à la bouche est en effet bien obstiné s'il ne crie merci. Si elle laisse envoler cette occasion, elle ne retrouvera jamais escorte aussi sûre, car elle a jadis, par une longue épreuve, reconnu que ce roi était le plus fidèle des amants.

Elle ne forme cependant pas le projet de soulager celui qui l'aime de l'affliction qui le tue, et de récompenser le chagrin passé par ce plaisir que tout amoureux désire le plus. Mais elle ourdit et trame quelque fiction, quelque tromperie pour le tenir en espérance jusqu'à ce que, s'en étant servie suivant son besoin, elle redevienne ensuite pour lui dure et hautaine.

Hors du buisson obscur et impénétrable à l'œil elle se montre à l'improviste, belle comme Diane ou comme Cythérée sortant d'un bois ou d'une caverne ombreuse. Et elle dit en apparaissant : « — La paix soit avec toi ; que par toi Dieu défende notre renommée. Il ne faut pas que, contre toute raison, tu aies de moi une opinion fausse. — »

Avec moins de joie et de stupeur une mère lève les yeux sur son fils, après l'avoir pleuré mort, ayant vu les escadrons revenir sans lui, que le Sarrasin ne montre de stupeur et de joie en voyant apparaître à l'improviste devant lui cette noble attitude, ces manières charmantes et cette physionomie vraiment angélique.

Plein d'un doux et amoureux émoi, à sa dame, à sa déesse il court; celle-ci, les bras autour du col, le tient étroitement serré, ce qu'au Cathay elle n'aurait sans doute jamais fait. Au royaume paternel, à son palais natal, l'ayant désormais avec elle, elle reporte son esprit. Soudain en elle s'avive l'espérance de revoir bientôt sa riche demeure.

Elle lui rend pleinement compte de ce qui lui est advenu à partir du jour où elle l'envoya demander du secours en Orient, au roi des Séricans, Nabatés; et comment Roland la garda souvent de la mort, du déshonneur, de tous les mauvais cas; et qu'elle avait ainsi sauvé sa fleur virginale, telle qu'elle la reçut du sein maternel.

Peut-être était-ce vrai; pourtant, ce n'était pas croyable à qui de ses sens eût été le maître. Mais cela lui parut facilement possible, à lui qui était perdu dans une plus grande erreur. Ce que l'homme voit, Amour le lui rend invisible, et ce qui est invisible, Amour le lui fait voir. Cela fut donc cru, car le malheureux a coutume de donner facile créance à ce qu'il désire.

« — Si, par sa sottise, le chevalier d'Anglante sut si mal prendre le bon temps, il en supportera le dommage; car, d'ici à longtemps, la fortune ne l'appellera à si grand bien. — Ainsi, à part soi, parlait Sacripant. — Mais moi, je me garderai de l'imiter, en laissant un tel bien qui m'est advenu, car ensuite je ne pourrais m'en prendre qu'à moi-même.

« Je cueillerai la rose fraîche et matutinale, car, en tardant, je pourrais perdre l'occasion. Je sais bien qu'à une dame on ne peut faire chose qui lui soit plus douce et plus plaisante, encore qu'elle s'en montre dédaigneuse et, sur le moment, en paraisse triste et tout en pleurs. Je ne me laisserai pas arrêter par une résistance ou un dédain simulés, que je n'aie déclaré et accompli mon dessein. — »

Ainsi dit-il, et pendant qu'il s'apprête au doux assaut, une grande rumeur qui résonne du bois voisin lui étourdit tellement l'oreille que, malgré lui, il abandonne son entreprise. Il prend son casque, car il avait la vieille habitude d'être toujours armé, il va à son destrier, lui remet la bride, remonte en selle et saisit sa lance.

Voici, par le bois, venir un chevalier dont la physionomie est celle d'un homme vaillant et fier. Blanc comme neige est son vêtement; il a pour cimier un blanc panache. Le roi Sacripant, qui ne peut lui pardonner d'avoir, par sa venue importune, interrompu le grand plaisir qu'il avait, le regarde d'un air dédaigneux et courroucé.

Dès que le nouveau venu est plus près, il le défie au combat, car il croit bien lui faire vider l'arçon. Celui-ci, qui ne s'estime pas inférieur à lui d'un grain, en donne la preuve en coupant court à ses orgueilleuses menaces. Il éperonne rapidement son cheval et met la lance en arrêt. Sacripant se retourne avec l'impétuosité de la tempête, et ils courent l'un contre l'autre pour se frapper, tête contre tête.

Les lions et les taureaux, à se heurter de la poitrine et à s'étreindre, ne sont pas si féroces que les deux guerriers à s'assaillir ; du coup, ils se transpercent mutuellement leurs écus. La rencontre fit trembler, du bas en haut, les vallées herbeuses jusqu'aux collines dénudées. Et fort heureux il fut que leurs hauberts fussent bons et parfaits, pour préserver leurs poitrines.

De leur côté, les chevaux ne se détournèrent pas de la ligne droite, mais ils se cossèrent comme des moutons. Celui du guerrier païen fut tué du coup, et il était de son vivant au nombre des bons. L'autre tomba aussi, mais il se releva dès qu'il sentit au flanc les éperons. Celui du roi Sarrasin resta étendu, pesant sur son maître de tout son poids.

Le champion inconnu qui était resté debout, voyant l'autre à terre avec le cheval, et estimant en avoir assez de cette rencontre, ne daigna point recommencer le combat ; mais, par l'endroit de la forêt où le chemin est ouvert, courant à toute bride, il s'éloigne. Et avant que le païen soit sorti de son embarras, il est déjà à la distance d'un mille ou à peu près.

Comme le laboureur étourdi et stupéfié, après que l'éclair est passé, se relève de l'endroit où le feu du ciel l'avait étendu près de ses bœufs morts, et aperçoit sans feuillage et déshonoré le pin que de loin il avait coutume de voir ; tel se leva le païen, remis sur pieds, Angélique étant témoin de sa rude aventure.

Il soupire et gémit, non qu'il se soucie d'avoir les pieds et les bras brisés et rompus, mais seulement par vergogne. Durant toute sa vie, ni avant, ni après, il n'eut le visage si rouge. En outre de sa chute, ce qui le fâchait, c'est que ce fut sa dame qui lui enleva ce grand poids de dessus les épaules. Il serait resté muet, je crois, si celle-ci ne lui avait rendu la voix et la langue.

« — Eh ! — dit-elle — seigneur, ne vous tourmentez pas ; de votre chute, la faute n'est pas à vous, mais à votre cheval, auquel repos et nourriture convenaient mieux que joute nouvelle. Quant à ce guerrier, sa gloire n'en sera pas accrue, car il a donné la preuve qu'il est le perdant. Cela me semble en effet résulter, selon ce que je sais, de ce qu'il a été le premier à abandonner le champ de bataille. — »

Pendant qu'elle réconforte le Sarrasin, voici venir, le cor et le havre-sac au flanc, et galopant sur un roussin, un messager qui paraît affligé et las. Dès qu'il fut près de Sacripant, il lui demanda s'il n'avait pas vu passer par la forêt un guerrier à l'écu blanc, avec un blanc panache sur la tête.

Sacripant répondit : « — Comme tu vois, il m'a ici abattu, et il vient de partir tout à l'heure ; et pour que je sache qui m'a mis à pied, fais que par son nom je le connaisse encore. — » Et le messager à lui : « — Je te donnerai sans retard satisfaction sur ce que tu me demandes. Il faut que tu saches que c'est la haute valeur d'une gente damoiselle qui t'a enlevé de selle.

« Elle est vaillante et plus belle de beaucoup, et je ne te cacherai pas son nom fameux : c'est Bradamante, celle qui t'a ravi autant d'honneur que tu en as jamais gagné au monde. — » Après qu'il eut ainsi parlé, il partit à bride abattue, laissant le Sarrasin peu joyeux, et ne sachant plus que dire ou que faire, la face tout allumée de vergogne.

Longtemps il réfléchit en vain sur le cas advenu, et finalement, songeant qu'il avait été battu par une femme, plus il y pensait, plus il ressentait de douleur. Il monta sur l'autre destrier, silencieux et muet, et prit Angélique en croupe, la réservant à plus doux usage en un lieu plus tranquille.

Ils n'eurent pas marché deux milles, qu'ils entendirent la forêt dont ils étaient entourés, résonner d'une telle rumeur, d'un tel vacarme, qu'il sembla que de toutes parts le pays désert tremblait. Et peu après, un grand destrier apparut, couvert d'or et richement harnaché, qui sautait buissons et ruisseaux, et faisait grand fracas à travers les arbres et tout ce qui arrêtait son passage.

« — Si les rameaux entremêlés et l'air obscur — dit la dame, — à mes yeux ne font pas obstacle, c'est Bayard, ce destrier qui, au beau milieu du bois, avec une telle rumeur se fraye un chemin. C'est certainement Bayard ; je le reconnais. Eh ! comme il a bien compris notre embarras. Un seul cheval pour deux ne serait pas suffisant, et il vient juste à point pour nous satisfaire. — »

Le Circassien descend de cheval et s'approche du destrier, pensant mettre la main sur le frein.

De la croupe, le destrier lui fait riposte, prompt comme un éclair à se retourner, mais sans pouvoir l'atteindre avec les pieds. Malheur au chevalier si le cheval l'avait touché en plein, car il avait une telle force dans les jambes, qu'il aurait brisé une montagne de métal.

Cependant, il va, radouci, vers la donzelle, avec une humble contenance et un geste humain, comme le chien qui saute autour de son maître resté deux ou trois jours absent. Bayard se souvenait encore que c'était elle qui, dans Albraca, le servait jadis de sa main, au temps où elle avait tant aimé Renaud alors cruel, alors ingrat.

De la main gauche elle prend la bride, de l'autre elle touche et palpe le col et la poitrine, et ce destrier qui avait une intelligence étonnante, se soumet à elle comme un agneau. Pendant ce temps, Sacripant saisit le moment, saute sur Bayard et le tient serré de l'éperon. La donzelle abandonne la croupe du roussin allégé et se replace en selle.

Alors, jetant les yeux autour d'elle, elle voit venir, faisant résonner ses armes, un piéton de haute taille. Elle devient toute rouge de dépit et de colère, car elle reconnaît le fils du duc Aymon. Plus que sa vie, celui-ci l'aime et la désire; elle le hait et le fuit plus que la grue ne fuit le faucon. Jadis, c'était lui qui la haïssait plus que la mort et elle qui l'aimait. Maintenant, ils ont changé de rôle.

Et ceci a été causé par deux fontaines dont les eaux ont un effet contraire; toutes deux sont dans l'Ardenne et non loin l'une de l'autre. D'amoureux désirs l'une emplit le cœur ; qui boit à l'autre, reste sans amour et change complètement en glace sa première ardeur. Renaud a goûté à l'une, et l'amour le ronge ; Angélique a bu à l'autre, et elle le hait et le fuit.

Cette eau, d'un secret venin mélangée, qui change en haine l'amoureux souci, fait que la dame que Renaud a devant les yeux subitement obscurcit ses regards sereins. D'une voix tremblante et le visage triste, elle supplie Sacripant et le conjure de ne pas attendre que ce guerrier soit plus proche, mais qu'il prenne la fuite avec elle.

« — Je suis donc, — dit le Sarrasin — je suis donc en si petit crédit près de vous, que vous me regardiez comme inutile et incapable de vous défendre contre celui-ci ? Les batailles d'Albraca vous sont donc déjà sorties de la mémoire, ainsi que la nuit où je sus, pour votre salut, vous défendre, seul et nu, contre Agrican et toute son armée ? — »

Elle ne répond pas et ne sait plus ce qu'elle fait, car Renaud est désormais trop près d'elle. De loin, il menace le Sarrasin, dès qu'il voit le cheval et le reconnaît. Il reconnaît aussi l'angélique visage qui lui a mis au cœur l'amoureux incendie. Ce qui se passa ensuite entre ces deux chevaliers hautains, je veux que pour l'autre chant cela soit réservé.

CHANT II.

Argument. — Pendant que Renaud et Sacripant combattent pour la possession de Bayard, Angélique, fuyant toujours, trouve dans la forêt un ermite qui, par son art magique, fait cesser le combat entre les deux guerriers. Renaud monte sur Bayard et va à Paris, d'où Charles l'envoie en Angleterre. — Bradamante allant à la recherche de Roger, rencontre Pinabel de Mayence, lequel, par un récit en partie mensonger et dans l'intention de lui donner la mort, la fait tomber au fond d'une caverne.

Très injuste Amour, pourquoi si rarement fais-tu se correspondre nos désirs ? D'où vient, perfide, qu'il t'est si cher de voir la discorde régner entre deux cœurs ? Tu ne me laisses point aller au gué facile et clair, et tu m'entraînes à l'endroit le plus sombre et le plus profond. De qui désire mon amour, tu m'éloignes, et tu veux que j'adore et que j'aime qui m'a en haine.

Tu fais qu'à Renaud Angélique paraît belle, quand il lui paraît, à elle, laid et déplaisant. Lorsqu'elle le trouvait beau et qu'elle l'aimait, lui la haïssait autant qu'on peut haïr. Maintenant, il s'afflige et se tourmente en vain ; ainsi la pareille lui est bien rendue. Elle l'a en haine, et cette haine est si forte, que, plutôt que d'être à lui, elle choisirait la mort.

Renaud crie au Sarrasin avec beaucoup de hauteur : « — Descends, larron, de mon cheval. Je ne puis souffrir que ce qui m'appartient me soit enlevé ; mais je fais de façon qu'à celui qui le convoite, cela coûte cher. Et je veux encore t'enlever cette dame, car il serait grand dommage de te la laisser. Si parfait destrier, dame si digne, à un voleur ne me paraissent point convenir. — »

« — Tu as menti, en disant que je suis un voleur, — répond le Sarrasin, non moins altier. — Qui t'appellerait voleur toi-même, autant que j'en appris par la renommée, parlerait avec plus de vérité. On verra tout à l'heure, à l'épreuve, qui de nous deux est le plus digne de la dame et du destrier ; bien que, quant à celle-ci, je convienne avec toi qu'il n'est chose si digne au monde. — »

Comme font d'habitude deux chiens hargneux qui, excités par l'envie ou tout autre motif de haine, se joignent en grinçant des dents, les yeux tords et plus rouges que braise, puis en viennent à se mordre, furieux de rage, la gueule horrible et le dos hérissé, ainsi aux épées, avec des cris et des insultes, en viennent le Circassien et le seigneur de Clermont.

A pied est l'un, l'autre à cheval. Or, quel avantage croyez-vous qu'ait le Sarrasin ? Il n'en a, à vrai dire, aucun ; même, dans cette circonstance, il vaut peut-être moins qu'un page inexpérimenté, car le destrier, par instinct naturel, ne voulait pas faire de mal à son maître. Pas plus avec la main qu'avec l'éperon, le Circassien ne peut lui faire faire un pas à sa volonté.

Quand il croit le faire avancer, le cheval s'arrête; et s'il veut le retenir, il galope ou trotte. Puis, sous son poitrail il se cache la tête, joue de l'échine et lance force ruades. Le Sarrasin voyant qu'il perd son temps à dompter cette bête rebelle, pose la main sur le pommeau de l'arçon, s'enlève et, du côté gauche, sur pieds saute à terre.

Dès que, par ce léger saut, le païen fut débarrassé de la furie obstinée de Bayard, on vit commencer un assaut bien digne d'un si vaillant couple de chevaliers. L'épée de chacun d'eux résonne, s'abaisse ou s'élève. Le marteau de Vulcain était plus lent à frapper dans la caverne enfumée où il forgeait, sur les enclumes, les foudres de Jupiter.

Ils font voir, par des coups tantôt multipliés, tantôt feints et rares, qu'ils sont maîtres à ce jeu. On les voit se dresser fièrement ou s'accroupir, se couvrir ou se montrer un peu, avancer ou reculer, esquiver les coups ou les affronter, tourner autour de l'adversaire, et là où l'un cède, l'autre poser aussitôt le pied.

Voici que Renaud, avec l'épée, s'abandonne tout entier sur Sacripant. Celui-ci pare avec l'écu qui était en os recouvert d'une plaque d'acier trempé et solide. Flamberge le fend, quoiqu'il soit très épais. La forêt en gémit et en résonne. L'os et l'acier sont brisés comme glace, et le bras du Sarrasin en reste engourdi.

La timide donzelle qui voit le coup terrible produire un si déplorable effet, par grand'peur change de visage. Tel le coupable qui marche au supplice. Il lui semble qu'elle ne doit pas tarder un seul instant à fuir si elle ne veut pas être la proie de Renaud, de ce Renaud qu'elle hait autant que lui l'aime misérablement.

Elle fait faire volte-face à son cheval et, dans la forêt épaisse, elle le chasse par un âpre et étroit sentier. Parfois elle tourne en arrière son visage défait, car il lui semble avoir Renaud aux épaules. Elle n'avait pas, en fuyant, fait beaucoup de chemin, qu'elle rencontra un ermite dans une vallée. Il avait une longue barbe qui lui descendait jusqu'au milieu de la poitrine, et était d'un aspect pieux et vénérable.

Exténué par les ans et le jeûne, il s'en venait lentement sur un âne et paraissait, plus qu'aucun autre, être d'une conscience scrupuleuse et sévère. Dès qu'il vit le visage délicat de la donzelle qui arrivait à sa rencontre, quelque débile et peu robuste qu'il fût, il se sentit tout ému de pitié.

La dame s'informe auprès du frère d'un chemin qui la conduise à un port de mer; car elle voudrait quitter la France, pour ne plus entendre parler de Renaud. Le frère, qui connaît la nécromancie, s'empresse de rassurer la donzelle, lui promettant de la tirer bientôt de tout péril. Puis il porte la main à une de ses poches.

Il en tire un livre au moyen duquel il produit un grand effet, car il n'a pas fini d'en lire la première page, qu'il fait surgir un esprit sous la forme d'un valet, et lui commande selon ce qu'il veut qu'il fasse. Celui-ci s'en va, esclave de ce qui est écrit, à l'endroit où les deux chevaliers étaient face à face dans le bois et ne restaient pas oisifs. Entre eux il se jette avec une grande audace.

« — Par grâce, — dit-il — qu'un de vous me montre, quand il aura occis l'autre, ce qui lui en reviendra. Quelle prix aurez-vous de vos fatigues, lorsqu'entre vous sera terminée la bataille, alors que le comte Roland, sans joute et sans combat, et sans avoir une maille de son armure rompue, mène vers Paris la donzelle qui vous a poussés à cette lutte insensée ?

« A un mille d'ici, j'ai rencontré Roland qui s'en va avec Angélique à Paris, tous les deux riant de vous, et trouvant plaisant que vous vous battiez sans profit aucun. Vous feriez mieux peut-être, pendant qu'ils ne sont pas encore plus loin, de suivre leurs traces. Car si Roland peut la tenir dans Paris, il ne vous la laissera jamais plus revoir. — »

Vous auriez vu les chevaliers se troubler à cette nouvelle. Tristes et découragés, sans regard et sans pensée, ils apprennent que leur rival les a raillés de la sorte. Soudain, le bon Renaud se dirige vers son cheval avec des soupirs qui paraissent sortir du feu, et, soit fureur, soit indignation, il jure, s'il joint Roland, de lui arracher le cœur.

Et comme son Bayard passe à l'endroit où il attend, il se lance dessus et part au galop, sans plus dire adieu au chevalier qu'il laisse à pied dans le bois, et sans l'inviter à monter en croupe. Excité par son maître, le fougueux cheval heurte et fracasse tout ce qui lui fait obstacle : fossés, fleuves, rochers ou broussailles, rien ne peut d'un tel coureur modérer l'allure.

Seigneur, je ne veux pas qu'il vous paraisse étrange si Renaud s'est saisi si promptement de son destrier, car déjà depuis plusieurs jours il l'a suivi en vain et n'a pu même lui toucher la bride. Le destrier, qui avait intelligence d'homme, agit ainsi non pour se faire suivre par malice pendant tant de milles, mais pour guider son maître là où était la dame après laquelle il l'entendait soupirer.

Quand elle s'enfuit de la tente, il la vit et la suivit des yeux, le bon destrier qui se trouvait avoir l'arçon vide — le chevalier en étant descendu pour combattre à armes égales avec un baron qui, non moins que lui, était fier sous les armes. — Puis, il suivit de loin ses traces, désireux de la porter aux mains de son maître.

Désireux de la ramener de l'endroit où elle serait, il se montrait par la grande forêt devant son maître, et ne voulait pas le laisser monter en selle, de peur que ce dernier ne l'engageât par un autre chemin. Grâce à lui, Renaud trouva la donzelle une et deux fois, mais sans succès. La première fois, il fut arrêté par Ferragus, puis par le Circassien, comme vous avez entendu.

Maintenant, au démon qui montre à Renaud les fausses apparences de la donzelle, Bayard croit, lui aussi, et se montre ferme et soumis à ses services habituels. Renaud, de colère et d'amour échauffé, le pousse à toute bride, et toujours vers Paris. Et il vole avec un tel désir, que non seulement un destrier, mais le vent lui paraîtrait lent.

C'est à peine s'il s'arrête la nuit dans sa poursuite, tant il brûle d'affronter le seigneur d'Anglante, et tant il a cru aux paroles vaines du messager du rusé nécromancien. Il ne cesse de chevaucher du matin au soir, qu'il n'ait vu apparaître la ville où le roi Charles, vaincu et fort maltraité, s'était réfugié avec les restes de son armée.

Et parce que du roi d'Afrique il y attend bataille et assaut, il a grand souci de rassembler des gens braves et des approvisionnements, de creuser les fossés et de réparer les murailles. Tout ce qu'il pense pouvoir servir à la défense, sans le moindre retard il se le procure. Il songe à envoyer un message en Angleterre et à en tirer des troupes avec lesquelles il puisse former un nouveau camp.

Car il veut sortir de nouveau pour tenir la campagne et tenter encore le sort des armes. Il dépêche en toute hâte Renaud en Bretagne, en Bretagne qui fut depuis appelée Angleterre. Le paladin se plaint fort de cette mission, non qu'il ait ce pays en haine, mais parce que Charles veut qu'il parte sur l'heure et ne lui laisse pas un jour de répit.

Renaud ne fit jamais chose aussi peu volontiers, car cela le détournait de rechercher le visage serein qui, du fond de la poitrine, lui avait enlevé le cœur. Mais néanmoins, pour obéir à Charles, il se mit sur-le-champ en chemin et, en peu d'heures, il se trouva à Calais. A peine arrivé, il s'embarqua le même jour.

Contre l'avis de tout pilote, à cause du grand désir qu'il avait de presser son retour, il prit la mer qui était troublée et furieuse et semblait menacer d'une grande tempête. Le vent s'indigne de se voir méprisé de ce hautain; par une épouvantable tempête, il soulève la mer avec une telle rage autour du navire, qu'il l'envoie baigner la pointe des huniers.

Les marins expérimentés carguent aussitôt les grandes voiles, et pensent à virer de bord et à retourner dans le port d'où, par une mauvaise inspiration, ils ont fait sortir le navire. « — Il ne me convient pas — dit le vent — de permettre une telle licence, car vous vous l'êtes vous-mêmes enlevée. — » Et il souffle, et il crie, et il les menace de naufrage, s'ils vont ailleurs que là où il les chasse.

Tantôt à bâbord, tantôt à tribord, ils ont le cruel qui jamais ne cesse et revient toujours plus violent. De çà, de là, avec les petites voiles, ils vont tournant et parcourant la haute mer. Mais parce que j'ai besoin de fils variés pour les diverses toiles que je prétends ourdir, je laisse Renaud et sa nef agitée, et je reviens à parler de sa sœur Bradamante.

Je parle de cette remarquable damoiselle par qui le roi Sacripant fut jeté à terre et qui, digne sœur de ce seigneur, naquit du duc Aymon et de Béatrice. Sa grande valeur, son ardeur entraînante, dont elle fit voir plus d'une preuve solide, ne plaisaient pas moins à Charles et à toute la France, que la valeur si prisée du bon Renaud.

La dame était aimée par un chevalier qui vint d'Afrique avec le roi Agramant, et que la malheureuse fille d'Agolante avait engendré de la semence de Roger. Et celle-ci, qui n'était issue ni d'un ours ni d'un lion cruel, ne dédaigna point un tel amant. Cependant, hormis une seule fois, la fortune ne leur a point permis de se voir et de se parler.

Bradamante s'en allait à la recherche de son amant, qui portait le même nom que son père, aussi en sûreté sans escorte, que si elle avait eu mille escadrons pour sa garde. Après qu'elle eut fait baiser au roi de Circassie le visage de l'antique mère, elle traversa un bois, et, après le bois, une montagne, jusqu'à ce qu'elle fût arrivée à une belle fontaine.

La fontaine courait au milieu d'un pré orné d'arbres antiques et de beaux ombrages, et, par un murmure agréable, invitait les passants à boire et à y faire séjour. Un petit coteau cultivé la défend à main gauche de la chaleur du midi. Là, aussitôt qu'elle y eût porté ses beaux yeux, la jeune fille aperçut un chevalier,

Un chevalier qui, à l'ombre d'un bosquet, sur la rive à la fois verte, blanche, rouge et jaune, se tenait pensif, silencieux et solitaire, sur le clair et limpide cristal. Non loin de lui, son écu et son casque étaient suspendus à un hêtre, auquel était attaché son cheval. Il avait les yeux humides et le visage incliné, et paraissait chagrin et las.

Ce désir que tous ont dans le cœur de s'informer des affaires des autres, fit demander à ce chevalier, par la damoiselle, la cause de sa douleur. Il la lui découvrit tout entière, touché par sa courtoisie et sa fière prestance qui, au premier aspect, lui parut être celle d'un chevalier très vaillant.

Et il commença : « — Seigneur, je conduisais des piétons et des cavaliers, et j'allais au camp où le roi Charles attend Marsile pour s'opposer à sa descente des montagnes. Et j'avais avec moi une belle jeune fille, pour laquelle mon cœur brûle de fervent amour, lorsque je rencontrai près de Rodonne, un chevalier armé qui montait un grand destrier ailé.

« Aussitôt que ce voleur — qu'il soit un mortel, ou l'une des âmes abominables de l'enfer, — voit ma belle et chère dame, comme un faucon qui pour frapper descend, il fond et remonte en un clin d'œil, après l'avoir saisie tout éperdue en ses mains. Je ne m'étais pas encore aperçu de l'attaque, que j'entendis en l'air le cri de la dame.

« Ainsi le milan rapace a coutume de ravir le malheureux poussin à côté de sa mère, qui se plaint ensuite de son inadvertance et, derrière le ravisseur, en vain crie, en vain se courrouce. Je ne puis suivre un homme qui vole et qui va se réfugier au milieu des montagnes, au pied d'un rocher à pic. J'ai lassé mon destrier qui, à grand'peine, a porté partout ses pas dans les fatigants sentiers de ces âpres rochers ;

« Mais, comme j'aurais eu moins d'ennui de me voir arracher le cœur du fond de la poitrine, je laissai mes autres compagnons suivre leur chemin, sans plus leur servir de guide et sans aucune direction. Par des coteaux escarpés et non moins affreux, je pris la voie qu'Amour me montrait, et j'allai là où il me parut que ce ravisseur emportait mon confort et ma paix.

« Six jours j'allai, matin et soir, à travers des précipices et des ravins horribles et ignorés, où n'était ni chemin, ni sentier, où l'on ne voyait trace de vestiges humains. Puis j'arrivai dans une vallée inculte et sauvage, entourée de berges et de cavernes effroyables. Au milieu, sur un rocher, était un château fort et bien assis, et merveilleusement beau.

« De loin il projetait de flamboyantes lueurs et ne paraissait être ni de briques, ni de marbre. Plus j'approchai de ses murs splendides, et plus la construction m'en parut belle et admirable. J'ai su depuis comment les démons industrieux, évoqués par des enchantements et des chants magiques, avaient entièrement entouré cette belle demeure d'un acier trempé dans les ondes et les feux de l'enfer.

« Chaque tour reluit d'un acier si poli, que la rouille ni aucune souillure ne peut le ternir. Nuit et jour, l'infâme voleur parcourt les environs, et puis il vient se cacher dans le château. Impossible de mettre à l'abri ce qu'il veut enlever. On ne peut que blasphémer en vain contre lui et maudire. C'est là qu'il tient ma dame, ou plutôt mon cœur, et de la recouvrer jamais, j'ai perdu tout espoir.

« Hélas ! que puis-je autre chose que contempler de loin la roche où mon bien est enfermé ? Ainsi le renard, qui d'en bas entend son petit crier dans le nid de l'aigle, tourne tout autour et ne sait que faire, n'ayant pas des ailes pour s'élever en l'air. Ce rocher est tellement à pic, ainsi que le château, qu'on ne peut y atteindre, à moins d'être oiseau.

« Pendant qu'ici je m'attardais, voici venir deux chevaliers qui avaient pour guide un nain, et pleins d'espérance et de volonté. Mais vaine fut l'espérance et vaine la volonté. Tous deux étaient guerriers de grande audace. L'un était Gradasse, roi de Séricane; et l'autre était Roger, vaillant jeune homme, fort estimé à la cour africaine.

« — Ils viennent — me dit le nain — pour éprou-
« ver leur courage contre le seigneur de ce château,
« qui, par voie étrange, inusitée et nouvelle, che-
« vauche tout armé sur un quadrupède ailé. — »

« — Eh! seigneurs, — leur dis-je alors— que ma
« malheureuse et cruelle destinée de pitié vous
« émeuve. Lorsque, comme j'en ai l'espoir, vous
« aurez vaincu, je vous prie de me rendre ma
« dame. — »

« Et je leur racontai comment elle me fut enlevée, confirmant ma douleur par mes larmes. Ceux-ci me promirent fortement leur aide et descendirent la côte abrupte et raide. De loin je regardai la bataille, priant Dieu pour leur victoire. Il y avait, au-dessous du château, une plaine tout juste grande comme l'espace qu'on pourrait atteindre en deux fois avec une pierre lancée à la main.

« Dès qu'ils furent arrivés au pied de la roche élevée, l'un et l'autre voulaient combattre le premier. Cependant, soit que le sort l'eût désigné, soit que

Roger n'y tînt pas davantage, ce fut Gradasse qui commença. Le Sérican porte son cor à la bouche. Le rocher en retentit, ainsi que la forteresse, jusqu'au sommet. Voici qu'apparaît en dehors de la porte, le chevalier armé, sur le cheval ailé.

« Il commença à s'élever petit à petit, comme fait d'habitude la grue voyageuse qui tout d'abord rase la terre, et qu'on voit ensuite s'élever d'une brassée ou deux, puis, quand elles sont toutes déployées au vent, montrer la rapidité de ses ailes. Ainsi le nécromant bat des ailes pour monter, et c'est à peine si l'aigle parvient à une telle hauteur.

« Quand il pense être assez haut, il tourne son destrier, qui ferme ses ailes et descend à terre en droite ligne, comme fond du ciel le faucon bien dressé à la vue du canard ou de la colombe qui s'envole. Là lance en arrêt, le chevalier fendant l'air, arrive avec un bruit horrible. Gradasse s'est à peine aperçu de sa descente, qu'il le sent sur son dos et en est atteint.

« Sur Gradasse le magicien rompt sa lance. Gradasse frappe le vent et l'air impalpable. Pendant ce temps, le chevalier volant n'interrompt pas son battement d'ailes et s'éloigne. Le rude choc fait incliner la croupe sur le pré vert à la vaillante jument. Gradasse avait une jument, la plus belle et la meilleure qui eût jamais porté selle.

« Jusqu'aux étoiles, le chevalier volant remonte. De là, il se retourne et revient en toute hâte en bas. Il frappe Roger qui ne s'y attend pas, Roger qui était tout attentif à Gradasse. Roger sous le rude coup plie, et son destrier recule de plusieurs pas ; et quand il se retourne pour frapper son adversaire, il le voit loin de lui monter au ciel.

« Et il frappe tantôt Gradasse, tantôt Roger, au front, à la poitrine, au dos, et il rend les coups de ceux-ci toujours inutiles, car il est si preste qu'on le voit à peine. Il va, décrivant de vastes cercles, et quand il semble menacer l'un des deux guerriers, il frappe l'autre. A tous les deux il éblouit tellement les yeux, qu'ils ne peuvent plus voir d'où il les attaque.

« Entre les deux guerriers à terre et celui qui était en l'air, la bataille dura jusqu'à cette heure qui, déployant sur le monde un voile obscur, décolore toutes les belles choses. Cela fut comme je dis, et je n'y ajoute pas un poil. Je l'ai vu, je le sais, et je n'ose pas encore le raconter à autrui, car cette merveille ressemble plutôt à une fable qu'à la vérité.

« Le chevalier aérien avait au bras un écu recouvert d'une belle étoffe de soie. Je ne sais pourquoi il avait tant persisté à le tenir caché sous cette étoffe, car aussitôt qu'il le montre à découvert, force est à qui le regarde de rester ébloui, de tomber comme un corps mort tombe, et de rester ainsi au pouvoir du nécromant.

« L'écu brille comme un rubis, et aucune autre lumière n'est si resplendissante. Devant son éclat, les deux guerriers furent forcés de tomber à terre, les yeux éblouis et sans connaissance. Je perdis longuement mes sens, moi aussi, et après un grand espace de temps, je revins enfin à moi. Je ne vis plus ni les guerriers, ni le nain, mais le champ de bataille vide, et le mont et la plaine plongés dans l'obscurité.

« Je pensai alors que l'enchanteur les avait tous les deux surpris par la puissance de son fulgurant écu, et leur avait enlevé la liberté et à moi l'espérance. Aussi, à ce lieu qui renfermait mon cœur, je dis en partant un suprême adieu. Maintenant, jugez si les autres peines amères dont Amour est cause peuvent se comparer à la mienne. — »

Le chevalier retomba dans sa première douleur, dès qu'il en eut raconté la cause. C'était le comte Pinabel, fils d'Anselme d'Hauterive, de Mayence. Parmi sa scélérate famille, il ne voulut pas être seul loyal ni courtois; au contraire, en vices abominables et grossiers non seulement il égala, mais il passa tous les siens.

La belle dame avec diverses marques d'attention écouta le Mayençais. Lorsqu'il fut pour la première fois parlé de Roger, elle se montra sur son visage plus que jamais joyeuse. Mais, quand ensuite elle apprit qu'il était prisonnier, elle fut toute troublée d'amoureuse pitié. Elle ne put même se retenir de lui faire répéter une ou deux fois ses explications.

Et lorsqu'à la fin elles lui parurent assez claires, elle dit : « — Chevalier, tranquillise-toi, car ma venue peut-être pourra t'être chère, et ce jour te paraître heureux. Mais allons vite vers cette demeure avare qui tient caché si riche trésor. Et cette fatigue ne sera pas vaine, si la fortune ne m'est pas trop ennemie. — »

Le chevalier répondit : « —Tu veux que je passe de nouveau les monts et que je te montre le chemin. Il ne m'en coûte pas beaucoup de perdre mes pas, ayant perdu ce qui faisait tout mon bien. Mais toi, à travers les précipices et les rochers écroulés, tu cherches à entrer en prison ! qu'il en soit ainsi. Tu n'auras pas à t'en prendre à moi, puisque je te le prédis, et que cependant tu veux y aller. — »

Ainsi dit-il, et il retourne à son destrier, et se fait le guide de cette guerrière pleine d'ardeur à affronter les périls pour Roger, et qui ne pense qu'à être à son tour faite prisonnière par le magicien, ou à le tuer. Sur ces entrefaites, voici derrière ses épaules un messager qui, à toute voix, lui crie : Attends, attends! Ce messager, c'était celui duquel le Circassien apprit le nom de celle qui l'avait étendu sur l'herbe.

A Bradamante il apporte la nouvelle que Montpellier et Narbonne ont levé les étendards de Castille, ainsi que tout le littoral d'Aigues-Mortes, et que Marseille, privée de celle qui devait la défendre, s'inquiète et, par ce message, lui demande conseil et secours, et se recommande à elle.

Cette cité, et le pays tout autour à plusieurs milles, c'est-à-dire celui qui est compris entre le Var, le Rhône et la mer, l'empereur les avait donnés à la fille du duc Aymon, dans laquelle il avait espoir et confiance, car il avait coutume de s'émerveiller de sa bravoure, quand il la voyait combattre dans les joutes. Or, comme j'ai dit, pour demander aide, ce message lui est venu de Marseille.

Entre le oui et le non, la jeune fille est en suspens. A retourner elle hésite un peu ; d'un côté l'honneur et le devoir la pressent, de l'autre le feu de l'amour l'excite. Elle se décide enfin à poursuivre son premier projet et à tirer Roger de ce lieu enchanté, et, si son courage ne peut accomplir une telle entreprise, à rester au moins prisonnière avec lui.

Et elle fait au messager de telles excuses, qu'il en demeure tranquillisé et content. Puis elle tourne la bride et reprend son voyage avec Pinabel qui n'en semble pas joyeux, car il sait maintenant que celle-ci appartient à cette race qu'il hait tant en public et en secret. Et déjà il prévoit pour lui de futures angoisses, si elle le reconnaît pour un Mayençais.

Entre la maison de Mayence et celle de Clermont, existaient une haine antique et une inimitié intense. Plusieurs fois elles s'étaient heurtées du front et avaient répandu leur sang à grands flots. C'est pourquoi le perfide comte songe en son cœur à trahir l'imprudente jeune fille, ou, à la première occasion qui s'offrira, à la laisser seule et à prendre une autre route.

Et il a l'esprit si occupé par la haine natale, le doute et la peur, que, sans s'en apercevoir, il sort de son chemin et se retrouve dans une forêt obscure, au milieu de laquelle se dressait une montagne dont la cime dénudée était terminée par un dur rocher; et la fille du duc de Dordogne est toujours sur ses pas et ne le quitte point.

Dès que le Mayençais se voit dans le bois, il pense à se débarrasser de la dame. Il dit : « — Avant que le ciel devienne plus sombre, il vaut mieux nous diriger vers un logement; par de là cette montagne, si je la reconnais bien, s'élève un riche château au fond de la vallée. Toi, attends ici; du haut du rocher nu, je veux m'en assurer de mes yeux. — »

Ainsi disant, vers la plus haute cime du mont solitaire il pousse son destrier, regardant s'il n'aperçoit aucun chemin qui puisse le soustraire aux recherches de Bradamante. Tout à coup il trouve dans le rocher une caverne de plus de trente brasses de profondeur. Le rocher, taillé à coups de ciseau, descend jusqu'au fond à droite, et une porte est au bas.

Dans le fond, il y avait une porte ample et vaste qui, dans une cavité plus grande, donnait entrée. Au dehors s'en échappait une splendeur, comme si un flambeau eût brûlé au milieu de la montagne creuse. Pendant que le félon surpris se tient en cet endroit sans dire mot, la dame qui de loin le suivait, — car elle craignait de perdre ses traces, — le rejoint à la caverne.

Quand il voit arriver celle que d'abord il avait en vain résolu d'abandonner ou de faire périr, il imagine un autre projet. Il se porte à sa rencontre et la fait monter à l'endroit où la montagne était percée et venait à manquer. Et il lui dit qu'il avait vu au fond une damoiselle au visage agréable,

Qui, par sa belle prestance et par ses riches vêtements, semblait ne pas être de basse condition ; mais elle montrait, par son trouble et son chagrin, autant qu'elle le pouvait, qu'elle était enfermée contre son gré. Pour savoir à quoi s'en tenir sur sa situation, il avait déjà commencé à entrer dans la caverne, lorsque quelqu'un, sorti de la grotte intérieure, l'y avait fait rentrer avec fureur.

Bradamante, aussi imprudente que généreuse, ajoute foi à Pinabel, et désireuse d'aider la dame, elle cherche comment elle pourra descendre là-dedans. Voici qu'en tournant les yeux, elle voit une longue branche à la cime feuillue d'un orme. Avec son épée, elle la coupe prestement et l'incline sur le bord de la caverne.

Du côté où elle est taillée, elle la remet aux mains de Pinabel, puis elle s'y accroche. Après avoir d'abord introduit ses pieds dans la caverne, elle s'y suspend tout entière par les bras. Pinabel sourit alors, lui demande comment elle saute, et il ouvre les mains toutes larges, disant : « — Qu'ici tous les tiens ne sont-ils réunis, pour que j'en détruise la semence ! — »

Il n'advint pas du sort de l'innocente jeune fille comme le désirait Pinabel. Dans sa chute précipitée, la branche solide et forte vint frapper la première le fond. Elle se brisa, mais elle garantit si bien Bradamante, qu'elle la préserva de mort. La damoiselle resta quelque temps étourdie, comme je le dirai ensuite dans l'autre chant.

CHANT III.

Argument. — La caverne où Bradamante est tombée communique avec une grotte qui contient le tombeau de l'enchanteur Merlin. Là, la magicienne Mélisse révèle à Bradamante que c'est d'elle et de Roger que sortira la race d'Este. Elle lui montre les figures de ses descendants et lui prédit leur gloire future. Au moment de quitter la grotte, Bradamante apprend de Mélisse que Roger est retenu dans le palais enchanté d'Atlante, et se fait enseigner le moyen de le délivrer. Rencontre de Bradamante et de Brunel.

Qui me donnera la voix et les paroles qui conviennent à un si noble sujet? Qui prêtera des ailes à mon vers, pour qu'il vole jusqu'à ce qu'il atteigne à la hauteur de mon entreprise? Il me faut maintenant, pour m'échauffer le cœur, beaucoup plus que l'ardeur ordinaire, car elle est due à mon seigneur, cette partie de mon œuvre qui chante les aïeux dont il tira son origine.

Parmi tous les illustres seigneurs sortis du ciel pour gouverner la terre, tu ne vois pas, ô Phébus qui éclaires le grand univers, race plus glorieuse, soit dans la paix, soit dans la guerre, ni qui ait conservé plus d'éclat sur sa noblesse; et, si en moi n'erre pas cette prophétique lumière qui m'inspire, elle le conservera tout le temps qu'autour du pôle le ciel tournera.

Et comme je veux en raconter pleinement les honneurs, j'ai besoin, au lieu de la mienne, de cette lyre avec laquelle toi-même, après les fureurs de la guerre des géants, tu rendis grâce au roi de l'éther. Que ne m'as-tu donné de meilleurs instruments, propres à sculpter, sur une pierre digne d'elles, ces grandes figures ! j'y consacrerais tous mes efforts et tout mon talent.

En attendant, je vais, de mon ciseau malhabile, enlever les premiers et rugueux éclats. Peut-être qu'encore, grâce à une étude plus soignée, je rendrai par la suite ce travail parfait. Mais retournons à celui dont ni écu ni haubert ne pourrait rassurer le cœur ; je parle de Pinabel de Mayence qui espérait avoir tué Bradamante.

Le traître croit la damoiselle morte au fond du précipice ; le visage pâle, il quitte cette sombre caverne par lui déshonorée et s'empresse de remonter en selle. Et en homme qui avait l'âme assez perverse pour accumuler faute sur faute, crime sur crime, il emmène le cheval de Bradamante.

Laissons ce misérable, — pendant qu'il attente à la vie d'autrui, il travaille à sa propre mort, — et retournons à la dame qui, trahie par lui, a failli trouver du même coup mort et sépulture. Après qu'elle se fut relevée tout étourdie, car elle avait frappé contre la rude pierre, elle s'avança vers la porte qui donnait entrée dans la seconde et beaucoup plus large caverne.

L'emplacement, carré et spacieux, semble une chapelle vénérable et consacrée, soutenue par des colonnes d'un albâtre rare et d'une belle architecture. Au milieu s'élevait un autel bien ordonné, devant lequel était une lampe allumée, dont la flamme brillante et claire rendait une vive lumière dans l'une et l'autre caverne.

Saisie d'une pieuse humilité, la dame, aussitôt qu'elle se voit dans un lieu saint et consacré, s'agenouille, et du cœur et de la bouche commence à adresser ses prières à Dieu. Pendant ce temps une petite porte, placée en face d'elle, s'ouvre et crie ; il en sort une femme sans ceinture, les pieds nus et les cheveux épars, qui salue la damoiselle par son nom,

Et dit : « — O généreuse Bradamante, tu n'es pas venue ici sans un vouloir divin. Depuis plusieurs jours l'esprit prophétique de Merlin m'a prédit ta venue, et que tu devais, par un chemin inusité, venir visiter ses saintes reliques. Et je suis restée ici, afin de te révéler ce que de toi les cieux ont déjà statué.

« C'est ici l'antique et mémorable grotte qu'édifia Merlin, le savant magicien — dont peut-être tu as parfois entendu rappeler le souvenir — alors qu'il fut trompé par la Dame du Lac. C'est ici qu'est le sépulcre où gît sa chair corrompue ; c'est là que, pour satisfaire celle qui le lui demanda, il se coucha vivant et resta mort.

« Avec son corps mort, son esprit vivant y est enfermé, jusqu'à ce qu'il entende le son de l'angélique trompette qui le bannisse du ciel ou l'y admette, selon qu'il sera corbeau ou colombe. Sa parole vit, et tu pourras entendre comme elle sort claire du tombeau de marbre ; car les choses passées et futures, à qui les lui demande, il les révèle toujours.

« Il y a quelque temps que, de pays très éloignés, je suis venue dans ce lieu sépulcral, pour que Merlin me rendît plus clairs les profonds mystères de ma science. Et parce que j'avais le désir de te voir, je suis ensuite restée un mois de plus que je n'en avais l'intention, car Merlin, qui m'a toujours prédit la vérité, avait marqué ce jour pour terme à ton arrivée. — »

Muette, étonnée, la fille d'Aymon se tient attentive aux paroles de cette dame ; et elle a le cœur si rempli d'admiration, qu'elle ne sait si elle dort, ou si elle est éveillée. Les yeux baissés et confus, tant elle était modeste, elle répond : « — Quel mérite ai-je donc, pour que les prophètes prédisent ma venue ? — »

Et, joyeuse de l'insolite aventure, elle suivit sur-le-champ la magicienne qui la conduisi au sépulcre renfermant l'âme et les os de Merlin. Ce monument était en pierre dure, brillante et polie, et rouge comme flamme ; de telle sorte que, bien qu'elle fût privée de soleil, la caverne resplendissait de la lumière qui s'en échappait.

Soit qu'elle fût produite par des marbres qui

faisaient se mouvoir les ombres à la façon des torches, ou par la seule force d'enchantements, d'évocations, ou de signes empruntés aux étoiles observées, cette splendeur découvrait les nombreuses beautés sculptées et peintes dont, tout autour, le vénérable lieu était orné.

A peine Bradamante a-t-elle mis le pied sur le seuil de la demeure secrète que, du sein de la dépouille mortelle, l'esprit vivant lui parle d'une voix très distincte : « — Que la fortune favorise tous tes désirs, ô chaste et très noble damoiselle, du ventre de laquelle sortira la semence féconde qui doit honorer l'Italie et le monde entier !

« L'antique sang issu de Troie, en toi mêlé par ses deux meilleures sources, produira l'ornement, la fleur, la joie de la plus éclatante lignée qu'ait jamais vu le soleil entre l'Inde et le Tage, le Nil et le Danube, entre le pôle antarctique et l'Ours. Parmi ta postérité parvenue aux honneurs suprêmes, on comptera des marquis, des ducs et des empereurs.

« Les capitaines et les chevaliers robustes qui en sortiront, feront, par le fer ou le génie, recouvrer à leur chère Italie l'antique honneur de ses armes invincibles. De là aussi tireront leur sceptre, les justes princes qui, comme le sage Auguste et Numa, sous leur bon et doux règne feront revenir le primitif âge d'or.

« C'est donc pour cela que la volonté du ciel, qui t'a dès le principe choisie pour être la femme de Roger, t'ordonne de suivre courageusement ton chemin ; car nulle chose ne pourra t'arrêter ni te détourner de cette pensée que tu dois terrasser à la première rencontre ce larron maudit qui te détient tout ton bien. — »

Merlin se tut, ayant ainsi parlé, et laissa agir la magicienne qui se préparait à montrer à Bradamante l'aspect de chacun de ses descendants. Elle avait évoqué un grand nombre d'esprits — je ne sais si c'était de l'enfer ou de quel autre séjour — et tous étaient rassemblés en un seul lieu, sous des vêtements variés et des physionomies diverses.

Puis elle ramène avec elle la damoiselle dans la chapelle où elle avait tout d'abord tracé un cercle, qui pouvait la contenir tout entière et la dépassait encore d'une palme. Et pour qu'elle ne soit pas maltraitée par les esprits, elle la recouvre d'un grand pentacule et lui dit de se taire et de se contenter de regarder. Ensuite elle prend son livre et parle avec les démons.

Voici, hors de la première caverne, qu'une foule d'esprits s'accroît autour du cercle magique. Mais dès qu'ils veulent y entrer, la voie leur est interdite, comme si un mur et un fossé l'entouraient. Dans la cavité où le beau mausolée renferme les ossements du grand prophète, les ombres rentraient, après avoir trois fois tourné autour du cercle.

« — Si je voulais — dit l'enchanteuse à Bradamante — te dire les noms et les actes de tous les esprits qui, avant d'être nés, viennent d'être évoqués par les incantations, je ne saurais quand je pourrais te rendre la liberté, car une seule nuit ne suffirait pas à une telle besogne. C'est pourquoi je vais en choisir quelques-uns, selon l'époque et selon qu'il sera opportun.

« Vois ce premier qui te ressemble par sa belle physionomie et son air aimable : il sera en Italie le chef de ta famille, et en toi conçu de la semence de Roger. Je vois, par ses mains, la terre rougie du sang des Poitiers ; ainsi de leur trahison et du tort qu'ils lui auront fait, il se vengera contre ceux qui lui auront tué son père.

« La chute du roi des Lombards, Didier, sera son ouvrage. Pour ce fait méritoire, il obtiendra du souverain empire le beau domaine d'Este et de Calaon. Celui qui vient derrière lui est ton petit-fils Uberto, honneur des armes et des pays occidentaux. Par celui-ci, la sainte Église sera plus d'une fois défendue contre les Barbares.

« Vois ici Alberto, capitaine invaincu, qui de trophées ornera tant de temples ; son fils Ugo est avec lui, qui de Milan fera l'acquisition et déploiera les couleuvres. Cet autre est Azzo, auquel, après son frère, restera en mains le royaume des Insubriens. Voici Albertazzo, dont la sage politique chassera d'Italie Béranger et son fils.

« Et il méritera que l'empereur Othon l'unisse en mariage avec sa fille Alda. Vois un autre Ugo. O belle succession, en qui la valeur paternelle ne s'amoindrit pas ! Celui-ci, avec juste raison, aux Romains superbes rabat l'orgueil ; il leur enlève des mains le troisième Othon et le pontife, et leur fait lever le dur siège.

« Vois Folco qui, après avoir donné à son frère tout ce qu'il avait en Italie, s'en va bien loin de là, au milieu des États allemands, prendre possession d'un grand-duché. Il donne la main à la maison de Saxe, qui, d'un côté, sera complètement éteinte. Il en hérite du chef de sa mère, et par sa postérité il la remettra sur pied.

« Celui qui maintenant vient à nous est le second Azzo, de paix plus que de guerre ami; il s'avance entre ses deux fils Bertoldo et Albertazzo. Par l'un, Henri II sera vaincu, et du sang tudesque Parme verra un horrible cloaque sur toute sa campagne découverte. Par l'autre sera épousée la glorieuse, sage et chaste comtesse Mathilde.

« Sa vertu le fera digne d'un tel hymen; car à cette époque j'estime que ce n'est pas une petite gloire que d'avoir presque la moitié de l'Italie en dot et la nièce d'Henri I. Voici de ce Bertoldo le cher fils, ton Renaud, qui aura l'honneur insigne d'arracher l'Église des mains de l'impie Frédéric Barberousse.

« Voici un autre Azzo, et c'est celui qui aura en son pouvoir Vérone et son beau territoire; et il sera appelé marquis d'Ancône par Othon IV et Honoré II. Il serait trop long de te montrer toutes les personnes de ton sang qui auront le gonfalon du consistoire, et de te raconter toutes les entreprises surmontées par eux pour l'Église romaine.

« Vois Obizzo et Folco, d'autres Azzo, d'autres

Ugo, les deux Henri, le fils à côté du père; tous deux guelfes, dont l'un subjugue l'Ombrie et revêt le manteau ducal de Spolète. Voici celui qui essuie le sang et les grandes plaies de l'Italie affligée, et change sa plainte en rire; je parle de celui — et elle lui montre Azzo V — par lequel Ezelin sera vaincu, pris, anéanti.

« Ezelin, tyran très inhumain, qui sera réputé fils du démon, fera, égorgeant ses sujets et détruisant le beau pays d'Ausonie, un tel ravage, qu'auprès de lui passeront pour accessibles à la pitié, Marius, Sylla, Néron, Caius et Antoine. Et l'empereur Frédéric second sera, par cet Azzo, vaincu et mis à bas.

« Celui-ci, sous le règne le plus heureux, tiendra la belle terre qui est assise sur le fleuve où Phébus, de sa lyre plaintive, appelait le fils qui avait mal dirigé le char de la lumière, alors que fut pleuré l'ambre dont parle la fable, et que le Cygne se revêtit de plumes blanches. Et elle lui sera donnée par le Siège apostolique en récompense de mille services.

« Dois-je passer sous silence son frère Aldobrandino? Voulant venir au secours du Pontife contre Othon IV et le camp gibelin, — qui étaient parvenus presque au Capitole et s'étaient emparés de tout le pays voisin, portant leurs ravages chez les Ombriens et les Pisantins, — et ne pouvant lui donner son aide sans avoir beaucoup d'argent, il en demandera à Florence.

« Et, n'ayant pas de bijoux ou d'autre gage

précieux, il lui donnera son frère en garantie. Il déploiera ses étendards victorieux, et taillera en pièces l'armée allemande. Il replacera l'Église sur son siège, et livrera à de justes supplices les comtes de Celano. Et, au service du souverain Pasteur, il terminera ses jours dans leur plus belle fleur.

« Et il laissera son frère Azzo héritier du domaine d'Ancône et de Pise, de toutes les villes situées entre le Tronto, la mer et l'Apennin, jusqu'à l'Isauro, en même temps que de sa grandeur d'âme, de sa foi et de sa vertu, préférables à la pierre précieuse et à l'or ; car la fortune, qui donne et enlève tous les autres biens, sur la vertu seule n'a pas de pouvoir.

« Vois Renaud, dont la valeur ne brillera pas d'un moindre rayon. En présence d'une telle grandeur acquise par cette race, comment la Mort ou la Fortune n'en aurait-elle pas été jalouse et ennemie ? La douleur causée par la fin malheureuse de Renaud sera ressentie jusqu'à Naples, où son père est retenu comme otage. Voici maintenant venir Obizzo, qui, tout jeune, sera élu pour succéder à son aïeul.

« A ce beau domaine, il ajoutera celui de Reggio, la joyeuse, et de Modène, la sauvage. Telle sera sa valeur, que, d'une voix unanime, les peuples le demanderont pour seigneur. Vois Azzo VI, un de ses fils, gonfalonier de la croix chrétienne ; il aura le duché d'Andria, avec la fille du roi Charles II de Sicile.

« Vois, dans un beau et aimable groupe, la fleur

des princes illustres, Obizzo, Aldobrandino, Nicolas le Boiteux, Alberto rempli d'amour et de clémence. Je tairai, pour ne pas trop te retenir, comment, au beau royaume, ils ajouteront Faïence et, par une énergie plus grande encore, Adria, qui a l'honneur de donner son nom à la mer aux eaux indomptées.

« De même qu'en Grèce, la terre qui produit des roses en a reçu un nom plaisant, ainsi a été nommée la cité qui, au milieu des marais poissonneux, tremble entre les deux embouchures du Pô, et dont les habitants sont sans cesse désireux de voir la mer se troubler, et souffler les vents furieux. Je ne parle pas d'Argenta, de Lugo et de mille autres châteaux et villes populeuses.

« Vois Nicolo, qui, tendre enfant, est acclamé, par le peuple, seigneur de son domaine. Il rend vaines et nulles les espérances de Tideo, qui suscite contre lui la guerre civile. Les jeux de son enfance consisteront à suer sous les armes et à se fatiguer à la guerre ; et, grâce à ce travail des premières années, il deviendra la fleur des guerriers.

« Il fera avorter et tourner à leur désavantage tous les projets de ses sujets rebelles. Et il sera si au courant de tout stratagème, qu'il sera difficile de pouvoir le tromper. De cela s'apercevra trop tard Othon III, de Reggio et de Parme affreux tyran, car d'un seul coup Nicolo lui arrachera son domaine et sa coupable existence.

« Ce beau royaume s'augmentera toujours par la suite, sans que ses princes mettent jamais le pied hors du droit chemin, ni qu'aucun d'eux fasse jamais tort à autrui, à moins qu'il n'ait tout d'abord reçu quelque injure. Satisfait de cette sagesse, le grand Moteur ne leur posera aucune limite; mais ils iront prospérant toujours de plus en plus, tant que le ciel tournera autour de son axe.

« Vois Léonello, et vois le premier duc, gloire de son époque, l'illustre Borso, qui, régnant en paix, obtiendra plus de triomphes qu'il n'en aurait recueilli sur les terres d'autrui. Il enfermera Mars dans un endroit où il ne puisse voir le jour, et liera à la Fureur guerrière les mains derrière le dos. L'unique pensée de ce prince remarquable sera de faire vivre son peuple heureux.

« Vient maintenant Hercule, avec son pied à demi brûlé et ses pas débiles, qui reproche à son voisin, dont à Budrio il a protégé et rallié l'armée en fuite, de lui avoir ensuite, pour récompense, fait la guerre et de l'avoir chassé jusqu'aux frontières de Barco. Celui-ci est le prince à propos duquel je ne saurais décider s'il y a plus de gloire à acquérir dans la paix que dans la guerre.

« Les habitants de la Pouille, des Calabres et de la Lucanie garderont de ses faits une longue mémoire; il tirera une gloire sans égale de son combat singulier avec le roi des Catalans, et, par plus d'une victoire, se fera un nom parmi les capitaines invincibles. Sa valeur lui vaudra le trône plus de trente années avant qu'il lui soit dû.

« Et autant qu'on peut avoir d'obligation à un prince, sa cité lui en aura. Et ce ne sera pas pour avoir changé ses marais en champs d'une grande fertilité; ce ne sera pas pour l'avoir entourée de murs et de fossés qui la rendront plus spacieuse à ses habitants, ni pour l'avoir ornée de temples et de palais, de places, de théâtres et de mille embellissements;

« Ce ne sera pas pour l'avoir défendue des griffes et de la fureur du lion ailé, ni pour l'avoir seule maintenue en paix, ainsi que tout l'État, alors que la torche française aura incendié la belle Italie tout entière, et l'avoir préservée de toute crainte et de tout tribut; ce ne sera pas pour de tels services, ou pour d'autres du même genre, que ses sujets seront reconnaissants à Hercule;

« Mais pour ce que leur rapportera son illustre descendance, Alphonse le Juste et Hippolyte le Bienfaisant, qui réaliseront ce que l'antique renommée rapporte des fils du cygne de Tyndare, lesquels se privaient alternativement de la lumière du soleil pour se soustraire l'un l'autre à l'air malin. Chacun d'eux sera fort et toujours prêt à sauver l'autre en consentant à mourir.

« La grande affection de ce digne couple donnera plus de sécurité à leur cité que si, par l'œuvre de Vulcain, ils avaient entouré ses murailles d'une double ceinture de fer. Alphonse est celui qui au savoir joint une telle bonté, qu'au siècle suivant le peuple croira qu'Astrée est revenue du ciel, d'où elle peut faire le chaud et le froid.

« Ce lui sera grand besoin d'être prudent et de ressembler à son père par la valeur, car, n'ayant que peu de gens avec lui, il aura affaire d'un côté aux escadres vénitiennes, de l'autre à celle dont je ne sais si l'on devra plus justement dire qu'elle fut pour lui une marâtre ou une mère. Mais si elle fut sa mère, elle n'eut pas plus pitié de lui que Médée et Progné n'eurent pitié de leurs fils.

« Et autant de fois que, de jour ou de nuit, il sortira de sa ville avec son peuple fidèle, autant de fois il infligera à ses ennemis, sur mer ou sur terre, des désastres et des défaites mémorables. Les gens de la Romagne, malencontreusement soulevés contre leurs voisins, jadis leurs amis, s'en apercevront dans la guerre où ils couvriront de leur sang le sol compris entre le Pô, le Santerno et le Zanniolo.

« Dans ces mêmes régions s'en apercevra aussi l'Espagnol mercenaire du grand Pasteur, peu de temps après lui avoir enlevé Bastia, et en avoir mis à mort le châtelain, une fois la ville prise. En châtiment d'un tel dommage, il ne restera personne, du moindre fantassin au capitaine, qui, de la reprise de la ville et de la garnison égorgée, puisse porter la nouvelle à Rome.

« Ce sera lui qui, par sa prudence et son épée, aura l'honneur, dans les champs de la Romagne, de donner à l'armée de France la grande victoire contre Jules et l'Espagne. Par toute la campagne, les chevaux nageront jusqu'au poitrail dans le sang humain, et les bras manqueront pour ensevelir les morts allemands, espagnols, grecs, italiens et français.

« Celui qui, revêtu de l'habit pontifical, couvre du chapeau de pourpre sa chevelure sacrée, est le libéral, le magnanime, le sublime, le grand cardinal de l'Église de Rome, Hippolyte ; lequel sera éternellement célébré en prose et en vers dans toutes les langues. Le Ciel juste veuille que son époque florissante ait un Maron, comme Auguste eut le sien.

« Il resplendira sur sa belle postérité, comme le soleil qui illumine la machine du monde beaucoup plus que la lune et toutes les étoiles, car toute autre lumière est inférieure à la sienne. Je vois celui-ci avec un petit nombre de fantassins et encore moins de cavaliers, partir chagrin et revenir joyeux, car il ramène sur ses rivages quinze galères captives, en sus de mille autres navires.

« Vois ensuite l'un et l'autre Sigismond ; vois Alphonse et ses cinq fils bien-aimés ; les monts et les mers ne pourront faire obstacle à leur renommée, qui remplit le monde. Gendre du roi de France, Hercule II est l'un d'eux. Cet autre, — afin que tu les connaisses tous, — est Hippolyte, qui ne jettera pas moins d'éclat sur sa race que son oncle.

« François est le troisième ; les deux autres portent tous deux le nom d'Alphonse. Or, comme je t'ai dit d'abord, si je devais te montrer tous ceux de tes descendants dont la valeur élèvera si haut la race, il faudrait que le ciel s'éclairât et s'obscurcît plusieurs fois avant que je te l'eusse exprimé. Il est temps désormais, si cela te plaît, de rendre la liberté aux ombres et de me taire. — »

Ainsi, avec l'assentiment de la damoiselle, la docte enchanteresse ferme le livre. Alors tous les esprits disparurent en toute hâte dans la grotte où les ossements étaient renfermés. Bradamante, dès qu'il lui fut permis de parler, ouvrit la bouche et demanda : « — Quels sont les deux que nous avons vus si tristes entre Hippolyte et Alphonse ?

« Ils venaient en soupirant, et paraissaient tenir les yeux baissés et complètement privés de hardiesse ; et, loin d'eux, je voyais leurs frères s'écarter comme avec répugnance. — » Il sembla que la magicienne changeât de visage à cette demande et fît de ses yeux deux ruisseaux. Et elle s'écria : « — Infortunés, à quelle peine vous ont conduits les longues instigations d'hommes méchants !

« O bonne et digne race du bon Hercule, que votre bonté ne leur fasse pas défaut ; les malheureux, ils sont en effet de votre sang. Que la justice cède ici à la pitié ! — » Puis elle ajoute plus bas : « — Il ne convient pas que je t'en dise plus sur ce sujet. Reste avec tes douces pensées, et ne te plains pas de ce que je ne veux pas te les rendre amères.

« Dès qu'au ciel pointera la première lueur, tu prendras avec moi le chemin qui conduit le plus directement au resplendissant château d'acier, où Roger vit sous la dépendance d'autrui. Je serai ta compagne et ton guide, jusqu'à ce que tu sois hors de la forêt âpre et dangereuse. Puis, quand nous serons sur les bords de la mer, je t'enseignerai si bien la route, que tu ne pourras t'égarer. — »

L'audacieuse jeune fille reste là toute la nuit, s'entretenant longuement avec Merlin, qui la persuade d'aller promptement au secours de son Roger. Puis, dès que l'air s'est embrasé d'une splendeur nouvelle, elle abandonne les chambres souterraines, à travers un long chemin obscur et sombre, ayant la magicienne avec elle.

Et elles débouchèrent dans un précipice caché entre des montagnes inaccessibles aux gens; et tout le jour, sans prendre de repos, elles gravirent les rochers et franchirent les torrents. Pour que la marche fût moins ennuyeuse, elles tenaient de plaisants et beaux raisonnements, et, s'entretenant de ce qui leur était le plus doux, l'âpre chemin leur paraissait moins rude.

De ces entretiens la plus grande partie fut consacrée par la docte magicienne à montrer à Bradamante avec quelle ruse, avec quel artifice elle devait procéder si elle voulait délivrer Roger.

« — Quand tu serais — disait-elle — Pallas ou Mars, et quand tu aurais à ta solde plus de gens que n'en ont le roi Charles et le roi Agramant, tu ne résisterais pas au nécromant.

« Car, outre que la forteresse inexpugnable est entourée d'acier et si haute; outre que son coursier s'ouvre un chemin au milieu des airs, où il galope et bondit, il possède l'écu mortel dont, aussitôt qu'il le découvre, la splendeur éblouit tellement les yeux, qu'elle aveugle et qu'elle s'empare des sens de telle sorte qu'il faut rester comme mort.

« Et si peut-être tu penses qu'il te suffira de

combattre en tenant les yeux fermés, comment, dans la bataille, pourras-tu savoir quand il faudra t'esquiver ou frapper ton adversaire? Mais pour éviter la lumière qui éblouit, et rendre vains les autres enchantements de ce magicien, je te montrerai un moyen, une voie toute prête. Et il n'en est pas d'autre au monde que celle-ci :

« Le roi Agramant d'Afrique a donné à un de ses barons, nommé Brunel, un anneau qui fut dérobé dans l'Inde à une reine. Brunel chemine à peu de milles devant nous. L'anneau est doué d'une vertu telle, que celui qui l'a au doigt possède un remède contre le mal des enchantements. Brunel en sait autant, en fait de ruses et de fourberies, que celui qui détient Roger, en sait en fait d'enchantements.

« Ce Brunel, si adroit et si rusé, comme je te dis, est envoyé par son roi afin que, grâce à son génie et avec l'aide de cet anneau dans de tels cas éprouvé, il tire Roger de ce château où il est détenu. Il s'est vanté de réussir, et a promis à son seigneur de lui ramener Roger, qui lui tient plus que tout autre à cœur.

« Mais pour que ton Roger, à toi seule et non au roi Agramant, ait l'obligation d'avoir été délivré de sa prison enchantée, je t'enseignerai le moyen dont tu dois te servir. Tu t'en iras pendant trois jours le long des sables de la mer qui va bientôt se montrer à ta vue. Le troisième jour, dans la même auberge que toi, arrivera celui qui a l'anneau avec lui.

« Sa taille, afin que tu le reconnaisses, n'atteint pas six palmes. Il a la tête crépue, les cheveux noirs et la peau brune. Sa figure est pâle et plus barbue qu'elle ne devrait. Il a les yeux enflés, le regard louche, le nez écrasé et les sourcils hérissés. Son vêtement, pour que je le dépeigne entièrement, est étroit et court, et ressemble à celui d'un courrier.

« Tu auras sujet de lui parler de ces enchantements étranges. Montre-lui ton désir — et tu l'auras en effet — d'en venir aux mains avec le magicien ; mais ne lui laisse pas voir qu'on t'a dit que son anneau rend les enchantements inutiles. Il t'offrira de te montrer le chemin jusqu'au château, et de te tenir compagnie.

« Suis-le, et lorsque tu seras assez près de cette roche pour qu'elle se découvre à tes regards, donne-lui la mort. Que la pitié ne te détourne pas de mettre mon conseil à exécution. Fais en sorte qu'il ne devine pas ton dessein, car il disparaîtrait à tes yeux, dès qu'il aurait mis l'anneau magique dans sa bouche. — »

Ainsi parlant, elles arrivèrent sur le bord de la mer, près de Bordeaux, à l'endroit où se jette la Garonne. Là, non sans quelques larmes, les deux femmes se quittèrent. La fille d'Aymon, qui, pour délivrer son amant de prison, ne s'endort pas, chemine tant, qu'en une soirée elle arrive à l'auberge où Brunel était déjà.

Elle reconnaît Brunel dès qu'elle le voit, car elle avait son portrait sculpté dans la mémoire.

Elle lui demande d'où il vient et où il va. Celui-ci lui répond et lui ment sur toute chose. La dame, prévenue, ne lui cède point en mensonges et dissimule également sa patrie, sa famille, sa religion, son nom et son sexe ; et elle tient constamment les yeux fixés sur les mains de Brunel.

Sur ses mains, elle va fixant constamment les yeux, craignant toujours d'être volée par lui ; et elle ne le laisse pas trop s'approcher d'elle, bien informée qu'elle est de ce dont il est capable. Ils se tenaient tous les deux dans cette attitude, quand leur oreille fut frappée par une rumeur. Je vous dirai, seigneur, quelle en fut la cause, après que j'aurai pris un repos qui m'est bien dû.

CHANT IV.

ARGUMENT. — Bradamante arrache à Brunel son anneau enchanté, grâce auquel elle détruit le pouvoir d'Atlante et délivre Roger. Celui-ci laisse son cheval à Bradamante et monte sur l'hippogriffe, qui l'emporte dans les airs. — Renaud arrive en Écosse, où il apprend que Ginevra, fille du roi, est sur le point d'être mise à mort, victime d'une calomnie. S'étant mis en chemin pour aller la délivrer, il rencontre une jouvencelle qui lui raconte le fait pour lequel Ginevra a été condamnée à périr.

BIEN que la dissimulation soit le plus souvent répréhensible, et l'indice d'un méchant esprit, il arrive cependant qu'en beaucoup de cas elle a produit d'évidents bienfaits, en faisant éviter un dommage, le blâme et même la mort. Car nous n'avons pas toujours affaire à des amis, dans cette vie mortelle, beaucoup plus obscure que sereine et toute pleine d'envie.

Si, seulement après une longue épreuve, on peut trouver à grand'peine un ami véritable à qui, sans aucune défiance, on parle et on montre à découvert sa pensée, que devait faire la belle amie de Roger avec ce Brunel faux et pervers, dissimulé et cauteleux dans toute sa personne, ainsi que la magicienne l'avait dépeint?

Elle dissimule, elle aussi, et il lui faut bien agir ainsi avec ce maître en fourberies. Et, comme je l'ai dit, constamment elle a les yeux sur ses mains, qui étaient rapaces et voleuses. Mais voici qu'à leur oreille une grande rumeur arrive. La dame dit : « — O glorieuse Mère, ô Roi du ciel, qu'est cela? — » Et elle se précipite à l'endroit d'où provenait la rumeur.

Et elle voit l'hôte et toute sa famille qui, en dehors du chemin, tenaient les yeux levés au ciel, comme s'il y eût eu une éclipse ou une comète. La dame aperçoit alors une grande merveille qui ne serait pas facilement crue : elle voit passer un grand destrier ailé qui porte dans l'air un chevalier armé.

Grandes étaient ses ailes et de couleurs variées. Au beau milieu se tenait un chevalier dont l'armure était de fer lumineux et étincelant. Il avait dirigé sa course vers le ponant. Il s'éloigna et disparut à travers les montagnes. C'était, comme dit l'hôte, — et il disait la vérité, — un nécromancien ; et il faisait souvent ce voyage plus ou moins long.

Dans son vol, il s'élevait parfois jusqu'aux étoiles et parfois rasait presque la terre, emportant avec lui toutes les belles dames qu'il trouvait dans ces contrées ; à tel point que les malheureuses donzelles qui étaient ou qui se croyaient belles — comme effectivement toutes se croient — ne sortaient plus tant que le soleil se faisait voir.

« — Il possède sur les Pyrénées — racontait l'hôte — un château bâti par enchantement, tout en acier et si brillant et si beau, qu'aucun autre au monde n'est si merveilleux. Déjà beaucoup de chevaliers y sont allés, et aucun n'a pu se vanter d'en être revenu. C'est pourquoi je pense, seigneur, et je crains fort, ou qu'ils soient prisonniers, ou qu'ils aient été mis à mort. — »

La dame écoute tout cela et s'en réjouit, espérant faire — comme elle fera certainement — une telle épreuve avec l'anneau magique, que le magicien et son château en soient vaincus. Et elle dit à l'hôte : « — Trouve-moi un de tes gens qui, plus que moi, connaisse le chemin, car je ne puis attendre, tant le cœur me brûle de livrer bataille à ce magicien. — »

« — Tu ne manqueras pas de guide — lui répond alors Brunel — et j'irai avec toi. J'ai la route toute tracée par écrit, et d'autres choses encore qui te rendront ma compagnie agréable. — » Il veut parler de l'anneau, mais il ne le dit pas plus clairement, de peur d'en payer la peine. « — Ta présence —

dit-elle — m'est agréable. — » Voulant dire que, par là, l'anneau deviendra sien.

Elle dit ce qu'il était utile de dire, et cache tout ce qui pouvait lui nuire auprès de Sarrasin. L'hôte avait un destrier qui lui plut, et qui était bon pour la bataille et pour la marche. Elle l'acheta et partit à la pointe du jour suivant, par une belle matinée. Elle prit son chemin par une vallée étroite, avec Brunel, qui allait tantôt devant, tantôt derrière elle.

De montagne en montagne, de bois en bois, ils arrivèrent à l'endroit où l'altitude des Pyrénées permet de voir, si l'air n'est pas obscurci, la France et l'Espagne et les rives des deux mers. Ainsi, dans l'Apennin, on découvre la mer Adriatique et la mer Toscane, du col par lequel on va à Camaldoli. De là, par une descente raide et fatigante, on descendait dans la profonde vallée.

Au milieu surgit un rocher dont la cime, entièrement entourée d'un mur d'acier, s'élève tellement vers le ciel, qu'elle domine tout ce qui est à l'entour. A moins de voler, on ne peut songer à y atteindre. Tout effort y serait dépensé en vain. Brunel dit : « — C'est là que le magicien tient captifs les dames et les chevaliers. — »

Le rocher était taillé aux quatre coins, et si droit qu'il paraissait tiré au cordeau. D'aucun côté n'existait sentier ni escalier qui donnât facilité d'y monter; et l'on voyait bien qu'un animal possédant des ailes pouvait seul avoir cette demeure pour nid ou pour tanière. Là, la dame comprit que l'heure était venue de s'emparer de l'anneau et de faire mourir Brunel.

Mais se couvrir du sang d'un homme sans armes et d'une si basse condition lui parut être une vilaine action ; aussi bien elle pourra s'emparer du riche anneau sans le mettre à mort. Brunel ne pensait pas à la regarder, de sorte qu'elle se saisit de lui et le lia fortement à un sapin à la cime élevée. Mais auparavant elle lui arracha l'anneau du doigt.

Et, malgré les larmes, les gémissements, les lamentations de Brunel, elle ne veut pas le délier. Elle descend de la montagne à pas lents, jusqu'à ce qu'elle soit arrivée dans la plaine, au pied de la tour. Et, pour qu'à la bataille se présente le nécromant, elle a recours à son cor. Après en avoir sonné, elle l'appelle au champ d'une voix menaçante et le défie au combat.

L'enchanteur ne tarda pas à paraître en dehors de la porte, dès qu'il eut entendu le son et la voix. Le coureur ailé le porte dans l'air à l'encontre de Bradamante qui semble un guerrier terrible. La dame tout d'abord se rassure en voyant que son adversaire est peu à craindre, car il ne porte ni lance, ni épée, ni masse d'armes qui puisse percer ou rompre la cuirasse.

Il avait seulement au bras gauche l'écu tout recouvert de soie rouge, et, dans sa main droite, un livre avec lequel il produisait en y lisant de grandes merveilles. Ainsi, tantôt il paraissait courir la lance au poing, et il avait fait baisser les yeux à plus d'un ; tantôt il semblait frapper avec la masse ou l'estoc, tandis qu'il était loin et n'avait porté aucun coup.

Le destrier n'est pas un être imaginaire, mais bien naturel, car une jument l'engendra d'un griffon. De son père, il avait la plume et les ailes, les pieds de devant, la tête et les griffes. Dans tous ses autres membres, il était semblable à sa mère, et il s'appelait Hippogriffe. Ils proviennent, mais ils sont rares, des monts Ryphées, bien au delà des mers glaciales.

C'est de là que le nécromancien l'avait tiré par la force de ses enchantements. Dès qu'il l'eut en sa possession, il ne chercha point à en avoir d'autres, mais il opéra si bien qu'il l'accoutuma à la selle et à la bride, au bout d'un mois de soins et de fatigues. C'est ainsi qu'à terre et dans les airs, et en tous lieux, il le faisait manœuvrer sans résistance. Ce n'était donc pas un être fictif, produit, comme le reste, par enchantement, mais un animal naturel et véritable.

Toutes les autres choses provenant du magicien étaient une illusion; il aurait fait paraître jaune ce qui était rouge. Mais il n'en fut pas de même avec la dame, qui, grâce à l'anneau, ne pouvait être abusée. Cependant elle prodigue au vent ses coups, et deçà delà pousse son cheval, et se débat et s'agite, ainsi qu'avant de venir elle avait été prévenue de le faire.

Puis, après qu'elle s'est escrimée quelque temps sur son coursier, elle met pied à terre afin de pouvoir mieux accomplir jusqu'au bout les instructions que la prudente magicienne lui a données. Le magicien vient pour essayer son suprême enchantement, à l'effet duquel il ne croit pas que rien puisse s'opposer. Il découvre l'écu, certain de renverser son adversaire avec la lumière enchantée.

Il pouvait le découvrir tout d'abord sans amuser plus longtemps les chevaliers, mais il lui plaisait de voir fournir quelque beau coup de lance ou d'épée. Ainsi on voit le chat rusé s'amuser avec la souris tant que cela lui plaît; puis, quand ce jeu vient à l'ennuyer, lui donner un coup de dent et finalement la tuer.

Je dis que, dans les précédentes batailles, le magicien avait ressemblé au chat et les autres à la souris; mais la ressemblance ne demeura pas la même, quand la dame se présenta munie de l'anneau. Attentive, elle observait, autant qu'il était besoin pour que le magicien ne prît aucun avantage sur elle. Dès qu'elle vit qu'il découvrait l'écu, elle ferma les yeux et se laissa tomber à terre.

Non pas que l'éclat du brillant métal lui eût causé du mal, ainsi qu'il avait coutume de le faire aux autres; mais elle agit ainsi pour que l'enchanteur descendît de cheval et s'approchât d'elle. Son désir ne fut pas trompé, car aussitôt que sa tête eut touché la terre, le cheval volant, accélérant son vol, vint se poser à terre en décrivant de larges cercles.

Le magicien laisse à l'arçon l'écu qu'il avait déjà remis sous sa couverture, et descend à pied vers la dame, qui attend, comme le loup dans le buisson, à l'affût du chevreau. Sans plus de retard, elle se lève aussitôt qu'il est près d'elle et le saisit étroitement. Le malheureux avait laissé à terre le livre qui faisait toute sa force.

Et elle le lie avec une chaîne qu'il avait coutume de porter à la ceinture pour un pareil usage, car il ne croyait pas moins l'en lier qu'il avait jusque-là lié les autres. La dame l'avait déjà reposé à terre. S'il ne se défendit pas, je l'excuse volontiers, car il y avait trop de différence entre un vieillard débile et elle si robuste.

S'apprêtant à lui couper la tête, elle lève en toute hâte sa main victorieuse; mais, après avoir vu son visage, elle arrête le coup, comme dédaigneuse d'une si basse vengeance. Un vénérable vieillard à la figure triste, tel lui apparaît celui qu'elle a vaincu. A son visage ridé, à son poil blanc, il paraît avoir soixante ans ou très peu moins.

« — Ote-moi la vie, jeune homme, au nom de Dieu, — »dit le vieillard plein de colère et de dépit. Mais elle avait le cœur aussi peu disposé à lui enlever la vie, que lui était désireux de la quitter. La dame voulut savoir qui était le nécromant, et dans quel but il avait édifié ce château dans ce lieu sauvage et fait outrage à tout le monde.

« — Ce ne fut point par mauvaise intention, hélas ! — dit en pleurant le vieil enchanteur, — que j'ai fait ce beau château à la cime de ce rocher ; ce n'est pas non plus par cupidité que je suis devenu ravisseur ; c'est uniquement pour arracher au danger suprême un gentil chevalier, que mon affection me poussa à faire tout cela ; car, ainsi que le ciel me l'a montré, il doit mourir par trahison, peu de temps après s'être fait chrétien.

« Le soleil ne voit pas entre ce pôle et le pôle austral un jeune homme si beau et de telle prestance. Il a nom Roger, et dès son jeune âge il fut élevé par moi, car je suis Atlante. Le désir d'acquérir de l'honneur et sa cruelle destinée l'ont amené en France à la suite du roi Agramant; et moi qui l'aimai toujours plus qu'un fils, je cherche à le tirer de France et du péril.

« J'ai édifié ce beau château dans le seul but d'y tenir Roger en sûreté, car il fut pris par moi comme j'ai espéré te prendre toi-même aujourd'hui. J'y ai enfermé des dames et des chevaliers et d'autres nobles gens que tu verras, afin que, puisqu'il ne peut sortir à sa volonté, ayant compagnie, il ne s'ennuie pas.

« Pour que ceux qui sont là-haut ne demandent pas à en sortir, j'ai soin de leur procurer toutes sortes de plaisirs ; autant qu'il peut en exister dans le monde, sont réunis dans ce château : concerts, chant, parures, jeux, bonne table, tout ce que le cœur peut désirer, tout ce que la bouche peut demander. J'avais bien semé et je cueillais un bon fruit ; mais tu es venu détruire tout mon ouvrage.

« Ah ! si tu n'as pas le cœur moins beau que le visage, ne m'empêche pas d'accomplir mon honnête dessein. Prends l'écu, je te le donne, ainsi que ce destrier qui va si prestement par les airs. Ne te préoccupe pas davantage du château, ou bien fais-en sortir un ou deux de tes amis et laisse le reste ; ou bien encore tires-en tous les autres, et je ne te réclamerai plus rien, sinon que tu me laisses mon Roger.

« Et si tu es résolu à me l'enlever, eh bien ! avant de le ramener en France, qu'il te plaise d'arracher cette âme désolée de son enveloppe désormais flétrie et desséchée. — » La damoiselle lui répond : « — Je veux le mettre en liberté. Quant à toi, saches que tes lamentations sont de vaines sornettes, et ne m'offre plus en don l'écu et le coursier, qui sont à moi et non plus à toi.

« Mais s'il t'appartenait encore de les garder ou de les donner, l'échange ne me paraîtrait pas suffisant. Tu dis que tu détiens Roger pour le protéger contre la mauvaise influence de son étoile. Tu ne peux savoir ce que le Ciel a résolu de lui, ou, le sachant, tu ne peux l'empêcher. Mais si tu n'as pas pu prévoir ton propre malheur qui était si proche, à plus forte raison tu ne saurais prévoir l'avenir d'autrui.

« Ne me prie pas de te tuer, car tes prières seraient vaines. Et si tu désires la mort, encore que le monde entier la refuse, de soi-même peut toujours l'avoir une âme forte. A tous tes prisonniers ouvre les portes. — » Ainsi dit la dame, et sans tarder elle entraîne le magicien vers la roche.

Lié avec sa proche chaîne, Atlante allait, suivi par la damoiselle, qui s'y fiait encore à peine, bien qu'il parût tout à fait résigné. Il ne la mène pas longtemps derrière lui, sans qu'ils aient retrouvé, au pied de la montagne, l'ouverture et les escaliers par où l'on monte au château, à la porte duquel ils arrivent enfin.

Sur le seuil, Atlante soulève une pierre où sont gravés des caractères et des signes étranges. Deux vases sont dessous en forme de marmites, qui jettent constamment de la fumée, ayant dans leur intérieur un feu caché. L'enchanteur les brise, et soudain la colline redevient déserte, inhabitée et inculte; on ne voit plus d'aucun côté ni mur ni tour, comme si jamais un château n'eût existé en cet endroit.

Alors le magicien se délivre de la dame comme fait souvent la grive qui s'échappe du filet; et avec lui disparaît subitement le château, laissant en liberté la compagnie qu'il contenait. Les dames et les chevaliers se trouvèrent hors des superbes appartements, en pleine campagne, et beaucoup d'eux en furent fâchés, car cette mise en liberté les privait de grands plaisirs.

Là est Gradasse, là est Sacripant, là est Prasilde, le noble chevalier qui vint du levant avec Renaud; avec lui est Iroldo, et tous deux font une vraie paire d'amis. Enfin, la belle Bradamante y retrouve son Roger si désiré, lequel, après l'avoir reconnue, lui fait un bon et très reconnaissant accueil.

Plus que ses yeux, plus que son cœur, plus que sa propre vie, Roger l'aima du jour où, ayant levé son casque pour lui, elle fut blessée grâce à cette circonstance. Il serait trop long de dire comment et par qui, et combien longtemps, par la forêt sauvage et déserte, ils se cherchèrent ensuite nuit et jour, sans avoir pu jamais se retrouver, sinon ici.

Maintenant qu'il la voit près de lui, et qu'il apprend qu'elle seule a été sa libératrice, son cœur est plein d'une telle joie, qu'il se déclare le plus fortuné des hommes. Ils descendent de la montagne dans ce vallon où la dame avait été victorieuse, et où ils trouvent encore l'hippogriffe, ayant au flanc l'écu, mais recouvert.

La dame va pour le prendre par la bride, et lui l'attend jusqu'à ce qu'elle soit à ses côtés. Puis, il déploie les ailes par l'air serein, et se repose non loin de là à mi-côte. Elle le poursuit, et lui, ni plus ni moins que la première fois, s'élève dans les airs et ne se laisse pas trop approcher. Ainsi fait la corneille sur le sable aride, qui, derrière les chiens, deçà delà voltige.

Roger, Gradasse, Sacripant et tous ces chevaliers qui étaient descendus ensemble, en haut, en bas, se sont postés aux endroits où ils espèrent que le cheval volant reviendra. Celui-ci, après qu'il a entraîné tous les autres à plusieurs reprises sur les plus hautes cimes et dans les bas-fonds humides, à travers les rochers, s'arrête à la fin près de Roger.

Et cela fut l'œuvre du vieux Atlante, qui n'abandonne pas le pieux désir de soustraire Roger au grand péril qui le menace. A cela seul il pense, et de cela seul il se tourmente. C'est pourquoi, afin de l'enlever d'Europe par cet artifice, il lui envoie l'hippogriffe. Roger le saisit et pense le tirer après lui ; mais celui-ci s'arrête et ne veut pas le suivre.

Ce vaillant descend alors de Frontin — son destrier se nommait Frontin — et monte sur celui qui s'en va par les airs, et avec les éperons excite son impétueuse ardeur. Celui-ci galope un moment ; puis, s'appuyant fortement sur ses pieds, il prend son élan vers le ciel, plus léger que le gerfaut auquel son maître lève à temps le chaperon et montre l'oiseau.

La belle dame, qui voit son Roger si haut et dans un tel péril, reste tellement interdite, qu'elle ne peut de longtemps revenir au sentiment de la réalité. Ce qu'elle a autrefois entendu raconter de Ganymède, qui, de l'empire paternel, fut enlevé au ciel, lui fait craindre que pareille chose n'arrive à Roger, non moins aimable et non moins beau que Ganymède.

Les yeux fixes, elle le suit dans le ciel tant qu'elle peut le voir ; mais comme il s'éloigne tellement que la vue ne peut aller si loin, elle laisse toujours son âme le suivre. Cependant elle soupire, gémit et pleure, et n'a et ne veut avoir paix ni trêve à son chagrin. Quand Roger s'est tout à fait dérobé à sa vue, elle tourne les yeux vers le bon destrier Frontin.

Et elle se décide à ne pas l'abandonner, car il pourrait devenir la proie du premier venu ; mais elle l'emmène avec elle pour le rendre à son maître, qu'elle espère revoir encore. Le cheval-oiseau s'élève toujours, et Roger ne peut le refréner. Il voit au-dessous de lui les hautes cimes s'abaisser de telle sorte qu'il ne reconnaît plus où est la plaine et où est la montagne.

Il monte si haut, qu'il paraît comme un petit point à qui le regarde de la terre. Il dirige sa course vers le point où le soleil tombe quand il tourne avec l'Écrevisse ; et par les airs il va, comme le navire léger poussé sur mer par un vent propice. Laissons-le aller, car il fera un bon chemin, et retournons au paladin Renaud.

Renaud, deux jours durant, parcourt sur mer un long espace, tantôt au couchant, tantôt vers l'Ourse, chassé par le vent, qui, nuit et jour, ne cesse de souffler. Il est en dernier lieu poussé sur l'Écosse, où apparaît la forêt calédonienne, dont on entend souvent les vieux chênes ombreux retentir du bruit des combats.

Elle est fréquentée par les chevaliers errants les plus illustres sous les armes, de toute la Bretagne et de pays voisins ou éloignés, de France, de Norwège et d'Allemagne. Quiconque ne possède pas une grande valeur ne doit pas s'y aventurer ; car, en cherchant l'honneur, il trouverait la mort. De grandes choses y furent jadis accomplies par Tristan, Lancelot, Galasse, Artus et Gauvain,

Et d'autres chevaliers fameux de la nouvelle et de l'ancienne Table ronde. Comme preuve de leur valeur, existent encore les monuments et les trophées pompeux qu'ils y élevèrent. Renaud prend ses armes et son cheval Bayard, et se fait aussitôt déposer sur les rivages ombreux, après avoir recommandé au pilote de s'éloigner et d'aller l'attendre à Berwick.

Sans écuyer et sans escorte, le chevalier s'en va par cette forêt immense, suivant tantôt une voie, tantôt une autre, du côté où il pense trouver les aventures les plus étranges. Il arrive le premier jour à une abbaye, qui consacre une bonne partie de ses revenus à recevoir avec honneur, dans son riche monastère, les dames et les chevaliers qui passent alentour.

Les moines et l'abbé font un bel accueil à Renaud, qui leur demande — après s'être amplement restauré l'estomac à une table grassement servie — comment les chevaliers trouvent sur ce territoire des aventures où un homme de cœur puisse, par quelque fait éclatant, montrer s'il mérite blâme ou éloge.

Ils lui répondent qu'en errant dans ces bois, il pourra trouver des aventures extraordinaires et nombreuses; mais, comme les lieux mêmes, les faits qui s'y passent restent dans l'obscurité, car le plus souvent on n'en a aucune nouvelle.

« — Cherche — disent-ils — des contrées où tes œuvres ne restent pas ensevelies, afin que la renommée suive le péril et la peine, et qu'il en soit parlé comme elles le méritent.

« Et si tu tiens à faire preuve de ta valeur, il se présente à toi la plus digne entreprise qui, dans les temps anciens et modernes, se soit jamais offerte à un chevalier. La fille de notre roi se trouve avoir présentement besoin d'aide et de défense contre un baron nommé Lurcanio, qui cherche à lui enlever la vie et l'honneur.

« Ce Lurcanio l'a accusée auprès de son père — peut-être par haine plutôt qu'avec raison — comme l'ayant vue à minuit attirant chez elle un sien amant sur son balcon. D'après les lois du royaume, elle doit être condamnée au feu, si, dans le délai d'un mois aujourd'hui près de finir, elle ne trouve pas un champion qui convainque de mensonge l'inique accusateur.

« La dure loi d'Écosse, inhumaine et sévère, veut que toute dame, de quelque condition qu'elle soit, qui a des relations avec un homme sans être sa femme, et qui en est accusée, reçoive la mort. Elle ne peut échapper au supplice que s'il se présente pour elle un guerrier courageux qui prenne sa défense, et soutienne qu'elle est innocente et ne mérite pas de mourir.

« Le roi, tremblant pour la belle Ginevra, — c'est ainsi que se nomme sa fille, — a fait publier par les cités et les châteaux que celui qui prendra sa défense et fera tomber l'indigne calomnie, pourvu qu'il soit issu de famille noble, l'aura pour femme, avec un apanage digne de servir de dot à une telle dame.

« Mais si, dans un mois, personne ne se présente pour cela, ou si celui qui se présentera n'est pas vainqueur, elle sera mise à mort. Il te convient mieux de tenter une semblable entreprise que d'aller par les bois, errant de cette façon. Outre l'honneur et la renommée qui peuvent t' n advenir et qui s'attacheront éternellement à ton nom, tu peux acquérir la fleur des belles dames qui se voient de l'Inde aux colonnes atlantiques.

« Tu posséderas enfin la richesse, un rang qui te fera pour toujours une vie heureuse, et les faveurs du roi auquel tu auras rendu l'honneur qu'il a quasi perdu. Et, puis, n'es-tu pas obligé, par chevalerie, à venger d'une telle perfidie celle qui, d'une commune voix, est un modèle de pudeur et de vertu ? — »

Renaud resta un instant pensif, et puis il répondit : « — Il faut donc qu'une damoiselle meure, parce qu'elle aura laissé son amant satisfaire son désir suprême entre ses bras amoureux ? Maudit soit qui a établi une telle loi, et maudit qui peut la subir ! Bien plus justement doit mourir la cruelle qui refuse la vie à son fidèle amant.

« Qu'il soit vrai ou faux que Ginevra ait reçu son amant, cela ne me regarde pas. De l'avoir fait, je la louerais très fort, pourvu qu'elle eût pu le cacher. Mon unique pensée est de la défendre. Donnez-moi donc quelqu'un qui me guide et me mène promptement là où est l'accusateur. J'espère, avec l'aide de Dieu, tirer Ginevra de peine.

« Non que je veuille dire qu'elle n'a pas fait ce dont on l'accuse, car, ne le sachant pas, je pourrais me tromper ; mais je dirai que, pour un pareil acte, aucune punition ne doit l'atteindre. Je dirai encore que ce fut un homme injuste ou un fou, celui qui le premier vous fit de si coupables lois, et qu'elles doivent être révoquées comme iniques, et remplacées par une nouvelle loi conçue dans un meilleur esprit.

« Si une même ardeur, si un désir pareil incline et entraîne, avec une force irrésistible, l'un et l'autre sexe à ce suave dénouement d'amour que le vulgaire ignorant regarde comme une faute grave, pourquoi punirait-on ou blâmerait-on une dame d'avoir commis une ou plusieurs fautes de ce genre, alors que l'homme s'y livre autant de fois qu'il en a appétit, et qu'on l'en glorifie, loin de l'en punir ?

« Dans ces lois peu équitables, il est fait de véritables torts aux dames ; et j'espère, avec l'aide de Dieu, montrer qu'il serait très malheureux de les conserver plus longtemps. — » D'un consentement unanime, on convint avec Renaud que les anciens législateurs furent injustes et discourtois en autorisant une loi si inique, et que le roi faisait mal, le pouvant, de ne pas la corriger.

Dès que la pure et vermeille clarté du jour suivant a ouvert l'hémisphère, Renaud revêt ses armes et monte Bayard. Il prend à l'abbaye un écuyer qui va avec lui pendant plusieurs lieues, toujours à travers le bois horrible et sauvage, vers la ville où doit prochainement être tentée l'épreuve dans le jugement de la damoiselle.

Ils avaient, cherchant à abréger la route, laissé le grand chemin pour prendre un sentier, lorsqu'ils entendirent retentir près d'eux de grandes plaintes qui remplissaient la forêt tout alentour. Renaud pousse Bayard, son compagnon pousse son roussin vers un vallon d'où partaient ces cris, et, entre deux misérables, ils voient une donzelle qui, de loin, paraissait très belle,

Mais qui, fondant en pleurs, semble plus désolée que ne le fut jamais dame ou damoiselle. Les deux bandits se préparent à la frapper de leur épée nue et à rougir l'herbe de son sang. Elle les supplie de différer un peu sa mort, mais sans émouvoir leur pitié. Renaud arrive, et, à ce spectacle, se précipite avec de grands cris et de grandes menaces.

Les malandrins tournent les épaules, du plus loin qu'ils voient que l'on vient au secours de leur victime, et se dérobent dans la vallée profonde. Le paladin n'a nul souci de les poursuivre ; il va droit à la dame et s'informe pour quelle grande faute elle a mérité une telle punition. Et, pour gagner du temps, il la fait prendre en croupe par son écuyer ; puis il regagne le sentier.

Tout en chevauchant, il la regarde plus attentivement ; elle était très belle et de manières accortes, bien qu'elle fût tout épouvantée de la peur qu'elle avait eue de mourir. Après qu'on lui eut demandé une seconde fois ce qui l'avait réduite à un si malheureux sort, elle commença d'une voix humble à raconter ce que je veux réserver pour l'autre chant.

CHANT V.

ARGUMENT. — Dalinda dévoile à Renaud la trame ourdie par son amant Polinesso contre Ginevra, laquelle est condamnée à mourir, s'il ne se présente personne pour la défendre contre Lurcanio, qui l'a accusée d'impudicité. Renaud arrive au champ clos, juste au moment où Lurcanio vient de commencer le combat avec un chevalier inconnu qui s'était présenté pour défendre la princesse. Il fait suspendre le combat, dénonce le calomniateur et lui fait confesser son crime.

Tous les autres êtres animés qui sont sur terre, ou bien vivent tranquilles et en paix, ou bien, s'ils viennent à se quereller et à se faire la guerre, le mâle ne la fait point à la femelle. L'ourse avec l'ours erre en sécurité dans le bois ; la lionne repose auprès du lion ; avec le loup, la louve vit en sûreté, et la génisse n'a pas peur du taureau.

Quelle abominable peste, quelle Mégère est venue porter le trouble dans les poitrines humaines, que l'on voit si souvent le mari et la femme s'injurier en termes grossiers, se déchirer la figure et se la rendre blanche ou noire de coups, baigner de pleurs le lit nuptial, et parfois non seulement de pleurs, mais de sang, dans un accès de rage folle ?

Il me semble non seulement qu'il commet un grand crime, mais encore qu'il agit contre la nature et se rébellionne contre Dieu, l'homme qui se laisse aller à frapper le visage d'une belle dame, ou même à lui arracher un cheveu. Quant à celui qui lui verse le poison, ou qui lui chasse l'âme du corps avec le lacet ou le couteau, je ne croirai jamais que ce soit un homme, mais bien, sous figure humaine, un esprit de l'enfer.

Tels devaient être les deux bandits que Renaud chassa loin de la donzelle par eux conduite dans ces obscurs vallons, afin qu'on n'en eût plus de nouvelles. J'en suis resté au moment où elle s'apprêtait à expliquer la cause de sa malheureuse aventure au paladin qui l'avait si généreusement secourue. Or, poursuivant mon histoire, c'est ce que je vais dire.

La dame commença : « — Tu vas entendre raconter la plus grande, la plus horrible cruauté qui, à Thèbes, à Argos, à Mycènes ou dans un lieu plus barbare encore, ait jamais été commise. Et si, projetant tout autour de lui ses clairs rayons, le soleil s'approche moins d'ici que d'autres contrées, je crois qu'il arrive peu volontiers jusqu'à nous afin d'éviter de voir de si cruelles gens.

« Qu'à leurs ennemis les hommes soient cruels, en tout temps on en a vu des exemples. Mais donner la mort à qui vous fait et n'a souci que de vous faire constamment du bien, cela est trop injuste et inhumain. Et afin que je te fasse mieux connaître la vérité, je te dirai, depuis le commencement, les raisons pour lesquelles ceux-ci, contre toute justice, voulaient faucher mes vertes années.

« Je veux que tu saches, mon seigneur, qu'étant encore toute jeune, j'entrai au service de la fille du roi, et que, grandissant avec elle, je tins à la cour un bon et honorable rang. Le cruel Amour, jaloux de ma tranquillité, me soumit, hélas! à sa loi. Il fit que, de tous les chevaliers, de tous les damoiseaux, le duc d'Albanie me parut le plus beau.

« Parce qu'il parut m'aimer outre mesure, je me mis à l'aimer de toute mon âme. On entend bien les doux propos, on voit bien le visage, mais on peut mal savoir ce qui se passe au fond du cœur. Je le croyais, je l'aimais, et je n'eus de cesse qu'après l'avoir mis dans mon lit. Je ne pris pas garde que, de tous les appartements royaux, j'habitais le plus secret, celui de la belle Ginevra,

« Où elle renfermait ses objets les plus précieux et où elle couchait le plus souvent. On peut y pénétrer par un balcon qui s'avance à découvert en dehors du mur. C'est par là que je faisais monter mon amant, et je lui jetais moi-même du balcon l'échelle de corde par laquelle il montait, toutes les fois que je désirais l'avoir avec moi.

« Je le fis venir autant de fois que Ginevra m'en laissa l'occasion, car elle avait coutume de changer souvent de lit, pour fuir tantôt la grande chaleur, tantôt les brumes hivernales. Nul ne le vit jamais monter, car cette partie du palais donne sur quelques maisons en ruine, où jamais personne ne passe, ni de jour ni de nuit.

« Pendant de longs jours et de longs mois, nous continuâmes en secret ce jeu amoureux. Mon amour croissait toujours, et je m'enflammai tellement, qu'au dedans de moi-même je me sentais toute de feu. Et je devins aveugle au point de ne pas voir qu'il feignait de m'aimer beaucoup, quand en réalité il m'aimait fort peu. Cependant ses tromperies auraient pu se découvrir à mille signes certains.

« Au bout de quelque temps, il se montra soudain amoureux de la belle Ginevra. Je ne sais vraiment si cet amour commençait alors seulement, où s'il en avait déjà le cœur atteint avant de m'aimer moi-même. Vois s'il était devenu arrogant avec moi, et quel empire il avait pris sur mon cœur! Ce fut lui qui me découvrit tout, et qui ne rougit pas de me demander de l'aider dans son nouvel amour.

« Il me disait bien qu'il n'égalait pas celui qu'il avait pour moi, et que ce n'était pas un véritable amour qu'il avait pour Ginevra; mais, en feignant d'en être épris, il espérait célébrer avec elle un légitime hymen. L'obtenir du roi serait chose facile, si elle y consentait, car dans tout le royaume, après le roi, il n'y avait personne, par sa naissance et son rang, qui en fût plus digne que lui.

« Il me persuada que si, par mon concours, il devenait le gendre du roi, — ce qui, comme je pouvais voir, l'élèverait aussi près du roi qu'un homme puisse s'élever, — il m'en récompenserait généreusement et n'oublierait jamais un si grand bienfait; ajoutant que, de préférence à sa femme et à toute autre, il serait toujours mon amant.

« Moi, qui étais toute portée à le satisfaire, je ne sus ou je ne voulus pas le contredire, et je n'eus de contentement que le jour où je l'eus satisfait. Je saisis la première occasion qui se présenta de parler de lui et d'en faire un grand éloge; et j'appliquai tout mon savoir, tous mes soins, à rendre Ginevra amoureuse de mon amant.

« Je fis consciencieusement tout ce qui se pouvait faire, Dieu le sait; mais je ne pus jamais obtenir de Ginevra qu'elle prît mon duc en faveur; et cela, parce qu'elle avait appliqué toutes ses pensées, tous ses désirs, à aimer un gentil chevalier, beau et courtois, venu de lointains pays en Écosse.

« Il était venu d'Italie, avec son jeune frère, s'établir à cette cour. Il devint depuis si parfait dans le métier des armes, que la Bretagne n'avait pas de chevalier plus accompli. Le roi l'aimait et le montra effectivement en lui donnant en abondance des châteaux, des villes et des dignités qui le firent l'égal des grands barons.

« Cher au roi, plus cher encore à sa fille était ce chevalier, nommé Ariodant, parce qu'il était merveilleusement courageux, mais surtout parce qu'elle savait qu'elle en était aimée. Elle savait que ni le Vésuve, ni le volcan de Sicile, ni Troie ne brûlèrent jamais d'autant de flammes qu'Ariodant en nourrissait pour elle dans tout son cœur.

« L'amour donc qu'elle portait à ce dernier, avec un cœur sincère et une foi profonde, fit qu'en faveur du duc je fus mal écoutée, et que jamais elle ne me donna une réponse qui permît d'espérer. Bien plus, quand je priais pour lui et que je m'étudiais à l'attendrir, elle, le blâmant et le dépréciant toujours, lui devenait de plus en plus ennemie.

« Souvent j'engageai mon amant à abandonner sa vaine entreprise, l'assurant qu'il n'avait pas à espérer de changer l'esprit de Ginevra, trop occupée d'un autre amour ; et je lui fis clairement connaître qu'elle était si embrasée pour Ariodant, que toute l'eau de la mer n'éteindrait pas une parcelle de son immense flamme.

« Polinesso, — c'est le nom du duc, — m'ayant entendu plusieurs fois tenir ce langage, et ayant bien vu et bien compris par lui-même que son amour était très mal accueilli, non seulement renonça à un tel amour, mais, plein de superbe, et souffrant mal de voir qu'un autre lui était préféré, changea son amour en colère et en haine.

« Et il songea à élever entre Ginevra et son amant un tel désaccord et une telle brouille, à faire naître entre eux une telle inimitié, qu'ils ne pussent plus ensuite jamais se rapprocher. Enfin, il résolut de jeter sur Ginevra une telle ignominie, que, morte ou vive, elle ne pût s'en laver. Et il se garda bien de parler à moi ni à d'autres de son inique dessein, mais il le garda pour lui seul.

« Sa résolution prise : « — Ma Dalinda, — me « dit-il, — c'est ainsi que je me nomme, — il faut

« que tu saches que, de même que de la racine d'un
« arbre coupé on voit souvent pousser quatre ou
« six rejetons, mon obstination malheureuse, bien
« que tranchée par des échecs successifs, ne cesse
« pas de germer et voudrait arriver à la satisfac-
« tion de son désir.

« Et je le désire non pas tant pour le plaisir
« même que parce que je voudrais surmonter
« cette épreuve; et, ne pouvant le faire en réalité,
« ce me sera encore une joie si je le fais en ima-
« gination. Je veux que, quand tu me reçois, alors
« que Ginevra est couchée nue dans son lit, tu
« prennes les vêtements qu'elle a coutume de
« porter, et que tu t'en revêtes.

« Étudie-toi à l'imiter dans sa manière d'orner
« et de disposer ses cheveux; cherche le plus que
« tu sauras à lui ressembler, et puis tu viendras
« sur le balcon jeter l'échelle. J'irai à toi, m'imagi-
« nant que tu es celle dont tu auras pris les ha-
« bits. Et ainsi j'espère, me trompant moi-même,
« voir en peu de temps mon désir s'éteindre. — »

« Ainsi dit-il. Pour moi, qui étais séparée de
ma raison et loin de moi-même, il ne me vint
pas à l'esprit que ce qu'il me demandait avec une
persistante prière était une ruse par trop évidente.
Du haut du balcon, sous les habits de Ginevra,
je lui jetai l'échelle par laquelle il montait souvent, et je ne m'aperçus de la fourberie que lorsque
tout le dommage en fut advenu.

« Pendant ce temps, le duc avait eu l'entretien
suivant, ou à peu près, avec Ariodant : — De

grands amis qu'ils étaient auparavant, ils étaient devenus ennemis à cause de leur rivalité pour Ginevra — « Je m'étonne — commença mon amant —
« qu'ayant, entre tous mes compagnons, toujours
« eu des égards et de l'amitié pour toi, tu m'en
« aies si mal récompensé.

« Je suis certain que tu sais l'amour qui existe
« depuis longtemps entre Ginevra et moi, et que
« tu connais mon espoir de l'obtenir de mon sei-
« gneur comme légitime épouse. Pourquoi viens-
« tu me troubler? Pourquoi t'en viens-tu, sans
« résultat, lui offrir ton cœur? Par Dieu! j'aurais
« pour toi plus d'égards, si j'étais à ta place et
« si tu étais à la mienne. — »

« — Et moi — lui répondit Ariodant — je m'étonne
« bien plus encore à ton sujet, car j'en suis devenu
« amoureux avant que tu l'aies seulement vue. Et
« je sais que tu n'ignores pas combien est grand
« notre amour à tous deux, et qu'il ne peut être
« plus ardent qu'il n'est. Son intention, son seul
« désir est d'être ma femme, et je tiens pour cer-
« tain que tu sais qu'elle ne t'aime pas.

« Pourquoi donc n'as-tu pas pour moi, pour
« notre amitié, les mêmes égards que tu prétends
« que je devrais avoir pour toi, et que j'aurais, en
« effet, si tu étais plus avant que moi dans son
« affection? N'espère pas davantage l'avoir pour
« femme, bien que tu sois le plus riche dans cette
« cour. Je ne suis pas moins que toi cher au roi,
« mais, plus que toi, je suis aimé de sa fille. — »

« — Oh! — lui dit le duc — grande est l'erreur qui

« t'a conduit à un fol amour. Tu crois être plus
« aimé ; je crois la même chose. Mais on peut en
« juger par le résultat. Dis-moi franchement ce
« que tu as dans le cœur, et, moi, je te dirai mon
« secret en entier ; et celui de nous qui paraîtra
« le moins favorisé, cédera au vainqueur et cher-
« chera à se pourvoir ailleurs.

« Et je n'hésite pas à te jurer que jamais je ne
« dirai mot de ce que tu m'auras révélé ; de même,
« je désire que tu me donnes ta parole que tu
« tiendras toujours secret ce que je t'aurai dit. — »
Ils en vinrent donc à un serment commun, la main
posée sur les Évangiles. Et après qu'ils se furent
juré de se taire, Ariodant commença le premier,

« Et dit, loyalement et droitement, comment
entre Ginevra et lui les choses s'étaient passées ;
qu'elle lui avait juré, de vive voix et par écrit,
qu'elle ne serait jamais la femme d'un autre,
mais bien la sienne, et que, si le roi venait à s'y
opposer, elle refuserait constamment toutes les
autres propositions de mariage, et vivrait seule
pendant tout le reste de ses jours ;

« Et que lui, Ariodant, grâce à la valeur qu'il
avait montrée à plus d'une reprise dans les combats, et qui avait tourné à la gloire, à l'honneur
et au bénéfice du roi et du royaume, avait l'espoir
de s'être assez avancé dans la bonne grâce de son
seigneur, pour qu'il fût jugé digne par lui d'avoir
sa fille pour femme, puisque cela plaisait à celle-ci.

« Puis il dit : « — J'en suis à ce point, et je ne
« crois pas que personne ne me vienne sup-

« planter. Je n'en cherche pas davantage, et je ne
« désire pas avoir de témoignage plus marquant
« de son amour. Et je ne voudrais plus rien,
« sinon ce qui par Dieu est permis en légitime
« mariage. Du reste, demander plus serait vain,
« car je sais qu'en sagesse elle surpasse tout le
« monde. — »

« Après qu'Ariodant eut exposé avec sincérité
ce qu'il attendait comme prix de ses soins, Polinesso, qui déjà s'était proposé de rendre Ginevra
odieuse à son amant, commença ainsi : « — Tu
« es de beaucoup distancé par moi, et je veux que
« tu l'avoues toi-même, et qu'après avoir vu la
« source de mon bonheur, tu confesses que moi
« seul suis heureux.

« Elle dissimule avec toi ; elle ne t'aime ni ne
« t'estime, et tu te repais d'espérance et de paroles.
« En outre, elle ne manque pas de se railler de
« ton amour toutes les fois qu'elle s'entretient
« avec moi. J'ai de sa tendresse pour moi une
« bien autre preuve que des promesses ou de
« simples bagatelles. Et je te la dirai sous la foi
« du secret, bien que je fisse mieux de me
« taire.

« Il ne se passe pas de mois, sans que trois,
« quatre, six et quelquefois dix nuits, je ne me
« trouve nu dans ses bras, partageant avec elle
« ce plaisir qu'on goûte dans une amoureuse
« ardeur. Par là, tu peux voir si à mon bonheur
« doivent se comparer les babioles que tu donnes
« comme des preuves. Cède-moi donc la place et

« pourvois-toi ailleurs, puisque tu vois que tu
« m'es si inférieur. — »

« — En cela je ne veux pas te croire — lui répond
« Ariodant — et je suis certain que tu mens. Tu as
« imaginé en toi-même tous ces mensonges, afin
« de m'effrayer et de me détourner de mon entre-
« prise. Mais comme ils sont par trop injurieux
« pour Ginevra, il faut que tu soutiennes ce que
« tu as dit. Et je veux te montrer sur l'heure que
« non seulement tu es un menteur, mais encore un
« traître. — »

« Le duc repartit : « — Il ne serait pas juste
« que nous en vinssions à bataille pour une chose
« que je puis, quand il te plaira, te faire voir de
« tes propres yeux. — » A ces mots, Ariodant
reste éperdu; un frisson lui parcourt tout le
corps; il tremble, et s'il eût cru complètement à
ce qu'on lui avait dit, il en serait mort sur-le-
champ.

« Le cœur brisé, le visage pâle, la voix tremblante et l'amertume à la bouche, il répondit :
« — Quand tu m'auras fait voir une si étonnante
« aventure, je te promets de renoncer à celle qui
« t'est si libérale et à moi si avare. Mais je ne
« veux pas te croire avant de l'avoir vu de mes
« yeux. — »

« — Quand il en sera temps, je t'avertirai —
répliqua Polinesso. — » Et ils se séparèrent. Je
crois qu'il ne se passa pas plus de deux nuits
sans que j'ordonnasse au duc de venir me voir.
Afin donc de déployer les lacs qu'il avait si se-

crètement préparés, il alla trouver son rival, et lui dit de se cacher la nuit suivante parmi les maisons en ruine, où jamais personne ne venait.

« Et il lui indiqua un endroit juste en face du balcon par lequel il avait l'habitude de monter. Ariodant le soupçonnait de chercher à l'attirer en un lieu où il aurait facilité de lui tendre un guet-apens et de le faire tuer, sous prétexte de lui montrer ce qui, de la part de Ginevra, lui paraissait impossible.

« Il résolut toutefois d'y aller, mais de façon à être aussi fort que son rival, et, dans le cas où il serait assailli, de n'avoir pas à craindre la mort. Il avait un frère prudent et courageux, le plus renommé de toute la cour pour son adresse aux armes et nommé Lurcanio. L'ayant avec lui, il était plus rassuré que s'il avait eu dix autres compagnons.

« Il l'appelle, lui dit de prendre ses armes, et l'emmène avec lui, sans lui avoir confié son secret, car il ne l'avait dit ni à lui ni à aucun autre. Il le place à un jet de pierre loin de lui : « — Si tu « m'entends appeler — lui dit-il — accours ; mais « si tu ne m'entends pas t'appeler, ne bouge pas « de là si tu m'aimes. — »

« — Va toujours et ne crains rien — dit son frère. — » Rassuré, Ariodant s'en vient alors et se cache dans une maison solitaire, située en face de mon balcon secret. D'un autre côté s'avance le trompeur, le traître, tout joyeux de couvrir Ginevra d'infamie. Il me fait le signe entre nous convenu d'avance, à moi qui de sa fourberie étais tout à fait ignorante.

« Et, moi, avec une robe blanche ornée tout autour de la taille de bandes d'or, ayant sur la tête un filet d'or surmonté de belles fleurs vermeilles,— à la façon dont Ginevra seule avait coutume d'en porter, — dès que j'eus entendu le signal, je parus sur le balcon qui était placé de façon qu'on me découvrait en face et de tous côtés.

« Lurcanio, sur ces entrefaites, craignant que son frère ne soit en péril, ou poussé par ce désir, commun à tous, de chercher à savoir les affaires d'autrui, l'avait suivi tout doucement, se tenant dans l'ombre et le chemin le plus obscur, et s'était caché à moins de dix pas de lui, dans la même maison.

« Moi, qui ne savais rien de toutes ces choses, je vins au balcon, sous les habits que j'ai déjà dits, ainsi que j'y étais déjà venue une ou deux fois sans qu'il en fût rien résulté de fâcheux. Mes vêtements se voyaient distinctement à la clarté de la lune, et comme je suis d'aspect à peu près semblable à Ginevra, on pouvait facilement nous prendre l'une pour l'autre ;

« D'autant plus qu'il y avait un grand espace entre l'endroit où j'étais et les maisons en ruine. Il fut ainsi facile au duc de tromper les deux frères qui se tenaient dans l'ombre. Or, tu penses dans quel désespoir, dans quelle douleur tomba Ariodant. Polinesso s'avance, s'approche de l'échelle que je lui lance, et monte sur le balcon.

« A peine est-il arrivé, je lui jette les bras au cou, car je ne pensais pas être vue ; je l'embrasse sur la bouche et sur toute la figure, comme j'avais coutume de le faire à chacune de ses visites. Lui, plus que d'habitude, affecte de me combler de caresses, afin d'aider à sa fraude. L'autre malheureux, conduit à un si douloureux spectacle, voit tout de loin.

« Il tombe dans une telle douleur, qu'il veut s'arracher la vie. Il pose à terre le pommeau de son épée, et va se jeter sur la pointe. Lurcanio, qui avait vu avec un grand étonnement le duc monter jusqu'à moi, mais sans reconnaître qui c'était, s'apercevant du dessein de son frère, se précipite,

« Et l'empêche de se percer le cœur de sa propre main. S'il avait tardé, ou s'il s'était trouvé un peu plus éloigné, il ne serait pas arrivé à temps et n'aurait pu l'arrêter. « — Ah ! malheu-
« reux frère, frère insensé, — s'écrie-t-il, — as-tu perdu l'esprit que, pour une femme, tu songes à te
« tuer ? Qu'elles puissent toutes disparaître comme
« neige au vent !

« Songe à la faire mourir, elle, et réserve ta
« mort pour une occasion qui te fasse plus d'hon-
« neur. Tu as pu l'aimer, tant que sa fourberie
« ne t'était point révélée ; maintenant elle doit
« t'être odieuse, puisque tu as vu de tes yeux
« combien elle est coupable et de quelle manière.
« Cette arme que tu tournais contre toi-même,
« conserve-la pour rendre devant le roi un tel
« crime manifeste à tous. — »

« Quand Ariodant voit son frère près de lui, il abandonne son sinistre dessein ; mais la résolution qu'il a prise de mourir n'en est que peu écartée. Il s'éloigne, le cœur non pas blessé, mais déchiré d'une suprême angoisse. Pourtant, devant son frère, il feint de ne plus avoir au cœur la colère qu'il avait témoignée tout d'abord.

« Le lendemain matin, sans rien dire à son frère ni à personne, il partit, conduit par un mortel désespoir, et de lui, pendant plusieurs jours, on n'eut pas de nouvelles. Hormis le duc et son frère, tout le monde ignorait la cause de son départ. Dans le palais du roi et par toute l'Écosse, on tint à ce sujet les propos les plus divers.

« Au bout de huit jours ou à peu près, un voyageur se présente à la cour devant Ginevra, et lui apporte une nouvelle d'une triste nature. Ariodant s'était volontairement jeté à la mer pour y chercher la mort, et n'y avait point été poussé par le vent ou la tempête. Du haut d'un rocher qui faisait saillie sur la mer, il s'était précipité la tête la première dans les flots.

« Ce voyageur ajoutait : « — Avant d'en venir là, « il m'avait rencontré par hasard sur son chemin « et m'avait dit : « — Viens avec moi, afin que « Ginevra connaisse par toi ce qui m'est advenu. « Dis-lui que la cause de ce que tu vas voir m'arriver tout à l'heure consiste en ce que j'ai trop « vu. Heureux si j'eusse été privé de mes yeux ! — »

« Nous étions alors près de Capobasso, qui, du « côté de l'Irlande, s'avance quelque peu dans la

« mer. Après qu'il m'eut ainsi parlé, je le vis se
« précipiter tête baissée dans les ondes. Je l'ai
« laissé dans la mer, et je suis venu en toute hâte
« t'apporter la nouvelle. — » A ce récit, Ginevra,
épouvantée, le visage couvert d'une pâleur livide,
resta à moitié morte.

« O Dieu ! que ne dit-elle pas, que ne fit-elle
pas, quand elle se retrouva seule sur sa couche
fidèle ! Elle se frappe le sein, elle déchire ses vêtements, elle dévaste sa belle chevelure d'or, répétant à chaque instant les paroles qu'Ariodant avait
dites à son heure dernière : La cause de sa mort
cruelle et douloureuse venait de ce qu'il avait trop
vu !

« La rumeur courut que c'était par désespoir
qu'Ariodant s'était donné la mort. Le roi ne put
s'empêcher d'en verser des larmes, ainsi que les
chevaliers et les dames de la cour. Son frère se
montra le plus affligé de tous et s'abîma dans une
douleur si forte, qu'à l'exemple d'Ariodant, il fut
sur le point de tourner sa main contre lui-même
pour le rejoindre.

« Et, se répétant toujours, à part soi, que c'était
Ginevra qui était cause de la perte de son frère,
et que ce n'était pas autre chose que l'action coupable dont il avait été témoin qui l'avait poussé à
mourir, il en vint à un tel désir de vengeance, que,
vaincu par la colère et la douleur, il ne craignit
pas de perdre la bonne grâce du roi et de lui devenir odieux, ainsi qu'à tout le pays.

« Et, devant le roi, choisissant le moment où le

salon royal était le plus rempli de courtisans, il s'en vint et dit : « — Sache, seigneur, que de la « folie qui a poussé mon frère à mourir, ta fille « seule est coupable, car il a eu l'âme traversée « d'une douleur telle, pour l'avoir vue oublier toute « pudeur, que, plus que la vie, la mort lui fut « chère.

« Il en était amoureux ; et comme ses intentions « n'étaient point déshonnêtes, je ne veux pas le « cacher. Il espérait, par son mérite, et grâce à ses « fidèles services, l'obtenir de toi pour femme. « Mais pendant que le malheureux en respirait « respectueusement de loin le parfum, il a vu un « autre monter sur l'arbre objet de son culte, et « cueillir le fruit si ardemment désiré. — »

« Et il continua, disant comment il avait vu Ginevra venir sur le balcon, et comment elle jeta l'échelle par laquelle était monté jusqu'à elle un amant dont il ne savait pas le nom, et qui avait, pour ne pas être reconnu, changé ses vêtements et caché ses cheveux. Il ajouta qu'il était résolu à prouver, par les armes, que tout ce qu'il avait dit était vrai.

« Tu peux penser si le père de Ginevra fut atterré de douleur, quand il entendit accuser sa fille. Il s'afflige non seulement d'avoir appris d'elle ce qu'il n'aurait jamais soupçonné, et ce qui l'étonne étrangement, mais aussi parce qu'il se voit dans la nécessité, si aucun guerrier ne prend sa défense et ne convainc Lurcanio de mensonge, de la condamner et de la faire mourir.

« Je ne pense pas, seigneur, que tu ignores que notre loi condamne à mort toute dame ou damoiselle convaincue de s'être livrée à un autre que son époux. Elle est mise à mort, si, au bout d'un mois, il ne se trouve pas un chevalier assez vaillant pour soutenir son innocence contre l'accusateur, et prouver qu'elle ne mérite pas de mourir.

« Le roi, dans l'espoir de la sauver, a fait publier — car il croit que sa fille est accusée à tort — que son intention est de la donner pour femme, avec une grande dot, à qui la tirera de l'infamie dont elle est victime. Mais on ne dit pas qu'aucun guerrier se soit encore présenté pour elle. Tous se regardent les uns les autres, car ce Lurcanio est tellement fort aux armes, qu'il semble que tout guerrier ait peur de lui.

« Le sort cruel veut que Zerbin, frère de Ginevra, soit hors du royaume. Depuis plusieurs mois déjà, il voyage, donnant de la valeur de ses armes des preuves éclatantes. Si ce vaillant chevalier se trouvait moins loin, et dans un lieu où il pût savoir à temps la nouvelle, il ne manquerait pas de venir au secours de sa sœur.

« Entre-temps, le roi, qui cherche à savoir, au moyen d'autres preuves que les armes, si ces accusations sont fausses ou vraies, si sa fille est restée pure ou est devenue coupable, a fait arrêter quelques-unes de ses suivantes, lesquelles, si la chose est vraie, doivent le savoir. J'ai compris par là que si j'étais aussi arrêtée, trop de périls en résulteraient pour le duc et pour moi.

« Et la nuit même je m'échappai de la cour et j'allai trouver le duc. Je lui fis sentir combien il serait dangereux pour tous les deux que je fusse arrêtée. Il m'approuva et me dit de ne rien craindre. Par ses conseils, il m'engagea à me retirer dans une place forte qui lui appartient près d'ici, et il me donna deux hommes à lui, pour me servir d'escorte.

« Tu as vu, seigneur, quelles preuves de mon amour j'avais données à Polinesso, et tu peux juger si je méritais ou non de lui être chère. Or, écoute quelle récompense j'en ai reçue; vois le prix dont il a payé ma grande affection; vois si, parce qu'elle aime passionnément, une femme peut jamais espérer être aimée!

« Cet ingrat, ce perfide, ce cruel a fini par douter de ma foi; il en est venu à craindre que je révèle ses coupables ruses ourdies de si loin. Il a feint, pour attendre que la colère du roi se soit apaisée, de vouloir m'éloigner et me cacher dans une de ses places fortes, et il avait résolu de m'envoyer droit à la mort.

« Car, en secret, il avait ordonné à mes guides, pour digne prix de ma fidélité, de me tuer dans cette forêt où tu m'as soustraite à leurs coups. Et son projet se fût accompli, si tu n'étais accouru à mes cris. Vois comme Amour traite ceux qui lui sont soumis! — » Voilà ce que Dalinda raconta au paladin, pendant qu'ils poursuivaient leur route.

Renaud fut charmé par-dessus tout d'avoir

trouvé la donzelle qui lui avait raconté toute l'histoire de l'innocence de la belle Ginevra. Et s'il avait espéré la sauver quand elle paraissait accusée avec raison, il se sentit une bien plus grande force en ayant la preuve évidente qu'elle avait été calomniée.

Et vers la ville de Saint-André, où étaient le roi et toute sa famille, et où devait se livrer le combat singulier pour la querelle de sa fille, Renaud se dirigea aussi rapidement qu'il put, jusqu'à ce qu'il en fût arrivé à quelques milles. Aux environs de la ville, il trouva un écuyer qui lui apprit les plus fraîches nouvelles,

Et qu'un chevalier étranger était venu, qui s'était présenté pour défendre Ginevra. Ce chevalier portait des insignes inaccoutumés, et l'on n'avait pu le reconnaître, attendu qu'il se tenait le plus souvent caché; que, depuis son arrivée, personne n'avait encore vu son visage à découvert, et que l'écuyer qui le servait disait en jurant : « — Je ne sais pas qui c'est. — »

Ils ne chevauchèrent pas longtemps sans arriver sous les murs de la ville, près de la porte. Dalinda avait peur d'aller plus avant; pourtant elle continue son chemin, réconfortée par Renaud. La porte est fermée. A celui qui en avait la garde, Renaud demanda ce que cela signifiait, et il lui fut répondu que c'était parce que toute la population était sortie pour voir la bataille

Qui, entre Lurcanio et un chevalier étranger, se livrait de l'autre côté de la ville, dans un pré spa-

cieux et uni, et que déjà le combat était commencé.
La porte est ouverte au seigneur de Montauban, et
le portier la ferme aussitôt sur lui. Renaud traverse la cité vide, après avoir tout d'abord laissé
la donzelle dans une hôtellerie,

Et lui avoir dit de rester là en sûreté jusqu'à ce
qu'il revienne vers elle, ce qui ne tardera pas.
Puis il se dirige rapidement vers le champ de bataille, où les deux guerriers avaient déjà échangé
de nombreux coups et s'en portaient encore. Lurcanio avait le cœur mal disposé contre Ginevra,
et l'autre, pour sa défense, soutenait vaillamment
son entreprise volontaire.

Six chevaliers à pied, armés de cuirasses, se tenaient avec eux dans la lice, ainsi que le duc d'Albanie, monté sur un puissant coursier de bonne
race. Comme grand connétable, la garde du camp
et de la place lui avait été confiée; et de voir Ginevra en un si grand danger, il avait le cœur
joyeux et le regard plein d'orgueil.

Renaud s'avance à travers la foule, où le bon
destrier Bayard se fait ouvrir un large passage.
Quiconque l'entend venir comme une tempête
n'est ni long ni boiteux à lui faire place. Renaud
se présente, dominant tout le monde et portant au
visage la fleur de toute vaillance. Puis il va s'arrêter devant la place où siège le roi. Chacun s'approche pour entendre ce qu'il demande.

Renaud dit au roi : « — Grand prince, ne laisse
pas la bataille se poursuivre, car quel que soit
celui de ces deux chevaliers qui meure, sache que

tu l'auras laissé mourir à tort. L'un croit avoir raison et est induit en erreur; il soutient le faux et ne sait pas qu'il ment. Cette même erreur, qui a poussé son frère à la mort, lui met les armes aux mains.

« L'autre ne sait s'il a tort ou raison; mais il s'est exposé au péril uniquement par courtoisie et par bonté, et pour ne pas laisser périr tant de beauté. Moi, j'apporte le salut à celle qui est innocentée et le châtiment à qui a usé de fausseté. Mais, pour Dieu, arrête d'abord ce combat; puis donne-moi audience pour entendre ce que je vais te raconter. — »

Le roi fut si ému du ton d'autorité d'un homme aussi digne que lui paraissait être Renaud, qu'il fit un signe pour que le combat ne fût pas poussé plus loin. Alors, en présence des barons du royaume, des chevaliers et des autres spectateurs, Renaud dévoila toute la fourberie que Polinesso avait ourdie contre Ginevra;

Et il s'offrit à prouver par les armes que ce qu'il avait dit était vrai. Il appela Polinesso, et celui-ci parut, mais le visage tout troublé. Pourtant il commença à nier avec audace. Renaud dit : « — Nous allons voir à l'épreuve. — » L'un et l'autre étaient armés, le champ tout préparé, de telle sorte que sans retard ils en viennent aux mains.

Oh! comme le roi, comme son peuple font des vœux pour qu'il soit prouvé que Ginevra est innocente! Tous ont l'espérance que Dieu montrera clairement qu'elle a été accusée injustement d'impudicité. Polinesso avait la réputation d'un homme cruel, orgueilleux, inique et trompeur, si bien qu'à personne il ne paraît extraordinaire qu'une semblable fourberie ait été ourdie par lui.

L'air consterné, le cœur tremblant, le visage pâle, Polinesso attend, et au troisième son de la trompette, il met sa lance en arrêt. De son côté, Renaud se lance contre lui, et, désireux d'en finir, il le visé de façon à lui transpercer le cœur avec sa lance. L'effet suit de près le désir, car il lui plonge la moitié du fer dans la poitrine.

La lance fixée dans le corps, Polinesso est jeté à plus de six brasses loin de son destrier. Renaud saute promptement à terre, et, avant qu'il puisse se relever, lui saisit le casque et le délace. Mais celui-ci, qui ne peut plus continuer le combat, lui demande merci d'un air humble, et confesse, devant le roi et la cour qui l'entendent, la fraude qui l'a conduit à la mort.

Il n'achève pas; au milieu de ses aveux, la voix et la vie l'abandonnent. Le roi, qui voit sa fille sauvée de la mort et de l'infamie, joyeux et consolé, est plus heureux que si, après avoir perdu sa couronne, il se la voyait rendre. Il glorifie uniquement Renaud.

Puis, après l'avoir reconnu dès que celui-ci a ôté son casque — car il l'avait vu plusieurs fois déjà — il lève les mains au ciel, et remercie Dieu de lui avoir envoyé ainsi à temps un tel défenseur. Quant à l'autre chevalier inconnu qui avait secouru Ginévra dans sa triste situation, et avait combattu pour elle, il se tenait à l'écart, attentif à tout ce qui venait de se passer.

Le roi le pria de dire son nom ou de se laisser voir au moins à découvert, afin qu'il pût le remercier et lui offrir la récompense que méritait sa bonne intention. Celui-ci, après qu'on l'eut prié longuement, ôta son casque et se montra en plein jour. Je vous dirai qui il était dans le chant qui va suivre, s'il vous est agréable de l'entendre.

CHANT VI.

Argument. — On reconnaît que le chevalier inconnu est Ariodant, l'amant de Ginevra. Le roi la lui donne pour femme et pardonne à Dalinda. — Roger est porté par l'hippogriffe dans l'île d'Alcine, où Astolphe, cousin de Bradamante, changé en myrte, lui conseille de ne pas aller plus avant. Roger veut s'éloigner de l'île; divers monstres s'opposent en vain à sa fuite; mais surviennent plusieurs nymphes qui le font changer de résolution.

Malheur à celui qui, faisant le mal, s'imagine que son crime restera toujours caché ! Alors que tous le tairaient, l'air et la terre elle-même où est ensevelie sa victime le crieraient tout autour de lui. Et Dieu fait souvent que le péché pousse le pécheur à le rendre lui-même fortuitement manifeste, sans qu'il en soit accusé par personne, ou après qu'il en a été absous.

Le misérable Polinesso avait cru cacher à tout

jamais son crime en faisant disparaître Dalinda qui le connaissait et pouvait seule le dénoncer. En ajoutant un second crime au premier, il avança le châtiment qu'il pouvait différer et éviter peut-être. Mais sa propre précipitation le fit courir à la mort.

Et il perdit d'un seul coup ses amis, sa vie, son rang et, ce qui fut bien pis encore, l'honneur. J'ai dit plus haut que le chevalier dont on ne sait pas encore le nom fut longtemps prié de se faire connaître. Il ôte enfin son casque, et montre aux yeux des assistants un visage aimé et qu'ils ont vu plus d'une fois; et il fit voir qu'il était Ariodant, que l'Écosse entière pleurait;

Ariodant, que Ginevra avait pleuré comme mort, que son frère avait également pleuré, ainsi que le roi, la cour et tout le peuple, et qui venait de faire éclater tant de bonté et de valeur. On vit alors que le voyageur n'avait pas dit vrai dans ce qu'il avait raconté à son sujet. Et pourtant il l'avait véritablement vu se jeter tête baissée dans la mer du haut du rocher.

Mais — comme il arrive souvent au désespéré qui, de loin, appelle et désire la mort, et la repousse quand il la voit près de lui, tant elle lui paraît amère et cruelle — à peine Ariodant s'est-il précipité dans la mer, qu'il se repent d'avoir voulu mourir. Et comme il était fort, adroit et plus audacieux que n'importe qui, il se mit à nager et regagna le rivage.

Et, traitant de folie le désir qu'il avait eu d'abandonner la vie, il se mit en route, les vêtements imprégnés et amollis par l'eau, et arriva à la demeure d'un ermite. Il y demeura secrètement, attendant de savoir quel effet la nouvelle de sa mort avait fait sur Ginevra; si elle s'en était réjouie, ou si elle en avait été triste et affligée.

Il apprit d'abord que, dans sa grande douleur, elle avait failli mourir — le bruit s'en était répandu rapidement dans toute l'île — résultat tout à fait contraire à ce qu'il attendait, d'après ce que, à son extrême chagrin, il croyait avoir vu. Il sut ensuite comment Lurcanio avait accusé Ginevra auprès de son père.

Il ressentit autant de colère contre son frère, qu'il avait eu jadis d'amour pour Ginevra. Cette action lui paraît trop impie et trop cruelle, encore qu'elle ait été faite pour lui. Enfin il fut informé qu'aucun chevalier ne s'était présenté pour défendre Ginevra, car Lurcanio était si fort et si vaillant, que personne n'avait garde de se mesurer à lui.

Et puis il était connu pour un homme discret, et si sage et si avisé que, si ce qu'il avait raconté n'eût pas été vrai, il ne se serait pas exposé à la mort pour le soutenir. C'est pourquoi la plupart hésitaient à défendre une cause peut-être mauvaise. Ayant appris cela, Ariodant, après s'être tenu à lui-même de grands discours, se résolut à relever l'accusation de son frère.

« — Hélas ! je ne pourrais — disait-il en lui-même — la laisser périr à cause de moi. Ma mort serait trop amère et trop misérable si, avant moi, je la voyais mourir. Elle est toujours ma dame, ma déesse ; elle est la lumière même de mes yeux. Je dois, qu'elle soit innocente ou coupable, entreprendre de la délivrer et mourir sur le champ du combat.

« Si j'entreprends une cause mauvaise, c'est à elle qu'en sera la faute, et moi j'en mourrai ; et cela ne me décourage pas, car je sais que ma mort entraînera la mort d'une si belle dame. Une seule pensée me consolera en mourant, c'est qu'elle aura pu voir que ce Polinesso, à qui elle a donné son amour, ne s'est pas même présenté pour la défendre.

« Et moi qu'elle a si grandement offensé, elle m'aura vu courir à la mort pour la sauver. Je me serai aussi par là vengé de mon frère qui a allumé un tel feu. Et je le ferai gémir sur le résultat de sa cruelle entreprise, quand il saura qu'en croyant venger son frère, il lui a donné la mort de sa propre main. — »

Dès qu'il eut arrêté cela dans son esprit, il se procura de nouvelles armes, un nouveau cheval, choisit une cotte de mailles et un écu noirs, bordés de vert et de jaune. Et, ayant par aventure trouvé un écuyer étranger au pays, il l'emmena avec lui. C'est alors que, sans être connu, il se présenta, comme je l'ai déjà dit, contre son frère qui attendait tout armé.

Je vous ai raconté l'issue du combat, et comment Ariodant fut reconnu. Le roi n'en eut pas une moindre joie que lorsqu'il avait vu sa fille délivrée. Il pensa en lui-même qu'elle ne pourrait jamais trouver un plus fidèle, un plus sincère amant, puisqu'il l'avait défendue contre son propre frère, après en avoir reçu une si grande offense.

Et autant de sa propre inclination, car il l'aimait beaucoup, que sur les prières de toute la cour et de Renaud, qui insistait plus que les autres, il en fit l'époux de sa charmante fille. La duché d'Albanie, qui retournait au roi après la mort de Polinesso, ne pouvait pas se trouver vacante en meilleure circonstance; c'est pourquoi il la donna en dot à sa fille.

Renaud obtint la grâce de Dalinda qui, délivrée de sa funeste erreur, rassasiée du monde, tourna son esprit vers Dieu et se consacra à lui. Elle alla se faire religieuse en Dace, et quitta immédiatement l'Écosse. Mais il est temps désormais de retrouver Roger qui parcourt le ciel sur son léger cheval.

Bien que Roger soit d'un courage indomptable, et qu'il n'ait pas changé de couleur, je ne puis croire que, dans sa poitrine, son cœur ne tremble pas plus que la feuille. Il avait dépassé de beaucoup l'Europe, et était parvenu bien au delà des bornes qu'Hercule avait jadis imposées aux navigateurs.

L'hippogriffe, grand et étrange oiseau, l'emporte avec une telle rapidité d'ailes, qu'il aurait laissé bien loin derrière lui le prompt agent de la foudre. De tous les oiseaux qui vont, légers, par les airs, aucun ne lui serait égal en vitesse. Je crois que c'est à peine si le tonnerre et la flèche arrivent du ciel sur terre avec plus de promptitude.

Après que le cheval-oiseau eut parcouru un grand espace en ligne droite et sans jamais se détourner, fatigué d'aller dans les airs, il commença à décrire de larges cercles et s'abattit sur une île. Elle était semblable à celle où, pour éviter la longue poursuite de son amant et se dérober à lui, la vierge Aréthuse se fraya en vain sous la mer un chemin sombre et étrange.

Le chevalier n'avait rien vu d'aussi beau ni d'aussi agréable dans tout son voyage à travers les airs ; et, s'il avait cherché par le monde entier, il n'aurait pas vu de plus joli pays que celui où, après avoir plané un grand moment, le grand oiseau descendit avec Roger. Ce n'était partout que plaines cultivées, collines charmantes, eaux claires, rives ombreuses et prés moelleux.

De ravissants bosquets de lauriers odorants, de palmiers, de myrtes gracieux, de cèdres et d'orangers qui portaient des fruits et des fleurs et entrelaçaient leurs formes belles et variées, faisaient un rempart contre les chaleurs ardentes des jours d'été, avec leurs épaisses ramures en forme d'ombrelles. Et dans leurs rameaux voltigeaient en sûreté et chantaient les rossignols.

Parmi les roses pourprées et les lis blancs, qu'une tiède brise conserve toujours frais, on voyait les lièvres et les lapins courir sans crainte, et les cerfs au front élevé et superbe, sans redouter d'être pris et tués, paître l'herbe et ruminer en repos. Les daims et les chèvres, agiles et pleins d'adresse, bondissaient en foule sous ces bosquets champêtres.

Dès que l'hippogriffe est assez près de terre pour que l'on puisse sauter sans trop de danger, Roger s'enlève rapidement de l'arçon et se retrouve sur le gazon émaillé. Il serre toutefois les rênes dans sa main, car il ne veut pas que le destrier s'envole de nouveau. Il l'attache sur le rivage à un myrte verdoyant, entre un laurier et un pin.

Puis, dans un endroit où jaillissait une fontaine couronnée de cèdres et de palmiers touffus, il pose son écu, ôte son casque du front, et se désarme les deux mains. Et, tourné tantôt vers la mer, tantôt vers la montagne, il livre son visage aux brises fraîches et suaves qui, avec de doux murmures, font trembler les hautes cimes des hêtres et des sapins.

Il baigne dans l'onde claire et fraîche ses lèvres desséchées; il l'agite avec les mains, pour apaiser la chaleur qu'a allumée dans ses veines le poids de sa cuirasse. Et il ne faut point s'étonner que cette chaleur soit devenue si grande, car il a été loin de se tenir en une même place; au contraire, sans jamais se reposer et couvert de ses armes, il est allé toujours courant pendant trois mille milles.

Pendant qu'il se repose en cet endroit, le destrier qu'il avait laissé au plus épais du feuillage sous l'ombre fraîche, se cabre tout à coup, comme s'il voulait fuir, épouvanté qu'il est par je ne sais quoi de caché dans les branches. Et il secoue tellement le myrte auquel il est attaché, qu'il encombre tout autour la terre de ses rameaux. Il secoue le myrte au point d'en faire tomber les feuilles, mais sans réussir à s'en détacher.

Comme fait parfois un tronc d'arbre à la moelle rare ou absente, quand il est mis au feu, et que la grande chaleur consume l'air humide qui le remplit et le fait résonner en dedans, jusqu'à ce qu'elle se fraye un chemin au dehors avec un bouillonnement strident, ainsi murmure, crie et se courrouce ce myrte blessé, et enfin ouvre son écorce,

D'où, avec une voix triste et plaintive, sortent, distinctes et claires, ces paroles : « — Si tu es courtois et accessible à la pitié, comme le montre ta belle physionomie, éloigne cet animal de mon arbre. Il suffit que je sois affligé de mon propre mal, sans qu'une autre peine, sans qu'une autre douleur vienne encore du dehors pour me tourmenter. — »

Au premier son de cette voix, Roger tourne les yeux et se lève subitement. Et quand il s'aperçoit qu'elle sort de l'arbre, il reste plus stupéfait que jamais. Il s'empresse d'écarter le destrier, et, la rougeur sur les joues : « — Qui que tu sois — dit-il — pardonne-moi, esprit humain ou déesse des bocages.

« Je ne savais pas que, sous ta rude écorce, se cachait un esprit humain; c'est pourquoi j'ai laissé endommager ton beau feuillage et insulter à ton myrte vivace. Mais ne tarde pas à m'apprendre qui tu es, toi qui, en un corps grossier et rugueux, vis et parles comme un animal doué de raison. Que de l'orage le ciel te préserve toujours !

« Et si, maintenant ou jamais, je puis réparer par quelque service le mal que je viens de te causer, je te promets, par la belle dame qui possède la meilleure part de moi-même, de faire de telle sorte, par mes paroles et par mes actes, que tu aies une juste raison de te louer de moi. — » A peine Roger eut-il fini de parler, que le myrte trembla de la tête au pied.

Puis on vit son écorce se couvrir de sueur, comme le bois fraîchement tiré de la forêt, qui sent la violence du feu après lui avoir en vain fait toute sorte de résistance. Et il commença : « — Ta courtoisie me force à te découvrir en même temps qui j'ai d'abord été, et ce qui m'a changé en myrte sur cette charmante plage.

« Mon nom fut Astolphe, et j'étais un paladin de France très redouté dans les combats. J'étais cousin de Roland et de Renaud, dont la renommée n'a pas de bornes. Je devais, après mon père Othon, régner sur toute l'Angleterre. J'étais si beau et si bien fait, que plus d'une dame s'enflamma pour moi. Seul je me suis perdu moi-même.

« Je revenais de ces îles lointaines qu'en Orient baigne la mer des Indes, où Renaud et quelques autres avec moi avions été retenus prisonniers dans un obscur et profond cachot, et d'où nous avait délivrés la suprême vaillance du chevalier de Brava ; me dirigeant vers le ponant, j'allais le long de la côte qui du vent du nord éprouve la rage.

« Et comme si le destin cruel et trompeur nous eût poussés sur ce chemin, nous arrivâmes un matin sur une belle plage où s'élève, sur le bord de la mer, un château appartenant à la puissante Alcine. Nous la trouvâmes sortie de son château, et qui se tenait sur le rivage, attirant sur le bord, sans filets et sans amorce, tous les poissons qu'elle voulait.

« Les dauphins rapides y accouraient, et les thons énormes à la bouche ouverte ; les baleines et les veaux marins, troublés dans leur lourd sommeil ; les mulets, les salpes, les saumons et les barbues nageaient en troupes le plus vite qu'ils pouvaient. Les physitères, les orques et les baleines montraient hors de la mer leurs monstrueuses échines.

« Nous aperçûmes une baleine, la plus grande qui se soit jamais vue sur toutes les mers. Onze pas et plus émergeaient hors des ondes ses larges épaules. Et nous tombâmes tous dans une grande erreur ; car, comme elle se tenait immobile et sans jamais bouger, nous la prîmes pour une petite île, tellement ses deux extrémités étaient distantes l'une de l'autre.

« Alcine faisait sortir les poissons de l'eau avec de simples paroles et de simples enchantements. Avec la fée Morgane elle reçut le jour ; mais je ne saurais dire si ce fut dans la même couche ou avant, ou après. Alcine me regarda, et soudain mon aspect lui plut, comme elle le montra sur son visage. Et il lui vint à la pensée de m'enlever, par astuce et artifice, à mes compagnons. Son dessein réussit.

« Elle vint à notre rencontre l'air souriant, avec des gestes gracieux et prévenants, et dit :
« — Chevaliers, qu'il vous plaise de prendre au-
« jourd'hui vos logements chez moi. Je vous ferai
« voir, dans ma pêche, toutes sortes de poissons
« différents, les uns recouverts d'écailles, les autres
« lisses, et d'autres tout poilus, et tous plus nom-
« breux qu'il n'y a d'étoiles au ciel.

« Et si nous voulons voir une sirène qui apaise
« la mer par son doux chant, passons d'ici sur
« cette autre plage, où, à cette heure, elle a tou-
« jours coutume de retourner. — » Et elle nous montra cette grande baleine qui, comme je l'ai dit, paraissait être une île. Moi, qui fus toujours trop entreprenant — et je m'en repens — j'allai sur ce poisson.

« Renaud me faisait signe, ainsi que Dudon, de ne pas y aller, mais cela servit peu. La fée Alcine, avec un visage riant, laissa les deux autres et s'élança derrière moi. La baleine, à lui obéir diligente, s'en alla, nageant à travers l'onde salée. Je ne tardai pas à me repentir de ma sottise, mais je me trouvais trop éloigné du rivage.

« Renaud se jeta à la nage pour m'aider et faillit être englouti, car un furieux vent du sud s'éleva, qui couvrit d'une ombre épaisse le ciel et la mer. J'ignore ce qui lui est ensuite arrivé. Alcine s'efforçait de me rassurer, et pendant tout ce jour et la nuit suivante. elle me tint sur ce monstre au milieu de la mer,

« Jusqu'à ce que nous arrivâmes à cette belle île, dont Alcine possède une grande partie. Elle l'a usurpée sur une de ses sœurs, à qui leur père l'avait entièrement laissée en héritage parce qu'elle était sa seule enfant légitime. Les deux autres, à ce que m'a dit depuis quelqu'un qui en était pleinement instruit, sont nées d'un inceste.

« Et de même qu'elles sont iniques et pleines de scélératesse et de vices infâmes, leur sœur, qui vit chaste, a dans son cœur toutes les vertus. Les deux autres se sont liguées contre elle, et déjà plus d'une fois elles ont levé une armée pour la chasser de l'île, et lui ont, à diverses reprises, enlevé plus de cent châteaux.

« Et celle-ci, qui s'appelle Logistilla, ne posséderait plus un pan de terre, si elle n'avait pour frontières, d'un côté un golfe, de l'autre une montagne inhabitée, de même que l'Écosse et l'Angleterre sont séparées par une montagne et une rivière. Cependant ni Alcine ni Morgane n'abandonnent l'espérance de lui enlever ce qui lui reste.

« Ce digne couple étant pétri de vices, la hait précisément parce qu'elle est chaste et sage. Mais, pour revenir à ce que je te disais, et t'apprendre comment, par la suite, je devins une plante, sache qu'Alcine me retenait dans de grandes délices, et brûlait tout entière d'amour pour moi. D'une flamme non moindre, j'avais le cœur embrasé en la voyant si belle et si avenante.

Je jouissais de son corps si délicat. Il me semblait que là étaient rassemblés tous les biens qui sont d'ordinaire répartis aux mortels, à ceux-ci plus, à ceux-là moins, et pas du tout à beaucoup. De la France ni du reste, je n'avais plus souvenance. Sans cesse occupé à contempler ce beau visage, toutes mes pensées, tous mes désirs se concentraient en elle et ne voyaient pas au delà.

« J'étais d'ailleurs tendrement aimé d'elle. Alcine ne prenait plus garde à personne, et avait abandonné tous les autres amants pour lesquels, avant moi, d'autres avaient été de même laissés. J'étais son conseiller, et nuit et jour elle m'avait à son côté. Elle m'avait donné plein pouvoir de commander aux autres; elle ne croyait qu'à moi, ne s'en rapportait qu'à moi, et, de nuit comme de jour, ne parlait jamais qu'à moi.

« Hélas! pourquoi vais-je irriter mes plaies sans espoir d'y porter remède? Pourquoi me rappeler mon bonheur passé, maintenant que je souffre une peine extrême? Au moment où je croyais être heureux, et où je m'imaginais qu'Alcine devait m'aimer le plus, elle reprit son cœur qu'elle m'avait donné, et le porta tout entier vers un nouvel amour.

« Je connus trop tard son esprit mobile, habitué à aimer et à détester en un moment. Mon règne n'avait pas duré plus de deux mois, qu'un nouvel amant prit ma place. La fée me repoussa loin d'elle avec dédain et m'enleva toutes ses faveurs. Et je sus depuis qu'à un traitement semblable elle avait soumis mille autres amants, et tous sans qu'ils l'eussent mérité.

« Et pour qu'ils n'aillent pas à travers le monde raconter sa vie lascive, elle les change çà et là sur cette terre féconde, les uns en sapins, les autres en oliviers, ceux-ci en palmiers, ceux-là en cèdres, d'autres enfin en myrtes, comme tu me vois, sur la verte rive. Plusieurs ont été transformés en fontaine limpide, quelques-uns en bêtes féroces, selon le caprice de cette fée altière.

« Et toi, qui es venu en cette île par un chemin inusité, tu seras cause que quelqu'un de ses amants sera changé en pierre, en fontaine ou en arbre. Tu recevras d'Alcine le sceptre et la puissance, et tu seras plus heureux que n'importe quel mortel. Mais sois assuré que tu ne tarderas pas à devenir bête, fontaine, arbre ou rocher.

« Je t'en donne volontiers avis ; non pas que je pense que cela te doive préserver du danger, mais il vaut mieux que tu n'y courres pas sans être prévenu, et que tu connaisses une partie des façons d'agir d'Alcine; car peut-être, de même que le visage des hommes diffère, leur esprit et leur caractère sont différents. Tu sauras peut-être échapper au mal que mille autres n'ont pas su éviter. — »

Roger, à qui la renommée avait appris qu'Astolphe était cousin de sa dame, s'affligea beaucoup de ce que sa forme véritable eût été changée en plante stérile et triste. Et, par amour pour celle qu'il aime tant, il lui aurait offert ses services, s'il avait su de quelle manière; mais il ne pouvait lui venir en aide qu'en le consolant.

Il le fit du mieux qu'il sut. Puis il lui demanda s'il y avait un chemin qui conduisît au royaume de Logistilla soit par la plaine, soit à travers les collines, de façon qu'il évitât de passer par celui d'Alcine. L'arbre lui répondit qu'il y en avait bien un autre, mais tout rempli d'âpres rochers et qui, en inclinant un peu à main droite, s'élevait jusqu'au haut d'une montagne à la cime alpestre;

Mais qu'il ne pensait pas qu'il pût aller long-temps par ce chemin, car il y rencontrerait une nombreuse et cruelle troupe de gens hardis qui lui opposeraient une rude résistance. Alcine les a placés autour des murs et des fossés de son domaine, pour y retenir ceux qui voudraient s'en échapper. Roger rend grâce au myrte de tous ses bons avis, puis il s'éloigne de lui, prévenu et instruit.

Il va à son cheval, le détache, le prend par les rênes et le tire derrière lui. Il se garde de monter dessus comme la première fois, de peur que, malgré lui, il ne l'emporte. Il songeait en lui-même comment il ferait pour arriver sain et sauf au pays de Logistilla. Il était en tout cas fermement résolu à user de tout moyen pour qu'Alcine ne prît pas empire sur lui.

Il pensa à remonter sur son cheval et à l'éperonner pour une nouvelle course à travers les airs, mais il craignit de tomber dans un danger pire, car le coursier obéissait trop mal au mors. « — Je passerai par force, si je ne me trompe, » — disait-il, à part lui. Mais son espérance fut vaine. Il n'était pas éloigné de plus de deux milles du rivage, qu'il aperçut la belle cité d'Alcine.

On voit de loin une grande muraille qui tourne tout autour et enserre un grand espace. Sa hauteur est telle, qu'elle paraît se confondre avec le ciel, et elle semble être en or, du pied au faîte. Quelqu'un de mes lecteurs se séparera peut-être ici de moi et prétendra que c'était l'œuvre de l'alchimie. Peut-être fait-il erreur, peut-être voit-il plus juste que moi; en tout cas, elle me paraît être d'or, tellement elle resplendit.

Dès qu'il fut près de la riche muraille, dont il n'est pas de pareille au monde, le courageux chevalier laissa la route qui, à travers la plaine, s'en allait large et droite vers les grandes portes, et prit à main droite celle beaucoup plus sûre, qui commençait déjà à monter. Mais soudain il se trouve au milieu de la troupe hideuse dont la fureur cherche à l'égarer et lui barre le passage.

Jamais on n'a vu plus étrange ramassis de monstrueux visages et de gens difformes. Les uns ont la forme humaine depuis le cou jusqu'aux pieds, avec des figures de singe ou de chat. Les autres laissent sur le sol les empreintes de pieds de bouc. D'autres sont des centaures agiles et pleins d'adresse. Les jeunes ont un air d'impudence, les vieux paraissent idiots; ceux-ci sont nus, ceux-là couverts de peaux de bêtes étranges.

Celui-ci galope sur un destrier sans frein; celui-là va lentement, monté sur un âne ou sur un bœuf. Cet autre grimpe sur la croupe d'un centaure. Beaucoup ont sous eux des autruches, des aigles ou des grues. Quelques-uns ont une corne à la bouche, d'autres une coupe. Les uns sont femelles, les autres mâles; d'autres sont des deux sexes. Celui-ci porte un croc et celui-là une échelle de corde; un autre est armé d'un pal en fer, un quatrième tient une lime sourde.

Le capitaine de ces créatures avait le ventre gonflé et le visage gras. Il se tenait sur une tortue qui s'avançait à pas très-lents. Il avait de chaque côté quelqu'un pour le soutenir, car il était ivre, et il tenait les yeux baissés. D'autres lui essuyaient le front et le menton; d'autres enfin agitaient des plumes pour l'éventer.

Un d'eux, qui avait les pieds et le ventre de forme humaine, et le cou, les oreilles et la tête d'un chien, se mit à aboyer contre Roger, afin de le faire entrer dans la belle cité qu'il avait laissée derrière lui. Le chevalier répondit : « — Je n'en ferai rien, tant que ma main aura la force de porter celle-ci — », et il lui montra son épée, dont il avait dirigé la pointe aiguë contre son visage.

Ce monstre veut le frapper d'un coup de lance, mais Roger se précipite sur lui, et, d'un seul coup, lui traverse la panse et fait ressortir son épée d'une palme derrière son dos. L'écu au bras, il se jette de côté et d'autre, mais il a affaire à une troupe d'ennemis trop nombreuse. Par ici, l'un le pique ; par là, l'autre le saisit ; il se débat et il leur fait une rude guerre.

Il frappe sur cette race vile, fendant l'un jusqu'aux dents, l'autre jusqu'à la poitrine, car son épée ne rencontre ni casque, ni écu, ni ventrière, ni cuirasse. Mais de toutes parts il est tellement assailli, qu'il lui serait besoin, pour se faire faire place, et tenir à distance cette ignoble populace, d'avoir plus de bras et de mains que Briarée.

S'il se fût avisé de découvrir l'écu qui appartint autrefois au nécromant — je veux parler de celui qui éblouissait la vue, et qu'Atlante avait laissé à l'arçon — il aurait eu d'un seul coup raison de cette foule de brutes, et l'aurait fait tomber aveuglée devant lui. Peut-être méprisa-t-il ce moyen, ne voulant avoir recours qu'à son courage, et non à la fraude.

Advienne que pourra, il préfère mourir plutôt que de se rendre prisonnier à une si vile engeance. Tout à coup, voici que d'une des portes dont était percé le mur que j'ai dit être d'or brillant, sortent deux jouvencelles dont le maintien et les vêtements n'annoncent pas une humble naissance. On voit bien qu'elles n'ont pas été nourries par un berger, au milieu des privations, mais parmi les délices des palais royaux.

L'une et l'autre était montée sur une licorne plus blanche que l'hermine ; l'une et l'autre était belle, et leurs vêtements étaient si riches et si étranges à la fois, qu'au mortel qui les aurait regardées et contemplées, il aurait fallu un œil divin pour les apprécier dignement. Telle serait la Beauté, si elle pouvait avoir un corps, et telle aussi la Grâce.

L'une et l'autre s'avancèrent dans le pré où Roger était aux prises avec la foule ignoble. Toute cette tourbe disparut à leur aspect. Alors elles tendirent la main vers le chevalier qui, le visage coloré de rose, les remercia de leur humanité. Et ce fut avec un vif contentement que, pour leur complaire, il retourna vers la porte d'or.

L'ornementation qui court tout autour du fronton de la belle porte, et fait saillie, n'a pas une de ses parties qui ne soit couverte des pierres précieuses du levant les plus rares. Les quatre côtés reposent sur de grosses colonnes de pur diamant. Que ce diamant soit véritable, ou trompe simplement les yeux, il n'existe pas chose plus belle et plus riante.

Sur le seuil, hors des colonnes, couraient en jouant de lascives donzelles qui, si elles avaient conservé la modestie convenant aux dames, auraient encore été plus belles. Elles étaient toutes vêtues de robes vertes et couronnées de fleurs nouvelles. Par leurs offres répétées et leur air engageant, elles font entrer Roger dans ce paradis.

Car on peut bien nommer ainsi ce lieu où je crois qu'Amour a dû naître. On n'y voit que danses et que jeux, et les heures s'y dépensent en fête perpétuelle. Là, les pensées sérieuses ne sauraient, peu ou prou, s'emparer du cœur. Là n'entrent jamais le malheur et la pauvreté, et l'Abondance y à toujours sa corne pleine.

Là, parmi le gracieux Avril, au front joyeux et serein, et qui rit sans cesse, sont de jeunes hommes et de belles dames. Celui-ci, près d'une fontaine, chante d'un ton doux et mélodieux. Celui-là, à l'ombre d'un arbre, cet autre sur la colline, joue, danse, ou se livre à quelque noble amusement. Celui-ci, loin de tous les regards, découvre à sa fidèle amie ses amoureux tourments.

Par les cimes des pins et des lauriers, des hêtres élevés et des sapins agrestes, volent en se jouant de petits amours. Les uns sont tout joyeux de leurs victoires, les autres, cherchant à darder les cœurs avec leurs flèches, visent ou tendent leurs rets. Ceux-ci trempent leurs dards dans un petit ruisseau qui coule plus bas ; ceux-là les aiguisent sur les cailloux légers.

On donna alors à Roger un grand coursier fort et vaillant, au poil alezan, et dont le bel harnachement était tout enrichi de pierres précieuses et d'or fin. Et le cheval ailé, qui avait été dressé à l'obéissance par le vieux Maure, fut laissé en garde à un jeune garçon, et conduit à pas plus mesurés derrière le brave Roger.

Les deux belles jeunes filles amoureuses par lesquelles Roger avait été débarrassé de l'ignoble foule, de cette foule ignoble qui s'opposait à ce qu'il continuât le chemin qu'il avait pris à droite, lui dirent : « — Seigneur, vos éclatants faits d'armes, dont nous avons déjà entendu parler, nous enhardissent à vous demander votre aide pour nous-mêmes.

« Nous trouverons bientôt sur notre route un marais qui sépare cette plaine en deux parties. Une créature féroce, appelée Éryphile, défend le pont, et, par la force ou par la ruse, arrête quiconque désire aller sur l'autre rive. Elle est d'une stature gigantesque. Elle a de longues dents et sa morsure est venimeuse. De ses ongles crochus, elle déchire comme un ours.

« Outre qu'elle barre toujours notre chemin, qui sans elle serait libre, elle court souvent par tout le jardin, détruisant une chose ou une autre. Sachez que, parmi la populace assassine qui vous a assailli hors de la belle porte, beaucoup sont ses fils; tous lui sont soumis, et sont comme elle inhospitaliers et rapaces. — »

Roger répondit : « — Ce n'est pas une bataille, mais cent, que pour vous je suis prêt à livrer. De ma personne, en tant qu'elle vaille, disposez selon votre désir. Si j'ai revêtu le haubert et la cote de mailles, ce n'est pas pour acquérir fortune ou domaines, mais uniquement pour aider les autres, et surtout les dames aussi belles que vous. — »

Les dames lui adressèrent force remerciements dignes d'un chevalier comme lui. Ainsi raisonnant, ils arrivèrent à l'endroit où étaient le marais et le pont, et ils y virent la fière géante sous une armure d'or ornée d'émeraudes et de saphirs. Mais je remets à l'autre chant pour dire comment Roger se risqua à l'attaquer.

CHANT VII.

Argument. — Roger, après avoir abattu une géante qui se tenait à la garde d'un pont, arrive au palais d'Alcine. Il en devient éperduement amoureux et resté dans l'île. Bradamante n'ayant aucune nouvelle de lui, va chercher Mélisse, et lui remet l'anneau enchanté qui doit servir à rompre les enchantements d'Alcine. Mélisse va avec cet anneau dans l'île, réveille la raison endormie de Roger qui se décide à quitter ce dangereux séjour.

Celui qui s'en va loin de sa patrie voit des choses fort différentes de ce qu'il avait cru jusque-là ; et lorsqu'ensuite il les raconte, on ne le croit pas, et il passe pour un menteur, car le sot vulgaire ne veut ajouter foi qu'aux choses qu'il voit et touche clairement et entièrement. Aussi, je sais parfaitement que l'inexpérience fera attacher peu de croyance à ce que je chante.

Qu'on m'en accorde peu ou beaucoup, je n'ai pas besoin de me creuser l'esprit pour le vulgaire sot et ignare. Je sais bien que vous ne m'accuserez pas de mensonge, vous qui avez une claire intelligence des discours, et c'est à vous seul que je désire rendre cher le fruit de mes labeurs. Je vous ai laissés au moment où nos personnages aperçurent le pont et le marais qui étaient gardés par l'altière Éryphile.

Celle-ci était armée du métal le plus fin, sur lequel on distinguait des pierreries de toutes couleurs : le rubis vermeil, la chrysolithe jaune, l'émeraude verte et la fauve hyacinthe. En place de cheval, elle avait pour monture un loup rayé. Sur ce loup rayé, à la selle extraordinairement riche, elle traverse le fleuve.

Je ne crois pas que la Pouille en possède un si monstrueux. Il était plus gros et plus grand qu'un bœuf; aucun frein ne lui faisait écumer les lèvres, et je ne sais comment elle pouvait le diriger à sa volonté. La maudite peste avait sur ses armes une soubreveste couleur de sable et, hors la couleur, semblable à celle que les évêques et les prélats portent à la cour.

Sur son écu et sur son cimier, était un crapaud gonflé de venin. Les dames la montrèrent au chevalier, attendant en deçà du pont et disposée à combattre et à lui barrer le passage, ainsi qu'elle avait coutume de le faire à chacun. Elle crie à Roger de retourner en arrière. Mais celui-ci prend sa lance, et la menace et la défie.

Non moins prompte et hardie, la géante éperonne le grand loup, et s'affermit sur l'arçon. Au milieu de sa course, elle met sa lance en arrêt, et fait trembler la terre sur son passage. Mais sur le pré elle est arrêtée net par un choc terrible, car le brave Roger lui plante son fer droit sous le casque, et l'enlève des arçons avec une telle force, qu'il la jette à plus de six brasses en arrière.

Déjà il avait tiré l'épée qu'il portait au côté, et s'apprêtait à trancher l'orgueilleuse tête; et il pouvait bien le faire, car Éryphile gisait comme

morte parmi les fleurs sur l'herbe. Mais les dames
crièrent : « — Qu'il te suffise qu'elle soit vaincue,
sans poursuivre une plus cruelle vengeance. — »
Le chevalier courtois remet son épée au fourreau.
Passons le pont, et poursuivons notre route.

Ils suivirent pendant quelque temps un chemin
difficile et rude, à travers un bois, et qui, outre
qu'il était étroit et rempli de pierres, montait presque en ligne droite au haut de la colline. Mais,
dès qu'ils eurent atteint le faîte, ils débouchèrent
dans une prairie spacieuse, où ils aperçurent le
plus beau et le plus ravissant palais qui se soit jamais vu au monde.

En dehors des portes extérieures, la belle Alcine s'avança de quelques pas au devant de Roger,
et lui fit un accueil seigneurial, entourée de sa
brillante cour d'honneur. Tous ses courtisans comblèrent le vaillant guerrier de tant d'hommages
et de révérences, qu'ils n'en auraient pu faire
plus, si Dieu était descendu parmi eux de sa demeure céleste.

Le palais n'était pas seulement remarquable
parce qu'il surpassait tous les autres en richesse,
mais parce qu'il renfermait les gens les plus aimables et les plus avenants qui fussent au monde.
Ils différaient peu les uns des autres en fleur de
jeunesse et de beauté ; mais Alcine était plus belle
qu'eux tous, de même que le soleil est plus beau
que toutes les étoiles.

Elle était si bien faite de sa personne, que les
peintres industrieux ne sauraient en imaginer de

plus parfaite. Sa longue chevelure retombait en boucles, et il n'est pas d'or plus resplendissant et plus chatoyant. Sur sa joue délicate étaient semés les roses et les lys ; son front, d'un pur ivoire, terminait un visage admirablement proportionné.

Sous deux sourcils noirs et d'un dessin plein de finesse, sont deux yeux noirs, ou plutôt deux clairs soleils, aux regards tendres, et lents à se mouvoir. Il semble qu'Amour, qui voltige et se joue tout autour, vient y remplir son carquois de flèches dont il transperce les cœurs. De là, descend sur le milieu du visage un nez où l'envie ne trouverait rien à critiquer.

Au-dessous, comme entre deux sillons, se dessine une bouche où est répandu un cinabre naturel. Là, sont deux rangées de perles sur lesquelles se ferme et s'ouvre une lèvre belle et douce. C'est de là que sortent les paroles courtoises, capables d'amollir le cœur le plus rude et le plus rebelle. Là, se forme ce rire suave qui ouvre à son gré le paradis sur terre.

Blanc comme neige est son beau col, et sa gorge blanche comme lait. Le col est arrondi et la gorge est relevée. Deux seins drus, comme s'ils étaient d'ivoire, vont et viennent, ainsi que l'onde sur le rivage, quand une fraîche brise soulève la mer. Argus lui-même ne pourrait voir le reste ; mais on peut juger que ce qui est caché sous le voile correspond à ce qui apparaît au dehors.

Les deux bras montrent un modelé parfait ; sa main blanche, un peu longue et effilée, ne laisse voir ni jointure ni veine saillante. Enfin, le pied de la ravissante créature apparaît petit, mince et potelé. Son angélique beauté, qui a pris naissance dans le ciel, ne se peut cacher sous aucun voile.

Sur toute sa personne un charme est répandu, qu'elle parle, qu'elle rie, qu'elle chante ou qu'elle marche. Il n'est pas étonnant que Roger en soit épris, tant il la trouve séduisante. Ce qu'il avait entendu dire d'elle par le myrte, au sujet de sa perfidie et de sa méchanceté, ne lui sert plus à rien, car il ne peut s'imaginer que la fourberie et la trahison puissent se cacher sous un si suave sourire.

Il aime mieux croire que si elle a métamorphosé Astolphe sur le rivage, c'est pour son ingratitude et sa conduite coupable, et qu'il mérite une semblable peine et plus encore. Il tient pour faux tout ce qu'il a entendu dire sur son compte, et il pense que la vengeance et l'envie ont poussé ce malheureux à médire d'elle, et qu'il a complètement menti.

La belle dame qu'il aimait tant est maintenant loin de son cœur ; car, par ses enchantements, Alcine l'a guéri de toutes ses anciennes blessures amoureuses, et d'elle seule, de son amour, elle le rend soucieux. Son image seule reste désormais gravée dans le cœur du bon Roger, et c'est là ce qui doit le faire excuser de son inconstance et de sa légèreté.

Les cithares, les harpes et les lyres faisaient, autour de la table du festin, résonner l'air d'une douce harmonie et de concerts mélodieux. Plus d'un convive savait, par ses chants, dépeindre les joies et les transports de l'amour, ou, par de poétiques fictions, représenter d'attachantes fantaisies.

La table magnifique et somptueuse de n'importe lequel des successeurs de Ninus, ou celle non moins célèbre et fameuse que Cléopâtre offrit au Romain vainqueur, pourrait-elle aller de pair avec celle devant laquelle l'amoureuse fée avait fait asseoir le paladin? Je ne crois pas qu'on puisse même lui comparer la table où Ganymède sert Jupiter souverain.

Dès que les tables et les victuailles eurent été enlevées, les convives s'asseyant en cercle, se livrèrent à ce doux jeu où, la bouche près de l'oreille, on se demande à l'un l'autre, et selon sa fantaisie, quelque secret amoureux. C'est celui que les amants trouvent si commode pour se découvrir sans empêchement leur amour. Alcine et Roger finirent par convenir de se retrouver ensemble la nuit prochaine.

Ce jeu cessa vite, et beaucoup plus tôt qu'on n'en avait l'habitude en pareil cas, les pages entrèrent, armés de torches, et chassèrent les ténèbres avec de nombreuses lumières. Entouré d'une belle compagnie qui le précédait et le suivait, Roger alla retrouver son doux lit de plume, dans une chambre élégante et fraîche, choisie comme la meilleure de toutes.

Puis, quand on eut servi de nouveau les bons

vins et les confetti, les autres se retirèrent en lui faisant la révérence, et regagnèrent tous leurs chambres. Roger s'introduit alors dans des draps de lin parfumés, qui paraissaient sortis de la main d'Arachnée. Cependant il écoute d'une oreille attentive s'il entend venir la belle dame.

Au plus petit bruit qui le frappe, espérant que c'est elle, il lève la tête. Il croit l'entendre, et voyant qu'il se trompe, il soupire de son erreur. Parfois il sort du lit, entr'ouvre la porte et guette au dehors; mais il ne voit rien, et maudit mille fois l'heure si lente à s'écouler.

Il se dit souvent: « — Maintenant elle part —. » Et il commence à compter les pas qu'Alcine peut avoir à faire de sa chambre à celle où il l'attend. Ces préoccupations vaines, et bien d'autres, le tiennent en souci, jusqu'à ce que la belle dame soit arrivée. Parfois il craint que quelque obstacle ne vienne s'interposer entre le fruit et la main prête à le cueillir.

Alcine, après s'être longuement parfumée d'odeurs précieuses, voyant que le moment est venu de partir, et que dans le palais tout est tranquille, sort de sa chambre et, seule et silencieuse, s'en va, par un passage secret, rejoindre Roger dont le cœur est violemment combattu par la crainte et l'espoir.

A peine le successeur d'Astolphe a-t-il vu apparaître cette riante étoile, qu'il ne lui semble plus possible de supporter le souffle brûlant qui coule dans ses veines. Il plonge les yeux dans ce flot de délices et de beauté; il s'élance du lit, saisit Alcine dans ses bras, et ne peut attendre qu'elle se soit dépouillée de ses vêtements,

Bien qu'elle n'ait ni robe ni panier, et qu'elle soit venue à peine couverte d'un léger manteau jeté sur une chemise blanche et fine au possible. Comme Roger la tient embrassée, le manteau tombe, et elle reste avec le voile subtil et transparent qui, devant et derrière, laisse apercevoir les roses et les lis mieux qu'un pur cristal.

Le lierre ne serre pas plus étroitement l'arbre autour duquel il s'est enroulé, que les deux amants ne s'enlacent l'un l'autre, cueillant sur les lèvres la fleur suave de l'âme, que ne sauraient produire les plages odorantes de l'Inde ou du pays de Saba. Eux seuls pourraient dire le grand plaisir qu'ils éprouvent, car ils ont souvent plus d'une langue dans la bouche.

Ces choses furent tenues secrètes, ou du moins on n'y fit aucune allusion, car il est rare qu'on blâme quelqu'un de sa discrétion; le plus souvent, au contraire, on l'en loue. Tous les hôtes du palais, en bons courtisans, prodiguent à Roger les offres de services et les prévenances cordiales. Chacun lui rend hommage et s'incline devant lui; ainsi le veut l'amoureuse Alcine.

Il n'est pas de plaisir qu'on néglige; tous ceux qu'on peut imaginer sont réunis dans l'amoureuse demeure. Deux ou trois fois par jour, on y change de vêtements, selon les divertissements auxquels on se livre et qui consistent le plus souvent en banquets. C'est une fête continuelle, où le temps s'écoule au jeu, au spectacle, au bain ou à la danse. Tantôt, près d'une fontaine, à l'ombre des coteaux, ils lisent les anciens récits d'amour ;

Tantôt, par les vallons ombreux et les collines riantes, ils chassent le lièvre timide ; tantôt, suivis de chiens bien dressés, ils font sortir avec un grand strépitement d'ailes les faisans affolés des guérets et des buissons. Tantôt ils prennent les grives au lacet, ou bien ils tendent leurs gluaux dans les genévriers odorants ; tantôt, avec les hameçons chargés d'amorces, ou les filets aux mailles serrées, ils troublent les poissons dans leurs plus sûres retraites.

Tels étaient les plaisirs et les fêtes auxquels se livrait Roger, pendant que Charles restait en butte aux attaques d'Agramant. Je ne dois point, pour de telles choses, oublier l'histoire de Charles, ni laisser de côté Bradamante. Dans sa peine extrême, celle-ci passe ses jours à pleurer l'amant si cher qu'elle a vu, par des routes étranges et inusitées, emporté elle ne sait où.

C'est d'elle que je veux parler tout d'abord avant les autres. Pendant de longs jours elle alla, cherchant en vain, par les bois ombreux et les champs cultivés, par les cités et les villages, par les monts et par la plaine. Elle ne put rien savoir au sujet du cher ami qui était si loin d'elle. Souvent elle se rendait au camp sarrasin, sans pour cela retrouver les traces de son Roger.

Chaque jour elle y demande de ses nouvelles à

plus de cent personnes ; aucune ne peut lui en donner. Elle va, de quartier en quartier, fouillant les baraques et les tentes. Et elle peut le faire facilement, car, à travers les cavaliers et les fantassins, elle passe sans obstacles, grâce à l'anneau enchanté qui la rend invisible dès qu'elle le met dans sa bouche.

Elle ne peut pas, elle ne veut pas croire qu'il soit mort, parce que la chute d'un si grand homme de guerre aurait retenti des rives de l'Hydaspe aux lieux où le soleil se couche. Elle ne sait dire ni imaginer quelle route il a pu prendre, dans les airs ou sur la terre. L'infortunée s'en va, le cherchant toujours, et n'ayant d'autre compagnie que ses soupirs et ses larmes, et traînant partout après elle sa peine amère.

A la fin, elle songe à retourner à la caverne où étaient les ossements du prophète Merlin, et à pousser autour du sépulcre de tels gémissements, que le marbre froid s'en émeuve de pitié. Là, elle saura si Roger vit encore, ou si le destin inexorable a tranché sa vie heureuse. Puis elle se décidera selon le conseil qu'elle y aura reçu.

Dans cette intention, elle dirigea sa route vers les forêts voisines de Poitiers, où le tombeau parlant de Merlin se cachait dans un lieu âpre et sauvage. Mais cette magicienne qui avait toujours tenu sa pensée tournée vers Bradamante, — je veux parler de celle qui, dans la belle grotte, l'avait instruite des destinées de sa race, —

Cette sage et bienfaisante enchanteresse qui

veille toujours sur elle, sachant qu'elle doit être la souche d'hommes invincibles, presque de demi-dieux, veut savoir chaque jour ce qu'elle fait, ce qu'elle dit. Chaque jour, elle interroge le sort à son sujet. Comment Roger a été délivré, puis perdu, et comment il est allé dans l'Inde, elle a tout su.

Elle l'avait vu, en effet, sur ce cheval qu'on ne peut diriger et qui ne supporte pas de frein, parcourir au loin d'immenses distances, par des chemins périlleux et inusités. Et elle savait bien qu'il était plongé dans les jeux et dans les fêtes, dans les plaisirs de la table et dans les molles délices de l'oisiveté; et qu'il n'avait plus souvenir ni de son prince, ni de sa dame, ni de son honneur;

Et qu'un aussi gentil chevalier risquait ainsi de consumer la fleur de ses plus belles années dans une longue inertie, et de perdre en même temps son corps et son âme. Elle voyait qu'en sa plus verte jeunesse allait être fauché et détruit son honneur, seule chose qui reste de nous après que tout le reste est mort, qui arrache l'homme à la tombe et le fasse revivre à toujours.

Mais la gente magicienne, qui avait plus souci de Roger qu'il n'en avait de lui-même, résolut de le ramener à la vertu par un chemin âpre et dur, et s'il le fallait malgré lui. Ainsi un médecin expérimenté soigne avec le fer, le feu et parfois le poison, le malade qui, tout d'abord, repousse ses remèdes et puis, s'en trouvant bien, finit par l'en remercier.

Elle était sévère pour lui, et n'était pas aveuglée par son affection au point de n'avoir, comme Atlante, d'autre préoccupation que de lui sauver la vie. Celui-ci préférait en effet le faire vivre longuement, sans renommée et sans honneur, à lui voir acquérir toute la gloire du monde, au prix d'une seule année de son existence heureuse.

C'est lui qui l'avait envoyé dans l'île d'Alcine, pour qu'il oubliât ses combats dans cette cour brillante ; et, en magicien souverainement expert et qui savait se servir d'enchantements de toute nature, il avait enserré le cœur de cette reine dans les lacs d'un amour si puissant, qu'elle n'aurait jamais pu s'en délivrer, quand bien même Roger fût devenu plus vieux que Nestor.

Maintenant, revenant à celle qui avait prédit tout ce qui devait arriver, je dirai qu'elle prit la route même où l'errante et vagabonde fille d'Aymon venait à sa rencontre. Bradamante, en voyant sa chère magicienne, sent sa peine première se changer en une vive espérance, et celle-ci lui apprend alors que son Roger a été conduit auprès d'Alcine.

La jeune fille reste comme morte, quand elle apprend que son amant est si loin, et que son amour même est en péril s'il ne lui arrive un grand et prompt secours. Mais la bienfaisante magicienne la réconforte et place aussitôt le baume sur la plaie. Elle lui promet, elle lui jure que, dans peu de jours, elle lui fera revoir Roger, revenu à elle.

« — Femme, — disait-elle, — puisque tu as avec toi l'anneau qui détruit tout ce qui provient de source magique, je ne fais aucun doute que, si je l'apporte là où Alcine te dérobe ton bien, je ne renverse tous ces projets, et ne ramène avec moi celui qui cause ton doux souci. Je partirai ce soir, à la première heure, et je serai dans l'Inde à la naissance de l'aurore. — »

Et, poursuivant, elle lui raconta le plan qu'elle avait formé pour arracher son cher amant à cette cour molle et efféminée, et le ramener en France. Bradamante tire l'anneau de son doigt. Non seulement elle aurait voulu le donner, mais donner aussi son cœur, donner sa vie, pour venir en aide à son Roger.

Elle lui donne l'anneau et le lui recommande. Elle lui recommande encore davantage son Roger, à qui elle envoie par elle mille souhaits; puis elle prend son chemin vers la Provence. L'enchanteresse s'en va du côté opposé, et, pour accomplir son dessein, elle fait apparaître, le soir venu, un palefroi dont un pied est roux et tout le reste du corps noir.

Je crois que c'était un farfadet ou un esprit qu'elle avait, sous cette forme, évoqué de l'enfer. Sans ceinture et les pieds nus, elle s'élança dessus, les cheveux dénoués et en grand désordre, après s'être enlevé l'anneau du doigt, de peur qu'il ne s'opposât à ses propres enchantements. Puis elle voyagea avec une telle rapidité, qu'au matin elle se trouva dans l'île d'Alcine.

Là, elle se transforma complètement : sa stature s'accrut de plus d'une palme, les membres grossirent en proportion et atteignirent la taille qu'elle supposait au nécromant par lequel Roger avait été élevé avec un si grand soin. Elle couvrit son menton d'une longue barbe, et se rida le front et le reste du visage.

De figure, de parole et de physionomie elle sut si bien imiter Atlante, qu'elle pouvait être tout à fait prise pour l'enchanteur. Puis elle se cacha, et attendit jusqu'à ce qu'un beau jour Alcine eût permis à son amant de s'éloigner. Et ce fut grand hasard, car, soit au repos, soit à la promenade, elle ne pouvait rester une heure sans l'avoir près d'elle.

Elle le trouva seul, — ainsi qu'elle le désirait, — goûtant la fraîcheur et le calme du matin, le long d'un beau ruisseau qui descendait d'une colline et se dirigeait vers un lac limpide et paisible. Ses vêtements gracieux et lascifs annonçaient la mollesse et l'oisiveté ; la main même d'Alcine les avait entièrement tissés de soie et d'or, avec un art admirable.

Un splendide collier de riches pierreries lui descendait du cou jusque sur la poitrine ; autour de ses bras autrefois si virils s'enroulaient des bracelets brillants ; de ses deux oreilles percées sortait un mince fil d'or, en forme d'anneau, où étaient suspendues deux grandes perles, comme jamais n'en possédèrent les Arabes ni les Indiens.

Ses cheveux bouclés étaient humides des parfums les plus suaves et les plus précieux. Tous ses gestes respiraient l'amour, comme s'il avait été habitué dans Valence à servir les dames. Il n'y avait plus de sain en lui que le nom; tout le reste était corrompu plus qu'à moitié. Ainsi fut retrouvé Roger, tant il avait été changé par enchantement.

Sous les traits d'Atlante, celle qui en avait pris la ressemblance lui apparaît avec le visage grave et vénérable que Roger avait toujours respecté; avec ce regard plein de colère et de menace qu'il avait tant redouté jadis dans son enfance. Elle lui dit : « — C'est donc là le fruit que je devais recueillir de mes longues peines ?

« T'ai-je, pour premiers aliments, nourri de la moelle des ours et des lions; t'ai-je, tout enfant, habitué à étrangler les serpents dans les cavernes et les ravins horribles, à arracher les ongles des panthères et des tigres, et à briser les dents aux sangliers pleins de vie, pour qu'après une telle éducation tu devinsses l'Adonis ou l'Atis d'Alcine?

« Est-ce pour cela que l'observation des étoiles, les fibres sacrées consultées et entendues, les augures, les songes et tous les enchantements qui ont trop fait l'objet de mes études, m'avaient annoncé, quand tu étais encore à la mamelle, qu'arrivé à l'âge où te voilà, tu aurais accompli sous les armes de tels exploits qu'ils devaient être sans pareils?

« Voilà vraiment un beau commencement et qui puisse faire espérer que tu sois près d'égaler un Alexandre, un Jules, un Scipion! Qui aurait pu, hélas! croire jamais cela de toi, que tu te serais fait l'esclave d'Alcine! Et pour qu'à chacun cela soit plus manifeste, au cou et aux bras tu portes sa chaîne par laquelle elle te mène après elle à sa fantaisie.

« Si tu es insensible à ta propre gloire et aux œuvres sublimes pour lesquelles le ciel t'a choisi, pourquoi priver ta postérité des biens que je t'ai mille fois prédits ? Hélas! pourquoi tiens-tu éternellement fermé le sein que le ciel a désigné pour concevoir de toi la race glorieuse et surhumaine qui doit jeter sur le monde plus d'éclat que le soleil?

« Ah! n'empêche pas les plus nobles âmes, déjà formées dans la pensée éternelle, de venir en leur temps vivifier ces corps qui, de toi, doivent prendre leur racine ! Ah! ne sois point un obstacle aux mille triomphes par lesquels, après d'âpres fatigues et de cruelles atteintes, tes fils, tes neveux et tes descendants rendront à l'Italie son antique honneur!

« Et pour t'amener à cela, il n'est pas besoin de rappeler que tant et tant d'âmes belles, remarquables, illustres, invincibles et saintes doivent fleurir sur ta tige féconde; il devrait te suffire de songer à un seul couple, à Hippolyte et à son frère, car jusqu'à présent le monde en a vu peu de pareils, dans toutes les positions où l'on s'élève par la vertu.

« J'avais l'habitude de te parler d'eux plus que de tous les autres ensemble, parce que, plus que tous ceux de ta race, ils seront doués des vertus suprêmes, et qu'en te parlant d'eux, je voyais que tu leur donnais plus d'attention qu'aux autres, et que tu te réjouissais de ce que de si illustres héros devaient être tes neveux.

« Quels charmes a donc celle dont tu as fait ta reine, que n'aient pas mille autres courtisanes? Tu sais bien que de tant d'autres amants dont elle a été la concubine, elle n'en a pas rendu un seul heureux. Mais pour que tu connaisses ce qu'est vraiment Alcine, débarrasse-toi de ses fraudes et de ses artifices. Prends cet anneau à ton doigt et retourne vers elle et tu pourras voir comment elle est belle. — »

Roger se tenait honteux et muet, fixant la terre, et ne savait que dire. Sur quoi, la magicienne lui passe à l'instant l'anneau au doigt et lui fait recouvrer ses sens. Dès que Roger est revenu à lui, il est accablé de tant de honte, qu'il voudrait être à mille brasses sous terre, afin que personne ne pût voir son visage.

Au même instant, et tout en lui parlant, la magicienne reprend sa première forme, car elle n'avait plus besoin de celle d'Atlante, puisqu'elle avait atteint le but pour lequel elle était venue. Pour vous dire ce que je ne vous ai pas encore dit, elle lui apprend qu'elle se nomme Mélisse, se fait entièrement connaître à Roger et lui dit dans quel but elle est venue.

Elle lui dit qu'elle était envoyée par celle qui, remplie d'amour, le désire sans cesse et ne peut plus vivre sans lui, afin de le délivrer des chaînes dont une magique violence l'avait lié. Elle avait pris la figure d'Atlante de Carena, pour avoir plus d'autorité auprès de lui; mais puisqu'elle l'a désormais rendu à la santé, elle veut tout lui découvrir et tout lui faire voir.

« — Cette gentc dame qui t'aime tant, et qui est si digne de ton amour; celle à qui, si tu te le rappelles, tu dois ta délivrance opérée par elle, t'envoie cet anneau qui détruit tout enchantement; elle t'aurait de même envoyé son cœur, si elle avait cru que son cœur eût la même vertu que l'anneau pour te sauver. — »

Et elle poursuit en l'entretenant de l'amour que Bradamante lui a jusqu'ici porté et lui porte encore. Entraînée par la vérité et l'affection, elle lui vante sa grande valeur; enfin, avec l'adresse qui convient à une messagère adroite, elle rend Alcine aussi odieuse à Roger que le sont d'ordinaire les choses les plus horribles.

Elle la lui rend aussi odieuse qu'il l'avait aimée auparavant. Que cela ne vous paraisse pas étrange, puisque son amour, qui n'existait que par la force des enchantements, fut détruit par la présence de l'anneau. L'anneau lui fit voir encore que tout ce qu'Alcine avait de beauté était factice; tout en elle était factice des pieds à la tête. Sa beauté disparut, et il ne resta que la lie.

Ainsi l'enfant cache un fruit mûr, et puis ne se souvient plus de l'endroit où il l'a mis; plusieurs jours après, il y revient par hasard et retrouve son dépôt. Il s'étonne alors de le voir tout pourri et gâté, et non comme il était quand il l'a caché; et autant il l'aimait et avait coutume de le trouver bon, autant il le hait, le méprise, le prend en dégoût et le rejette.

De même Roger, après que Mélisse l'eut renvoyé vers la fée avec l'anneau devant lequel, ainsi qu'elle lui a dit, aucun enchantement ne peut subsister, retrouva, à sa grande surprise, au lieu de la belle qu'il avait laissée auparavant, une femme si laide, qu'il n'y en avait pas une sur terre aussi vieille et aussi difforme.

Alcine avait le visage pâle, ridé, maigre ; les cheveux blancs et rares. Sa taille n'atteignait pas six palmes: Toutes les dents de sa bouche étaient tombées, car elle était plus vieille qu'Hécube, la Sibylle de Cumes et bien d'autres. Mais elle savait si bien se servir d'un art inconnu de nos jours, qu'elle pouvait paraître belle et toute jeune.

Elle se fait jeune et belle par son art qui en a trompé beaucoup comme Roger. Mais l'anneau vient déchirer le voile qui depuis de nombreuses années déjà cachait la vérité. Ce n'est donc pas miracle si, dans l'esprit de Roger, toute pensée d'amour pour Alcine s'éteint, maintenant qu'il la trouve telle que ses artifices ne peuvent plus le tromper.

Mais, comme le lui avait conseillé Mélisse, il se garda de changer de manière d'être, jusqu'à ce que, des pieds à la tête, il se fût revêtu de ses armes trop longtemps négligées. Et, pour ne point éveiller les soupçons d'Alcine, il feignit de vouloir essayer ses forces, et de voir s'il avait grossi depuis le jour où il ne les avait plus endossées.

Il suspendit ensuite Balisarde à son côté, — c'est ainsi que s'appelait son épée, — et prit également l'écu merveilleux qui non seulement éblouissait les yeux, mais qui frappait l'âme d'un tel anéantissement, qu'elle semblait être exhalée du corps. Il le prit, et se le mit au cou, tout recouvert du voile de soie avec lequel il l'avait trouvé.

Puis il alla à l'écurie, et fit mettre la bride et la selle à un destrier plus noir que la poix. Mélisse l'avait prévenu d'agir ainsi, car elle connaissait ce cheval qui s'appelait Rabican, et elle savait combien il était rapide à la course. C'était le même qui avait été porté en ces lieux par la baleine, avec le malheureux chevalier, à cette heure jouet des vents sur le bord de la mer.

Il aurait pu aussi prendre l'hippogriffe qui était attaché à côté de Rabican, mais la magicienne lui avait dit : « — N'oublie pas, tu le sais, combien il est indocile. — » Et elle lui promit que le jour suivant elle le ferait sortir de ce pays et le lui amènerait dans un endroit où elle lui apprendrait à le dompter et à le faire obéir en tout.

En le laissant, du reste, il ne donnerait aucun soupçon de la fuite qu'il préméditait. Roger fit comme le voulait Mélisse qui, toujours invisible, lui parlait à l'oreille. Ainsi dissimulant, il sortit du palais corrompu et efféminé de la vieille putain, et il arriva à une des portes de la ville où aboutissait la route qui conduit chez Logistilla.

Assailli à l'improviste par les gardes, il se jeta sur eux le fer à la main, laissant celui-ci blessé, celui-là mort, et, peu à peu, gagna le pont en dehors duquel il prit sa course. Avant qu'Alcine en eût été avisée, Roger avait franchi un grand espace.

Je dirai dans l'autre chant quelle route il suivit, et comment il parvint chez Logistilla.

CHANT VIII.

ARGUMENT. — Après avoir surmonté divers obstacles, Roger s'enfuit de l'île d'Alcine. Mélisse rend sa forme première à Astolphe, lui fait retrouver ses armes et tous deux se rendent chez Logistilla où Roger arrive aussi peu après. — Renaud passe d'Écosse en Angleterre et obtient des secours pour Charles assiégé dans Paris. — Angélique est transportée dans l'île d'Ébude pour y être dévorée par un monstre marin. — Roland, trompé par un songe, sort déguisé de Paris, et va à la recherche d'Angélique.

OH! combien d'enchanteresses, combien d'enchanteurs sont parmi nous, que nous ne connaissons pas, et qui, par leur adresse à changer de visage, se sont fait aimer des hommes et des femmes! Ce n'est pas en évoquant les esprits, ni en observant les étoiles, qu'ils font de tels enchantements; c'est par la dissimulation, le mensonge et les ruses, qu'ils lient les cœurs d'indissolubles nœuds.

Celui qui posséderait le talisman d'Angélique, ou plutôt celui de la raison, pourrait voir le visage de chacun dépouillé de tout artifice et de toute fiction. Tel nous paraît beau et bon, qui, le masque tombé, nous semblerait peut-être laid et méchant.

Ce fut un grand bonheur pour Roger d'avoir l'anneau qui lui découvrit la vérité.

Roger, comme je disais, armé et monté sur Rabican, était arrivé en dissimulant jusqu'à la porte. Il prit les gardes au dépourvu et quand il fut arrivé au milieu d'eux, il ne garda pas son épée au flanc. Laissant les uns morts, les autres fort maltraités, il franchit le pont, rompit la herse et prit le chemin de la forêt; mais il ne courut pas longtemps sans rencontrer un des serviteurs de la fée.

Ce serviteur avait au poing un gerfaut qu'il s'amusait à faire voler chaque jour, tantôt dans la plaine, tantôt sur un étang voisin, où il trouvait toujours une proie facile. Il avait pour compagnon son chien fidèle, et chevauchait un roussin assez mal équipé. Il pensa bien que Roger s'enfuyait, quand il le vit venir en si grande hâte :

Il se porta à sa rencontre, et, d'un ton hautain, lui demanda pourquoi il s'en allait si précipitamment. Le bon Roger ne voulut pas lui répondre. C'est pourquoi, de plus en plus certain qu'il s'enfuyait, le chasseur résolut de l'arrêter. Étendant le bras gauche, il dit : « — Que dirais-tu, si je t'arrêtais subitement, et si contre cet oiseau tu ne pouvais te défendre? — »

Il lance son oiseau, et celui-ci bat si rapidement des ailes, que Rabican ne peut le devancer. Le chasseur saute à bas de son palefroi, en lui enlevant du même coup le mors, et le cheval part comme la flèche chassée de l'arc, mordant et lançant des ruades formidables. Le serviteur se met à courir après lui, aussi rapide que s'il était porté par le vent et la foudre.

Le chien ne veut pas paraître en retard; il suit Rabican avec l'impétuosité du léopard qui poursuit un lièvre. Roger a honte de ne pas les attendre; il se retourne vers celui qui arrive d'un pied si hardi, et, ne lui voyant d'autre arme qu'une baguette avec laquelle il dresse son chien à obéir, il dédaigne de tirer son épée.

Le chasseur s'approche et le frappe vigoureusement; en même temps le chien le mord au pied gauche. Le destrier débridé secoue trois ou quatre fois sa croupe, et rue sur son flanc droit. L'oiseau tourbillonne, décrit mille cercles et le déchire souvent avec ses ongles, de telle sorte que Rabican s'effraye de tout ce vacarme et n'obéit plus à la main ni à l'éperon.

Roger est enfin forcé de tirer le fer, et, pour se débarrasser de cette désagréable agression, il menace tantôt les bêtes, tantôt le vilain, de la pointe de son épée. Cette engeance importune l'en presse que davantage, et de çà de là se multiplie sur toute la route. Roger voit déshonneur et danger pour lui à ce qu'ils l'arrêtent plus longtemps.

Il sait que, s'il reste un peu plus en cette place, il aura sur les épaules Alcine et toute sa populace. Déjà une grande rumeur de trompettes, de tambours et de cloches se fait entendre par toute la vallée. Pourtant, contre un serviteur sans armes et contre un chien, il lui semble inutile de se servir de son épée. Le meilleur et le plus prompt est donc de découvrir l'écu, œuvre d'Atlante.

Il lève le drap rouge dont l'écu était resté pendant plusieurs jours couvert, et la lumière, dès qu'elle frappe les yeux, produit l'effet mille fois expérimenté. Le chasseur reste privé de ses sens ; le chien et le roussin tombent, et les ailes de l'oiseau ne peuvent plus le soutenir en l'air. Roger, joyeux, les laisse en proie au sommeil.

Alcine, qui pendant tout cela avait été prévenue que Roger avait forcé la porte et occis bon nombre des gardes, vaincue de douleur, resta comme morte. Elle déchire ses vêtements, se frappe le visage, et s'accuse de stupidité et de maladresse. Elle fait appeler sur-le-champ aux armes et rassemble autour d'elle tous ses gens.

Puis elle les divise en deux troupes : elle envoie l'une sur la route que suit Roger ; elle conduit l'autre en toute hâte au port, l'embarque et lui fait prendre la mer. Sous les voiles ouvertes, les flots s'assombrissent. Avec cette troupe s'en va la désespérée Alcine, et le désir de retrouver Roger la ronge tellement, qu'elle laisse sa ville sans garde aucune.

Elle ne laisse personne à la garde du palais. Cela donne à Mélisse, qui se tenait prête, une grande commodité, une grande facilité pour arracher de ce royaume funeste les malheureux qui y étaient retenus. Elle va, cherchant à son aise de tous côtés, brûlant les images, rompant les charmes, détruisant les nœuds, les caractères magiques et tous les artifices.

Puis, accélérant ses pas à travers la campagne, elle fait revenir à leur forme première les anciens amants d'Alcine qui étaient, en foule nombreuse, changés en fontaines, en bêtes, en arbres, en rochers. Ceux-ci, dès qu'ils furent délivrés, suivirent tous les traces du bon Roger et se réfugièrent chez Logistilla. De là, ils retournèrent chez les Scythes, les Perses, les Grecs et les Indiens.

Mélisse les renvoya dans leur pays, après leur avoir fait promettre d'être désormais moins imprudents. Le duc des Anglais fut le premier qu'elle fit revenir à la forme humaine. Sa parenté avec Bradamante et les prières courtoises de Roger lui furent très utiles en cette occasion. Outre les prières que Roger avait adressées à Mélisse à ce sujet, il lui avait donné l'anneau pour qu'elle pût mieux lui venir en aide.

C'est donc grâce aux prières de Roger que le paladin fut remis en sa forme première. Mélisse ne crut son œuvre achevée que lorsqu'elle lui eut fait retrouver ses armes, et cette lance d'or qui, du premier coup, jette hors de selle tous ceux qu'elle touche. D'abord à l'Argail, elle appartint ensuite à Astolphe, et l'un et l'autre s'étaient acquis beaucoup d'honneur en France avec elle.

Mélisse retrouva cette lance d'or qu'Alcine avait remisée dans le palais, ainsi que toutes les autres armes qui avaient été enlevées au duc dans cette maison maudite. Puis elle monta le destrier du nécromancien maure et prit en croupe Astolphe. De là, elle se dirigea vers la demeure de Logistilla, où elle arriva une heure avant Roger.

Entre temps, Roger s'achemine vers la sage Fée, à travers les durs rochers, les ronces touffues, de précipice en précipice, et par des chemins âpres, solitaires, inhospitaliers et sauvages. Enfin il arrive, à l'heure ardente de midi, sur une plage exposée au sud entre la montagne et la mer, aride, nue, stérile et déserte.

Le soleil ardent frappe la colline voisine, et sous la chaleur produite par la réflexion, l'air et le sable bouillent. Il n'en faudrait pas tant pour rendre le verre liquide. Tous les oiseaux se taisent sous l'ombre molle ; seule, la cigale, cachée dans les herbes touffues, assourdit de son chant monotone les montagnes et les vallées, la mer et le ciel.

La chaleur, la soif et la fatigue qu'il éprouvait à parcourir cette route de sable faisaient à Roger grave et ennuyeuse compagnie sur la plage déserte et exposée au soleil. Mais, comme je ne puis ni ne veux m'occuper toujours du même sujet, je laisserai Roger dans cette fournaise, et j'irai en Écosse retrouver Renaud.

Renaud était très bien vu du roi, de sa fille et de tout le pays. Le paladin exposa à loisir et clairement le motif de sa venue qui était de réclamer, au nom de son roi, l'appui des royaumes d'Écosse et d'Angleterre, et il crut devoir appuyer la demande de Charles des raisons les plus justes.

Le roi lui répondit sans retard qu'autant que ses

forces le lui permettaient, il était disposé à agir pour le service et pour l'honneur de Charles et de l'empire. Dans peu de jours il aurait levé le plus de cavaliers qu'il pourrait, et s'il n'était pas aujourd'hui si vieux, il aurait pris lui-même le commandement de ses troupes.

Une semblable raison ne lui paraîtrait pas toutefois suffisante pour le faire rester chez lui, s'il n'avait son fils, à qui il donnerait le commandement, comme au plus digne pour la vigueur et l'habileté. Bien qu'il ne se trouvât pas alors dans le royaume, il espérait qu'il serait revenu avant que les troupes fussent réunies. Dans tous les cas, une fois l'armée prête, il saurait bien trouver son fils.

Puis il envoya dans tous ses États ses trésoriers pour lever des cavaliers et des gens de guerre, et fit approvisionner ses vaisseaux de munitions, de vivres et d'argent. Pendant ce temps, Renaud passa en Angleterre, et le roi l'accompagna courtoisement à son départ jusqu'à Berwick, et on le vit pleurer quand il le quitta.

Ayant le vent favorable en poupe, Renaud s'embarqua après avoir dit adieu à tous. Le pilote démarra les câbles pour le voyage, et l'on fit voile jusqu'à ce qu'on fût arrivé à l'endroit où le beau fleuve de la Tamise voit ses eaux devenir amères au contact des flots salés. Poussés par le grand flux de la mer, les navigateurs s'avancèrent par un chemin sûr, à la voile et à la rame, jusqu'à Londres.

Renaud avait reçu de Charles et du roi Othon, assiégé avec Charles dans Paris, des lettres authentiques, contresignées du sceau de l'État, pour être remises au prince de Galles. Ces lettres portaient que tout ce qu'on pourrait lever dans le pays de fantassins et de cavaliers devait être dirigé sur Calais, pour porter secours à la France et à Charles.

Le prince dont je parle, et qui occupait, en l'absence d'Othon, le siège royal, rendit à Renaud fils d'Aymon de tels honneurs, qu'il n'en aurait pas fait autant pour son roi. Pour satisfaire à sa demande, il ordonna à tous les gens de guerre de la Bretagne et des îles voisines de se trouver sur le rivage à jour fixe.

Seigneur, il convient que je fasse comme le virtuose habile qui, sur son instrument flexible, change souvent de corde et varie de ton, prenant tantôt le grave, tantôt l'aigu. Pendant que je suis occupé à parler de Renaud, je me suis souvenu de la gentille Angélique que j'ai laissée fuyant loin de lui, et qui venait de rencontrer un ermite.

Je vais poursuivre un instant son histoire. J'ai dit qu'elle avait demandé avec une vive anxiété comment elle pourrait rejoindre le rivage, car elle avait une telle peur de Renaud, qu'elle se croyait en danger de mort si elle ne mettait pas la mer entre elle et lui, et qu'elle ne pensait pas être en sûreté tant qu'elle serait en Europe. Mais l'ermite cherchait à l'amuser, parce qu'il avait du plaisir à rester avec elle.

Cette rare beauté lui a allumé le cœur et réchauffé les moelles engourdies. Mais, quand il voit que cela ne lui réussit pas, et qu'elle ne veut pas rester plus longtemps avec lui, il accable son âne de cent coups pour activer son pas tardif. Le plus souvent au pas, quelquefois au trot, il va sans permettre à sa bête de s'arrêter.

Et comme Angélique s'était tellement éloignée que, d'un peu plus, il aurait perdu sa trace, le moine retourne à sa grotte obscure et évoque une troupe de démons. Il en choisit un dans toute la bande, et, tout d'abord, l'informe de ce qu'il aura à faire; puis il le fait entrer dans le corps du coursier qui emporte loin de lui sa dame et son cœur.

Souvent un chien bien dressé et habitué à chasser sur la montagne les renards et les lièvres, voyant la bête aller d'un côté, prend par un autre, et semble dédaigner de suivre la trace. Mais à peine le voit-on arrivé au passage, qu'il l'a dans la gueule, lui ouvre le flanc et la dévore. Ainsi l'ermite, par une voie détournée, rejoindra la dame où qu'elle aille.

Ce que peut être son dessein, je le comprends fort bien, et je vous le dirai aussi, mais dans un autre moment. Angélique ne soupçonnant en rien ce danger, cheminait, faisant chaque jour une plus ou moins longue étape. Et déjà, le démon est caché dans son cheval. Ainsi, parfois, le feu couve, puis devient un si grave incendie, qu'on ne peut l'éteindre et qu'on y échappe avec peine.

Quand la dame fut arrivée près de la grande mer qui baigne les rivages gascons, elle fit marcher son destrier tout près de la vague, là où l'humidité rendait la voie plus ferme. Celui-ci fut soudain entraîné dans les flots par le démon féroce, au point d'être obligé de nager. La timide donzelle ne sait que faire, si ce n'est se tenir ferme sur la selle.

Elle a beau tirer la bride, elle ne peut le faire tourner, et de plus en plus il s'avance vers la haute mer. Elle tenait sa robe relevée pour ne pas la mouiller, et levait les pieds. Sur ses épaules, sa chevelure flottait toute défaite, caressée par la brise lascive. Les grands vents se taisaient, ainsi que la mer, comme pour contempler sans doute tant de beauté.

Elle tournait en vain vers la terre ses beaux yeux qui baignaient de pleurs son visage et sa poitrine. Et elle voyait le rivage s'enfuir toujours plus loin, décroître peu à peu et disparaître. Le destrier qui nageait sur la droite, après un grand détour, la porta sur un écueil parsemé de roches noires et de grottes effroyables. Et déjà la nuit commençait à obscurcir le ciel.

Quand elle se vit seule dans ce lieu désert, dont la seule vue lui faisait peur, à l'heure où Phébus couché dans la mer laissait l'air et la terre dans une obscurité profonde, elle resta immobile, dans une attitude qui aurait fait douter quiconque aurait vu sa figure, si elle était une femme véritable et douée de vie, ou bien un rocher ayant cette forme.

Stupide et les yeux fixés sur le sable mouvant, les cheveux dénoués et en désordre, les mains jointes et les lèvres immobiles, elle tenait ses regards languissants levés vers le ciel, comme si elle accusait le grand Moteur d'avoir déchaîné tous les destins à sa perte. Elle resta un moment immobile et comme attérée ; puis elle dénoua sa langue à la plainte, et ses yeux aux pleurs.

Elle disait : « — Fortune, que te reste-t-il encore à faire pour avoir rassasié sur moi tes fureurs et assouvi ta soif de vengeance ? Que puis-je te donner de plus désormais, si ce n'est cette misérable vie ? Mais tu n'en veux pas. N'as-tu pas été prompte tout à l'heure à m'arracher à la mer, quand je pouvais y trouver la fin de mes tristes jours ! Pourquoi sembles-tu désirer me voir encore livrée à de nouveaux tourments, avant que je meure ?

« Mais je ne vois pas que tu puisses me nuire plus que tu ne m'as nui jusqu'ici. Par toi j'ai été chassée du royal séjour où je n'espère plus jamais retourner. J'ai perdu l'honneur, ce qui est pis ; car si je n'ai pas en réalité commis de faute, j'ai pourtant donné lieu, par mes courses vagabondes, à ce que chacun dise que je suis une impudique.

« Quel bien peut-il rester au monde à une femme qui a perdu sa réputation de chasteté ? Hélas ! mon malheur est d'être jeune et de passer pour belle, que ce soit vrai ou faux. Je ne saurais rendre grâce au ciel de ce don funeste, d'où provient aujourd'hui toute ma perte. C'est lui qui a causé la mort de mon frère Argail, auquel ses armes enchantées servirent peu.

« C'est à cause de lui que le roi de Tartarie Agrican a défait mon père Galafron qui, dans l'Inde, était grand khan du Cathay; et depuis j'en suis réduite à changer d'asile soir et matin. Puisque tu m'as ravi fortune, honneur, famille, et puisque tu m'as fait tout le mal que tu peux me faire, à quelles douleurs nouvelles veux-tu me réserver encore?

« Si tu n'as pas jugé assez cruel de me faire périr dans la mer, je consens, pour te rassasier, à ce que tu m'envoies quelque bête qui me dévore, mais sans m'outrager davantage. Quel que soit le martyre que tu me destines, pourvu que j'en meure, je ne pourrai trop t'en rendre grâces. — » Ainsi disait la dame, au milieu d'abondantes larmes, quand elle aperçut l'ermite à côté d'elle.

De la cime d'une roche élevée, l'ermite avait vu Angélique, au comble de l'affliction et de l'épouvante, aborder à l'extrémité de l'écueil. Il était lui-même arrivé six jours auparavant, car un démon l'y avait porté par un chemin peu fréquenté. Il vint à elle, avec un air plus dévot que n'eurent jamais Paul ou Hilarion.

A peine la dame l'a-t-elle aperçu, que, ne le reconnaissant pas, elle reprend courage; peu à peu sa crainte s'apaise, bien qu'elle ait encore la pâleur au visage. Dès qu'il est près d'elle, elle dit : « — Ayez pitié de moi, mon père, car je suis arrivée dans un mauvais port. — » Et d'une voix interrompue par les sanglots, elle lui raconte ce qu'il savait parfaitement.

L'ermite commence par la rassurer par de belles et dévotes paroles, et, pendant qu'il parle, il promène des mains audacieuses tantôt sur son sein, tantôt sur ses joues humides. Puis, devenu plus hardi, il va pour l'embrasser. Mais elle, tout indignée, lui porte vivement la main à la poitrine et le repousse, et son visage se couvre tout entier d'une honnête rougeur.

Il avait à son côté une poche; il l'ouvre et il en tire une fiole pleine de liqueur. Sur ces yeux puissants, où Amour a allumé sa plus brûlante flamme, il en jette légèrement une goutte qui suffit à endormir Angélique. La voilà gisant, renversée sur le sable, livrée à tous les désirs du lubrique vieillard.

Il l'embrasse et la palpe à plaisir; et elle dort et ne peut faire résistance. Il lui baise tantôt le sein, tantôt la bouche; personne ne peut le voir en ce lieu âpre et désert. Mais, dans cette rencontre, son destrier trébuche, et le corps débile ne répond point au désir. Il avait peu de vigueur, ayant trop d'années, et il peut d'autant moins qu'il s'essouffle davantage.

Il tente toutes les voies, tous les moyens. Mais son roussin paresseux se refuse à sauter; en vain il lui secoue le frein, en vain il le tourmente; il ne peut lui faire tenir la tête haute. Enfin il s'endort près de la dame qu'un nouveau danger menace encore. La Fortune ne s'arrête pas pour si peu, quand elle a pris un mortel pour jouet.

Il faut d'abord que je vous parle d'une chose

qui va me détourner un peu de mon droit chemin. Dans la mer du Nord, du côté de l'Occident et par de là l'Islande, s'étend une île nommée Ebude, dont la population a considérablement diminué, depuis qu'elle est détruite par une orque sauvage et d'autres monstres marins que Protée y a conduits pour se venger.

Les anciennes chroniques, vraies ou fausses, racontent que jadis un roi puissant régna sur cette île. Il eut une fille dont la grâce et la beauté, dès qu'elle se montra sur le rivage, enflammèrent Protée jusqu'au milieu des ondes. Celui-ci, un jour qu'il la trouva seule, lui fit violence et la laissa enceinte de lui.

Cet événement causa au père beaucoup de douleur et de souci, car il était plus que tout autre impitoyable et sévère. Ni les excuses, ni la pitié ne purent lui faire pardonner, tant son courroux était grand. La grossesse de sa fille ne l'arrêta même pas dans l'accomplissement de son cruel dessein, et, dès qu'il fut né, il fit, avant elle, mourir son petit-fils, qui cependant n'avait point péché.

Le dieu marin Protée, pasteur des monstrueux troupeaux de Neptune roi des ondes, ressentit un grand chagrin de la mort de sa dame, et, dans sa grande colère, il rompit l'ordre et les lois de la nature. Il s'empressa d'envoyer sur l'île les orques et les phoques, et tout son troupeau marin, qui détruisirent non seulement les brebis et les bœufs, mais les villes et les bourgs avec leurs habitants.

Ils vinrent également assiéger la capitale qui

était fortifiée ; les habitants furent obligés de se tenir nuit et jour sous les armes et dans des alarmes perpétuelles. Tous avaient abandonné les campagnes. Enfin, pour trouver remède à leurs maux, ils allèrent consulter l'oracle. Celui-ci répondit :

Qu'il leur fallait trouver une jeune fille qui n'eût pas sa pareille en beauté, et qu'ils devaient l'offrir sur le rivage à Protée, en échange de celle qu'on avait fait mourir. Si elle lui semblait suffisamment belle, il s'en contenterait et ne reviendrait plus les troubler ; mais, s'il ne s'en contentait pas, il faudrait lui en présenter tour à tour une nouvelle, jusqu'à ce qu'il fût satisfait.

C'est ainsi que commença une dure condition pour celles qui étaient les plus jolies, car chaque jour une d'elles était offerte à Protée, jusqu'à ce qu'il en eût trouvé une qui lui plût. La première et toutes les autres reçurent la mort, dévorées par une orque qui resta à demeure fixe sur le rivage, après que tout le reste du farouche troupeau se fut retiré.

Que l'histoire de Protée fût vraie ou fausse, je ne sais qui pourrait me l'affirmer ; toujours est-il que cette ancienne loi, si barbare envers les femmes, se perpétua sur cette île dans toute sa rigueur. Chaque jour, une orque monstrueuse vient sur le rivage et se nourrit de leur chair. Si naître femme est, dans tout pays, un malheur, c'en était là un bien plus grand.

Malheureuses les jeunes filles, que leur mauvaise fortune poussait sur ce rivage funeste ! Les habitants se tenaient sur le bord de la mer, prêts à faire des étrangères un impitoyable holocauste ; car, plus on mettait d'étrangères à mort, moins le nombre de leurs jeunes filles diminuait. Mais, comme le vent ne leur amenait pas chaque jour une proie, ils allaient en chercher sur tous les rivages.

Ils parcouraient la mer sur des fustes, des brigantins et autres légers navires, cherchant au loin et dans leur voisinage un soulagement à leur martyre. Ils avaient pris de nombreuses femmes par force, par rapine, quelques-unes par ruse, d'autres à prix d'or, toutes provenant de régions diverses. Et ils en avaient rempli leurs tours et leurs prisons.

Une de leurs fustes étant venue à passer devant le rivage solitaire où, parmi les ronces et les herbes, dormait l'infortunée Angélique, quelques-uns des rameurs descendirent à terre pour en rapporter du bois et de l'eau, et ils trouvèrent cette fleur de grâce et de beauté endormie dans les bras du saint ermite.

O trop chère et trop précieuse proie pour des gens si barbares et si grossiers ! ô Fortune cruelle, qui pourra croire que ta puissance sur les choses humaines aille jusqu'à te permettre de livrer en pâture à un monstre la grande beauté qui, dans l'Inde, fit accourir le roi Agrican des confins du Caucase jusqu'au milieu de la Scythie, où il trouva la mort !

La grande beauté pour laquelle Sacripant exposa son honneur et son beau royaume ; la grande beauté qui ternit l'éclatante renommée et la haute intelligence du puissant seigneur d'Anglante; la grande beauté qui bouleversa tout le Levant et l'apaisa d'un signe, est maintenant si délaissée, qu'elle n'a personne qui puisse l'aider même d'une parole.

La belle dame, plongée dans un profond sommeil, fut enchaînée avant qu'elle se fût réveillée. On la porta, ainsi que l'ermite enchanteur, dans la fuste remplie d'une troupe affligée et chagrine. La voile, déployée au haut du mât, ramena le navire à l'île funeste où l'on enferma la dame dans une dure prison, jusqu'au jour où le sort l'aurait désignée.

Mais elle était si belle, qu'elle émut de pitié ce peuple cruel. Pendant plusieurs jours ils différèrent sa mort, la réservant pour un plus pressant besoin; et tant qu'ils purent trouver au dehors quelque autre jeune fille, ils épargnèrent cette angélique beauté. Enfin elle fut conduite au monstre, toute la population pleurant derrière elle.

Qui racontera ses angoisses, ses pleurs, ses cris et les reproches qu'elle envoie jusqu'au ciel? Je m'étonne que le rivage ne se soit pas entr'ouvert quand elle fut placée sur la froide pierre, où, couverte de chaînes, privée de tout secours, elle attendait une mort affreuse, horrible. Je n'entreprendrai pas de le dire, car la douleur m'émeut tellement, qu'elle me force à tourner mes rimes ailleurs,

Et à trouver des vers moins lugubres, jusqu'à ce que mon esprit se soit reposé. Les pâles couleuvres, le tigre aveuglé par la rage qui le consume, et tous les reptiles venimeux qui courent sur le sable brûlant des rivages de l'Atlas, n'auraient pu voir, ni s'imaginer, sans en avoir le cœur attendri, Angélique liée à l'écueil nu.

Oh! si son Roland l'avait su, lui qui était allé à Paris pour la retrouver! S'ils l'avaient su, les deux chevaliers que trompa le rusé vieillard, grâce au messager venu des rives infernales! A travers mille morts, pour lui porter secours, ils auraient cherché ses traces angéliques. Mais que feraient-ils, même s'ils le savaient, étant si loin!

Cependant Paris, assiégé par le fameux fils du roi Trojan, était arrivé à une extrémité si grande, qu'un jour il faillit tomber aux mains de l'ennemi. Et si le ciel, touché par les prières des assiégés, n'avait pas inondé la plaine d'une pluie épaisse, le saint Empire et le grand nom de France succombaient ce jour-là sous la lance africaine.

Le souverain Créateur abaissa ses regards à la juste plainte du vieux Charles, et, par une pluie soudaine, il éteignit l'incendie qu'aucune force humaine n'aurait pu, ni su conjurer sans doute. Sage est celui qui se tourne toujours vers Dieu, car personne ne peut mieux lui venir en aide. Le pieux roi vit bien qu'il devait son salut à l'assistance divine.

La nuit, Roland confie à sa couche solitaire ses tumultueuses pensées. Il les porte tantôt ici, tantôt là, ou bien il les rassemble sur un seul point, sans pouvoir les fixer jamais. Ainsi la lumière tremblante de l'eau claire frappée par le soleil ou les rayons de la lune, court le long des toits avec un continuel scintillement, à droite, à gauche, en bas, en haut.

Sa dame qui lui revient à l'esprit — elle n'en était à vrai dire jamais sortie — lui rallume dans le cœur, et rend plus ardente la flamme qui, pendant le jour, semble assoupie. Elle était venue avec lui des confins du Cathay jusqu'en Occident, et là, il l'avait perdue, et il n'avait plus retrouvé trace d'elle, depuis la défaite de Charles à Bordeaux.

De cela, Roland avait grande douleur; il se rappelait en vain à lui-même sa propre faiblesse : « — O mon cœur — disait-il — comme je me suis conduit lâchement à ton égard! Hélas! combien il m'est cruel de penser que, pouvant t'avoir près de moi nuit et jour, puisque ta bonté ne me refusait pas cette faveur, je t'ai laissé remettre aux mains de Naymes, et que je n'ai pas su m'opposer à une telle injure!

« Combien de raisons n'aurais-je pas eues pour excuser ma hardiesse! Charles ne m'en aurait peut-être pas blâmé, ou, s'il m'avait blâmé, qui aurait pu me contraindre? Quel est celui qui aurait voulu t'enlever à moi malgré moi? Ne pouvais-je pas plutôt recourir aux armes, me laisser plutôt arracher le cœur de la poitrine? Mais ni Charles, ni toute son armée n'auraient pas été assez puissants pour t'enlever à moi de force.

« Si du moins, je l'avais placée sous bonne garde, à Paris ou dans quelque château fort! Qu'on l'ait donnée à Naymes, voilà ce qui me désole, car c'est ainsi que je l'ai perdue. Qui mieux que moi l'aurait gardée? Personne; car je devais me faire tuer pour elle, et la défendre plus que mon cœur, plus que mes yeux. Je devais et je pouvais le faire, et pourtant je ne l'ai pas fait.

« Où es-tu restée sans moi, ô ma douce vie, si jeune et si belle! Telle, quand la lumière du jour a disparu, la brebis égarée reste dans les bois, et, dans l'espoir d'être entendue du berger, s'en va bêlant de côté et d'autre, jusqu'à ce que le loup l'ait entendue de loin ; alors, le malheureux berger pleure en vain sa perte.

« O mon espoir, où es-tu, où es-tu maintenant? Peut-être vas-tu encore errante et seule. Peut-être les loups mauvais t'ont-ils trouvée, alors que tu n'avais plus ton fidèle Roland pour te garder. Et cette fleur qui pouvait me faire l'égal des dieux dans le ciel, la fleur que je conservais intacte de peur de troubler ton âme chaste, hélas! ils l'auront cueillie de force et profanée!

« Infortuné, malheureux! Quelle autre chose ai-je à désirer que de mourir, s'ils ont cueilli ma belle fleur! Souverain Dieu, fais-moi souffrir tous les maux avant celui-là. Mais, si ce dernier malheur arrive, de mes propres mains je m'ôte la vie et je damne mon âme désespérée. — » Ainsi se parlait, en répandant de grosses larmes et poussant de grands soupirs, le douloureux Roland.

Déjà, de toutes parts, les êtres animés reposaient leurs esprits fatigués, les uns sur la plume, les autres sur les durs rochers, ceux-ci dans les herbes, ceux-là sur les hêtres ou les myrtes. Toi, Roland, à peine as-tu clos tes paupières, que tu es oppressé de pensers aigres et irritants. Tu ne peux pas même trouver le repos dans un court et fugitif sommeil.

Roland se voit transporté sur une verte rive, toute diaprée de fleurs odoriférantes. Il croit admirer le bel ivoire, la pourpre naturelle répandue par la main même de l'Amour, et les deux claires étoiles dans les lacs desquelles Amour retenait son âme captive. Je veux parler des beaux yeux et du beau visage qui lui ont ôté le cœur de la poitrine.

Il éprouve le plus grand plaisir, la plus grande joie que puisse jamais éprouver un amant heureux; mais voici venir une tempête qui détruit soudain et abat fleurs et plantes. On n'en voit pas de semblable, même quand l'Aquilon, le vent du nord ou du levant luttent ensemble. Il semble à Roland qu'il erre en vain par un désert pour trouver quelque refuge.

Pendant ce temps, le malheureux — il ne sait comment — perd sa dame à travers l'air obscurci. De çà, de là, il fait retentir la campagne et les bois de ce doux nom, disant en vain : « — Malheureux que je suis ! qui donc a changé en poison la douceur que je goûtais ? — » Et il entend sa dame qui pleure, lui demande secours et se recommande à lui.

A l'endroit d'où paraît venir le cri, il va rapide, et s'épuise de fatigue à courir dans tous les sens.

Oh ! combien sa douleur est amère et cruelle, quand il voit qu'il ne peut retrouver ses doux rayons. Tout à coup, voici que d'un autre endroit, il entend une autre voix lui crier : « — N'espère plus en jouir sur la terre ! — » A cet horrible cri, il se réveille et se trouve tout baigné de pleurs.

Sans réfléchir que les images vues en songe sont fausses, et que c'est la crainte ou le désir qui produisent les rêves, il est dans une telle inquiétude au sujet de la donzelle, qu'il se persuade que sa vie ou son honneur sont en danger. Plein de fureur, il s'élance hors de son lit, endosse plastron et cotte de mailles, et selle Bride d'or. Il ne veut accepter le service d'aucun écuyer.

Et, pour lui permettre de pénétrer partout sans que sa dignité en soit compromise, il ne veut point prendre le célèbre bouclier aux armes écartelées d'argent et de gueules. Il en choisit un orné de noir, sans doute parce qu'il semble en rapport avec sa douleur. Il l'avait autrefois enlevé à un Amostan qu'il occit de sa main, quelques années auparavant.

Au milieu de la nuit, il part en silence, sans aller saluer ni prévenir son oncle. Il ne dit pas même adieu à son fidèle compagnon Brandimart qu'il aimait tant. Mais, dès que le soleil, avec ses cheveux d'or épars, fut sorti de la riche demeure de Tithon, et eut fait s'enfuir la nuit humide et noire, le roi s'aperçut que le paladin n'était plus au camp.

A son grand déplaisir, Charles s'aperçut que son

neveu était parti pendant la nuit, alors qu'il avait le plus besoin de lui et de son aide. Il ne put retenir sa colère. Il se répandit en plaintes, en reproches et en menaces à son égard, disant que, s'il ne revenait pas, il le ferait repentir d'une conduite si coupable.

Brandimart, qui aimait Roland comme soi-même, ne voulut pas rester après son départ, soit qu'il espérât le faire revenir, soit qu'il lui eût déplu de l'entendre blâmer et menacer. A peine le jour se fut-il obscurci, que dédaignant de rester davantage, il sortit du camp sans rien dire à Fleur-de-Lys, de peur qu'elle ne s'opposât à son dessein.

Celle-ci était une dame qu'il chérissait beaucoup, et dont on aurait difficilement trouvé la pareille; charmante de manières, de grâce et de visage, elle était douée de prudence et de sagesse. S'il était parti sans son assentiment, c'est parce qu'il espérait revenir près d'elle le jour même. Mais il lui arriva des aventures qui le retardèrent dans ses projets.

Lorsque Fleur-de-Lys eut attendu en vain pendant un mois, et qu'elle ne l'eut pas vu revenir, elle fut tellement saisie du désir de le revoir, qu'elle partit sans escorte et sans guide. Elle le chercha dans beaucoup de pays, comme cette histoire le dira en son lieu. Sur tous les deux, je ne vous en dis pas maintenant davantage, car il m'importe beaucoup plus de m'occuper du chevalier d'Anglante.

Celui-ci, après qu'il eut changé les glorieux

insignes d'Almont contre d'autres armes, alla vers la porte, et dit à l'oreille du capitaine qui commandait le poste de garde : « — Je suis le comte. — » Et s'étant fait abaisser le pont, par la route qui menait au camp des ennemis, il prit droit son chemin. Ce qui suivit est raconté dans l'autre chant.

CHANT IX.

Argument. — Roland ayant appris la coutume cruelle introduite dans l'île d'Ebude, soupçonne qu'Angélique y est en danger, et il se propose d'y aller ; mais auparavant, il secourt Olympie, comtesse de Hollande et femme du duc Birène, poursuivie par le roi Cimosque. Il défait complètement ce roi, et remet Olympie en possession de ses États et de son mari.

Que ne peut-il pas faire d'un cœur qui lui est assujetti, ce cruel et traître Amour, puisqu'il a pu enlever du cœur de Roland la grande fidélité qu'il devait à son prince? Jusqu'ici, Roland s'est montré sage et tout à fait digne de respect, et défenseur de la Sainte Église. Maintenant, pour un vain amour, il a peu souci de son oncle et de lui-même, et encore moins de Dieu.

Mais moi je ne l'excuse que trop, et je me félicite d'avoir un tel compagnon de ma faiblesse; car moi aussi, je suis languissant et débile pour le bien, et sain et vaillant pour le mal. Roland s'en va entièrement recouvert d'une armure noire, sans regret d'abandonner tant d'amis, et il arrive à l'endroit où les gens d'Afrique et d'Espagne, avaient leurs tentes dressées dans la campagne.

Quand je dis leurs tentes, je me trompe, car sous les arbres et sous des restants de toits, la pluie les a dispersés par groupes de dix, de vingt, de quatre, de six, ou de huit, les uns au loin, les autres plus près. Tous dorment, fatigués et rompus ; ceux-ci étendus à terre, ceux-là la tête appuyée sur leur main. Ils dorment, et le comte aurait pu en tuer un grand nombre ; pourtant il ne tira pas Durandal.

Le généreux Roland a le cœur si grand, qu'il dédaigne de frapper des gens qui dorment. Il parcourt ces lieux en tous sens, cherchant à retrouver les traces de sa dame. A chacun de ceux qu'il rencontre éveillés, il dépeint, en soupirant, ses vêtements et sa tournure, et les prie de lui apprendre, par courtoisie, de quel côté elle est allée.

Puis, quand vint le jour clair et brillant, il chercha dans toute l'armée mauresque ; et il pouvait le faire en toute sécurité, vêtu qu'il était de l'habit arabe. Il était en outre servi en cette occasion par sa connaissance des langues autres que la langue française ; il parlait en particulier la langue africaine de façon à faire croire qu'il était né à Tripoli et qu'il y avait été élevé.

Il chercha par tout le camp, où il demeura trois jours sans plus de résultat. Puis il parcourut non seulement les cités et les bourgs de France et de son territoire, mais jusqu'à la moindre bourgade d'Auvergne et de Gascogne. Il chercha partout, de la Provence à la Bretagne, et de la Picardie aux frontières d'Espagne.

Ce fut entre la fin d'octobre et le commencement de novembre, dans la saison où les arbres voient tomber leur robe feuillue jusqu'à ce que leurs branches restent entièrement nues, et où les oiseaux vont par bandes nombreuses, que Roland entreprit son amoureuse recherche. Et de tout l'hiver il ne l'abandonna point, non plus qu'au retour de la saison nouvelle.

Passant un jour, selon qu'il en avait coutume, d'un pays dans un autre, il arriva sur les bords d'un fleuve qui sépare les Normands des Bretons, et va se jeter dans la mer voisine. Ce fleuve était alors tout débordé et couvert d'écume blanche par la fonte des neiges et la pluie des montagnes, et l'impétuosité des eaux avait rompu et emporté le pont, de sorte qu'on ne pouvait plus passer.

Le paladin cherche des yeux d'un côté et d'autre le long des rives, pour voir, puisqu'il n'est ni poisson ni oiseau, comment il pourra mettre le pied sur l'autre bord. Et voici qu'il voit venir à lui un bateau, à la poupe duquel une damoiselle est assise. Il lui fait signe de venir à lui, mais elle ne laisse point arriver la barque jusqu'à terre.

Elle ne touche point terre de la proue, car elle craint qu'on ne monte contre son gré dans la barque. Roland la prie de le prendre avec elle et de le déposer de l'autre côté du fleuve. Et elle à lui : « — Aucun chevalier ne passe par ici, sans avoir donné sa foi de livrer, à ma requête, la bataille la plus juste et la plus honorable qui soit au monde.

« C'est pourquoi, si vous avez le désir, chevalier, de porter vos pas sur l'autre rive, promettez-moi que vous irez, avant la fin du mois prochain, vous joindre au roi d'Irlande qui rassemble une grande armée pour détruire l'île d'Ebude, la plus barbare de toutes celles que la mer entoure.

« Vous devez savoir que par delà l'Irlande, et parmi beaucoup d'autres, est située une île nommée Ebude, dont les sauvages habitants, pour satisfaire à leur loi, pillent les environs, enlevant toutes les femmes qu'ils peuvent saisir, et qu'ils destinent à servir de proie à un animal vorace qui vient chaque jour sur leur rivage, où il trouve toujours une nouvelle dame ou damoiselle dont il se nourrit.

« Les marchands et les corsaires qui croisent dans ces parages, leur en livrent en quantité, et surtout les plus belles. Vous pouvez compter, à une par jour, combien ont déjà péri de dames et de damoiselles. Mais, si la pitié trouve en vous asile, si vous n'êtes pas entièrement rebelle à l'amour, ayez pour agréable de faire partie de ceux qui vont combattre pour une si juste cause. — »

Roland attend à peine d'avoir tout entendu, et, en homme qui ne peut souffrir un acte inique et barbare, ni en entendre parler sans que cela lui pèse, il jure d'être le premier à cette entreprise. Quelque chose lui fait penser, lui fait craindre, que ces gens ne se soient emparés d'Angélique, puisqu'il l'a cherchée par tant d'endroits sans pouvoir retrouver sa trace.

Cette pensée le trouble et lui fait abandonner son premier projet. Il se décide à s'embarquer le plus vite possible pour cette île inique. Avant que le soleil ne se soit plongé dans la mer, il trouve près de Saint-Malo un navire sur lequel il monte; puis, ayant fait déployer les voiles, il dépasse le Mont-Saint-Michel pendant la nuit.

Il laisse Saint-Brieuc et Landriglier à main gauche, et s'en va côtoyant les grandes falaises bretonnes. Puis, il se dirige droit sur les côtes blanches d'où l'Angleterre a pris le nom d'Albion. Mais le vent, qui était d'abord au midi, vient à manquer, et se met à souffler du ponant et du nord avec une telle force, qu'il faut abaisser toutes les voiles et tourner la poupe.

Tout le chemin qu'avait fait le navire en quatre jours, on le refait en arrière en un seul. L'habile pilote tient la haute mer et n'approche pas de terre, où son bâtiment se briserait comme un verre fragile. Le vent, après avoir soufflé en fureur pendant quatre jours, s'apaisa le cinquième et laissa le navire entrer paisiblement dans l'embouchure du fleuve d'Anvers.

Dès que le pilote, harassé de fatigue, eut fait entrer dans cette embouchure son vaisseau maltraité par la tempête, il longea une contrée qui s'étendait à droite du fleuve; on vit aussitôt descendre sur la rive un vieillard d'un grand âge, ainsi que semblait l'indiquer sa chevelure blanche.

D'un air tout à fait courtois, après avoir salué tout le monde, il se retourna vers le comte, qu'il jugea être le chef,

Et le pria, de la part d'une damoiselle, de venir au plus tôt lui parler, ajoutant qu'elle était belle, et plus douce et plus affable que toute autre au monde; et que s'il préférait l'attendre, elle viendrait le trouver sur son navire, car elle mettait le plus grand empressement à s'aboucher avec tous les chevaliers errants qui passaient par là;

Qu'aucun chevalier, venu par terre ou par mer dans l'embouchure du fleuve, n'avait refusé de s'entretenir avec la damoiselle et de la conseiller dans sa cruelle position. En entendant cela, Roland s'élance sans retard sur la rive, et comme il était humain et rempli de courtoisie, il va où le vieillard le mène.

Une fois à terre, le paladin fut conduit dans un palais, au haut de l'escalier duquel il trouva une dame en grand deuil, autant que l'indiquaient son visage et les tentures noires dont toutes les chambres et les salles étaient tendues. Après un accueil plein de grâce et de déférence, la dame le fit asseoir et lui dit d'une voix triste :

« — Je veux que vous sachiez que je suis la fille du comte de Hollande. Bien que je ne fusse pas son seul enfant, et que j'eusse deux frères, je lui étais si chère, qu'à tout ce que je lui demandais, jamais il ne me répondit par un refus. Je vivais heureuse en cet état, lorsqu'arriva sur nos terres un jeune duc.

« Il était duc de Zélande et s'en allait vers la Biscaye, guerroyer contre les Maures. La jeunesse et la beauté qui fleurissaient en lui m'inspirèrent un profond amour, et il eut peu de peine à me captiver. Je croyais et je crois, et je pense ne point me tromper, qu'il m'aimait et qu'il m'aime encore d'un cœur sincère.

« Pendant les jours qu'il fut retenu chez nous par les vents contraires — contraires aux autres, mais à moi propices, car s'ils furent au nombre de quarante pour tout le monde, ils me parurent à moi durer un moment, tant à s'enfuir ils eurent les ailes promptes — nous eûmes ensemble de nombreux entretiens, où nous nous promîmes de nous unir solennellement en mariage, aussitôt qu'il serait de retour.

« A peine Birène nous eut-il quittés — c'est le nom de mon fidèle amant — que le roi de Frise, pays qui est séparé du nôtre par la largeur du fleuve, désirant me faire épouser son fils unique nommé Arbant, envoya en Hollande les plus dignes seigneurs de son royaume, pour me demander à mon père.

« Moi, qui ne pouvais pas manquer à la foi promise à mon amant, et qui n'aurais pas voulu y manquer, quand même Amour me l'eût permis, pour déjouer tous ces projets menés si vivement, et pressée de donner une réponse, je dis à mon père que, plutôt que prendre un mari en Frise, j'aimerais mieux être mise à mort.

« Mon bon père, dont le seul plaisir était de

faire ce qui me plaisait, ne voulut pas me tourmenter plus longtemps, et pour me consoler et faire cesser les pleurs que je répandais, il rompit la négociation. Le superbe roi de Frise en conçut tant d'irritation et de colère, qu'il entra en Hollande, et commença la guerre qui devait mettre en terre tous ceux de mon sang.

« Outre qu'il est si fort et si vigoureux que bien peu l'égalent de nos jours, il est si astucieux dans le mal, que la puissance, le courage et l'intelligence ne peuvent rien contre lui. Il possède une arme que les anciens n'ont jamais vue, et que, parmi les modernes, lui seul connaît. C'est un tube de fer, long de deux brasses, dans lequel il met de la poudre et une balle.

« Dès qu'avec le feu il touche un petit soupirail qui se trouve à l'arrière de cette canne et qui se voit à peine — comme le médecin qui effleure la veine qu'il veut alléger — la balle est chassée avec le fracas du tonnerre et de l'éclair, et comme fait la foudre à l'endroit où elle a passé, elle brûle, abat, déchire et fracasse tout ce qu'elle touche.

« A l'aide de cette arme perfide, il mit deux fois notre armée en déroute, et occit mes frères. A la première rencontre, il tua le premier en lui mettant la balle au beau milieu du cœur, après avoir traversé le haubert; dans le second combat, l'autre, qui fuyait, reçut la mort par une balle qui le frappa de loin entre les épaules et qui ressortit par la poitrine.

« Quelques jours après, mon père qui se défendait dans le dernier château qui lui restait, car il avait perdu tous les autres, fut tué d'un coup semblable ; pendant qu'il allait et venait, veillant à ceci et à cela, il fut frappé entre les deux yeux par le traître qui l'avait visé de loin.

« Mes frères et mon père morts, je restai l'unique héritière de l'île de Hollande. Le roi de Frise, qui avait l'intention bien arrêtée de prendre pied sur cet État, me fit savoir, ainsi qu'à mon peuple, qu'il m'accorderait la paix, si je voulais encore — ce que j'avais refusé auparavant — prendre pour mari son fils Arbant.

« Moi, tant à cause de la haine que j'avais conçue pour lui et pour toute sa race infâme qui avait tué mes deux frères et mon père, et qui m'avait vaincue et dépouillée, que parce que je ne voulais pas manquer à la promesse que j'avais faite à Birène de ne pas en épouser un autre jusqu'à ce qu'il fût revenu d'Espagne,

« Je répondis que j'aimerais mieux souffrir mille maux, être mise à mort, brûlée vive et que ma cendre fût jetée au vent, avant de consentir à faire cela. Mes sujets essayèrent de me détourner de cette résolution ; ils me prièrent ; ils me menacèrent de me livrer, moi et mes domaines, plutôt que de se laisser opprimer à cause de mon obstination.

« Aussi, voyant que leurs protestations et leurs prières étaient vaines, et que je persistais dans mon refus, ils entrèrent en accord avec le Frison et, comme ils l'avaient dit, ils me livrèrent à lui, moi et ma ville. Le roi de Frise, sans me faire subir aucun mauvais traitement, m'assura qu'il me conserverait la vie, si je voulais consentir à ses anciens projets et devenir la femme de son fils Arbant.

« Me voyant ainsi forcée, je voulus, pour m'échapper de leurs mains, perdre la vie ; mais mourir sans me venger m'eût semblé plus douloureux que tous les maux que j'avais déjà soufferts. Après avoir beaucoup réfléchi, je compris que la dissimulation pouvait seule servir ma vengeance. Je feignis de désirer que le roi me pardonnât et fît de moi sa belle-fille.

« Parmi tous ceux qui avaient été jadis au service de mon père, je choisis deux frères doués d'une grande intelligence et d'un grand courage. Ils étaient encore plus fidèles, ayant grandi à la cour et ayant été élevés avec nous dès leur première jeunesse. Ils m'étaient si dévoués, que leur vie leur paraissait peu de chose pour me sauver.

« Je leur fis part de mon dessein, et ils me promirent de m'aider. L'un d'eux alla en Flandre pour y appareiller un navire ; l'autre resta en Hollande avec moi. Or, pendant que les étrangers et les habitants du royaume se préparaient à célébrer mes noces, on apprit que Birène avait levé une armée en Biscaye, pour venir en Hollande.

« Après la première bataille, où un de mes frères fut tué, j'avais en effet envoyé un messager en Biscaye, pour en porter la triste nouvelle à Birène. Pendant que ce dernier était occupé à lever une armée, le roi de Frise conquit le reste de la Hollande. Birène, qui ne savait rien de tout cela, avait mis à la voile pour venir à notre secours.

« Le roi frison, avisé de ce fait, laisse à son fils le soin de continuer les préparatifs des noces, et prend la mer avec toute son armée. Il rencontre le duc, le défait, brûle et détruit sa flotte, et — ainsi le veut la Fortune — le fait prisonnier. Mais la nouvelle de ces événements ne parvint pas encore jusqu'à nous. Pendant ce temps, le jeune prince m'épousa et voulut coucher avec moi, dès le soleil disparu.

« J'avais fait cacher, derrière les rideaux du lit, mon fidèle serviteur, qui ne bougea pas avant d'avoir vu mon époux venir à moi. Mais à peine celui-ci fut-il couché, qu'il leva une hache et lui porta un coup si vigoureux derrière la tête, qu'il lui ôta la parole et la vie. Moi, je sautai vivement à bas du lit et je lui coupai la gorge.

« Comme tombe le bœuf sous la masse, ainsi tomba le misérable jeune homme. Et cela fut un juste châtiment pour le roi Cymosque, plus que tout autre félon — l'impitoyable roi de Frise est ainsi nommé — qui m'avait tué mes deux frères et mon père; et qui, pour mieux se rendre maître de mes États, me voulait pour bru, et m'aurait peut-être un jour tuée aussi.

« Avant que l'éveil soit donné, je prends ce que j'ai de plus précieux et de moins lourd; mon compagnon me descend en toute hâte, par une corde suspendue à la fenêtre, vers la mer où son frère attendait sur le navire qu'il avait acheté en Flandre. Nous livrons les voiles au vent, nous battons l'eau avec les rames, et nous nous sauvons tous, comme il plaît à Dieu.

« Je ne sais si le roi de Frise fut plus affligé de la mort de son fils, qu'enflammé de colère contre moi, lorsque, le jour suivant, il apprit à son retour combien il avait été outragé. Il s'en revenait, lui et son armée, orgueilleux de sa victoire et de la prise de Birène. Et croyant accourir à des noces et à une fête, il trouva tout le monde dans un deuil sombre et funeste.

« La douleur de la mort de son fils, la haine qu'il a contre moi, ne le laissent en repos ni jour ni nuit. Mais, comme les pleurs ne ressuscitent pas les morts, et que la vengeance seule assouvit la haine, il veut employer le temps qu'il devait passer dans les soupirs et dans les larmes, à chercher comment il pourra me prendre et me punir.

« Tous ceux qu'il savait, ou qu'on lui avait dit être mes amis ou m'avoir aidé dans mon entreprise, il les fit mettre à mort, et leurs domaines furent brûlés et ravagés. Il voulut aussi tuer Birène, pensant que je ne pourrais pas ressentir de plus grande douleur. Mais il pensa qu'en le gardant en vie il aurait en main le filet qu'il fallait pour me prendre.

« Toutefois il lui impose une cruelle et dure condition : il lui accorde une année, à la fin de laquelle il lui infligera une mort obscure, si, par la force ou par la ruse, Birène, avec l'aide de ses amis et de ses parents, par tous les moyens qu'il pourra, ne me livre à lui prisonnière. Ainsi sa seule voie de salut est ma mort.

« Tout ce qu'on peut faire pour le sauver, hors me perdre moi-même, je l'ai fait. J'avais six châteaux en Flandre; je les ai vendus; et le prix, petit ou grand, que j'en ai retiré, je l'ai employé partie à tenter, par l'intermédiaire de personnes adroites, de corrompre ses gardiens, partie à soulever contre ce barbare, tantôt les Anglais, tantôt les Allemands.

« Mes émissaires, soit qu'ils n'aient rien pu, soit qu'ils n'aient pas rempli leur devoir, m'ont fait de belles promesses et ne m'ont point aidée. Ils me méprisent, maintenant qu'ils m'ont soutiré de l'or. Et le terme fatal approche, après lequel ni force ni trésor ne pourront arriver à temps pour arracher mon cher époux à une mort terrible.

« Mon père et mes frères sont morts à cause de lui; c'est à cause de lui que mon royaume m'a été enlevé; pour lui, pour le tirer de prison, j'ai sacrifié les quelques biens qui me restaient, et qui étaient ma seule ressource pour vivre. Il ne me reste plus maintenant qu'à aller me livrer moi-même aux mains d'un si cruel ennemi, afin de le délivrer.

« Si donc il ne me reste plus autre chose à faire, et si je n'ai plus d'autre moyen pour le sauver que d'aller offrir ma vie pour lui, offrir ma vie pour lui me sera cher encore. Mais une seule crainte m'arrête : sais-je si je pourrai conclure avec le tyran un pacte assez solide pour qu'une fois qu'il m'aura en son pouvoir, il ne me trompe pas?

« Je crains, quand il me tiendra en cage, et qu'il m'aura fait subir tous les tourments, qu'il ne laisse point pour cela aller Birène, afin de m'ôter la satisfaction de l'avoir délivré. Je périrai, mais sa rage ne sera pas satisfaite s'il me fait périr seule, et, quelque vengeance qu'il ait tirée de moi, il n'en fera pas moins ce qu'il voudra du malheureux Birène.

« Or, la raison qui me porte à conférer avec vous au sujet de mes malheurs, et qui fait que je les expose à tous les seigneurs et à tous les chevaliers qui passent près de nous, est simplement pour que quelqu'un me donne l'assurance qu'après que je me serai livrée à mon cruel persécuteur, il ne retiendra pas Birène prisonnier. Je ne veux pas, moi morte, qu'il soit ensuite mis à mort.

« J'ai prié chaque guerrier que j'ai vu, de m'accompagner quand j'irai me remettre entre les mains du roi de Frise. Mais auparavant j'ai exigé qu'il me promît, qu'il me donnât sa foi de faire exécuter l'échange, de façon que, moi livrée, Birène sera à l'instant mis en liberté. De la sorte, quand je serai conduite au supplice, je mourrai contente, certaine que ma mort aura donné la vie à mon époux.

« Jusqu'à ce jour, je n'ai trouvé personne qui veuille m'assurer sur sa foi qu'une fois que je serai au pouvoir du roi, celui-ci remettra Birène en échange, et que je ne me serai pas livrée en vain, tellement chacun redoute cette arme, cette arme contre laquelle il n'est pas, dit-on, de cuirasse qui puisse résister, si épaisse qu'elle soit.

« Mais si chez vous le courage répond à la fière prestance et à l'aspect herculéen, si vous croyez pouvoir m'arracher à Cymosque dans le cas où il manquerait à sa promesse, consentez à m'accompagner lorsque j'irai me remettre en ses mains. Si vous êtes avec moi, je ne craindrai plus qu'une fois que je serai morte, mon seigneur meure aussi. — »

Ici la damoiselle termina son récit qu'elle avait interrompu souvent par ses larmes et ses soupirs. Dès qu'elle eut fermé la bouche, Roland, qui n'hésita jamais à faire le bien, ne se répandit pas en vaines paroles, car, de sa nature, il n'en abusait pas. Mais il lui promit et lui donna sa foi qu'il ferait plus qu'elle ne lui avait demandé.

Son intention n'est pas qu'elle aille se remettre aux mains de son ennemi pour sauver Birène. Il les sauvera bien tous deux, si son épée et sa valeur habituelle ne lui font point défaut. Le jour même, ils se mettent en route, profitant du vent doux et favorable. Le paladin presse le départ, car il désirait se rendre ensuite le plus tôt possible à l'île du monstre.

L'habile pilote dirige sa voile d'un côté et d'autre, à travers les étangs profonds ; il longe successivement toutes les îles de la Zélande, découvrant l'une à mesure qu'on dépasse l'autre. Le troisième jour, Roland descend en Hollande ; mais il ne laisse pas venir avec lui celle qui est en guerre avec le roi de Frise ; Roland veut qu'elle apprenne la mort de ce tyran avant de descendre.

Couvert de ses armes, le paladin s'avance le long du rivage, monté sur un coursier au pelage gris et noir, nourri en Flandre et né en Danemark, et fort et robuste encore plus que rapide. Car, avant de s'embarquer, il avait laissé en Bretagne son destrier, ce Bride d'or si beau et si vaillant, qui n'avait pas d'égal, si ce n'est Bayard.

Roland arrive à Dordrecht, et là il trouve la porte gardée par une nombreuse troupe de gens en armes, ainsi qu'on fait toujours pour maintenir une ville suspecte, et surtout quand elle est nouvellement conquise. On venait du reste de recevoir la nouvelle qu'un cousin du prisonnier accourait de Zélande avec une flotte et une armée.

Roland prie un des gardes d'aller dire au roi qu'un chevalier errant désire se mesurer avec lui à la lance et à l'épée ; mais qu'il veut qu'entre eux un pacte soit auparavant conclu : si le roi renverse celui qui l'a défié, on lui livrera la dame qui a tué Arbant, car le chevalier la tient à sa disposition dans un endroit peu éloigné, de manière à pouvoir la lui livrer.

En revanche, il veut que le roi promette, s'il est vaincu dans le combat, de mettre immédiatement Birène en liberté et de le laisser aller où il voudra. Le soldat remplit en toute hâte son ambassade, mais le roi, qui ne connut jamais ni courage ni courtoisie, songe aussitôt à employer la fraude, la tromperie et la trahison.

Il pense qu'en s'emparant du chevalier, il aura par-dessus le marché la dame qui l'a si fort outragé, si elle est véritablement à sa disposition et si le soldat a bien entendu. Par divers sentiers aboutissant à d'autres portes que celle où il était attendu, il fait sortir trente hommes, qui, après un long détour et en se cachant, vont s'embusquer derrière le paladin.

En attendant, le traître fait engager des pourparlers, jusqu'à ce qu'il ait vu les cavaliers et les fantassins arrivés à l'endroit où il veut. Ensuite, il sort lui-même par la porte à la tête d'un nombre égal de soldats. Comme le chasseur expérimenté a coutume de cerner les bois de tous côtés, ou comme, près du Volana, le pêcheur entoure les poissons d'un long filet,

De même, le roi de Frise prend ses mesures pour que le chevalier ne puisse fuir par aucun côté. Il veut le prendre vivant et non d'une autre façon. Et il croit le faire si facilement, qu'il n'apporte pas avec lui cette foudre terrestre, avec laquelle il fait de si nombreuses victimes, car ici elle ne lui semble pas nécessaire, puisqu'il veut faire un prisonnier et non donner la mort.

Comme le rusé oiseleur, qui conserve vivants les premiers oiseaux pris, afin d'en attirer par leur jeu et par l'appeau une plus grande quantité, ainsi voulait faire en cette circonstance le roi Cymosque. Mais Roland n'était pas un de ces oiseaux qui se laissent prendre du premier coup, et il eut bien vite rompu le cercle qu'on avait fait autour de lui.

Le chevalier d'Anglante abaisse sa lance et se

précipite au plus épais de la troupe. Il en transperce un, puis un autre, et un autre, et un autre, tellement qu'ils semblent être de pâte; à la fin il en enfile six, et il les tient tous embrochés à sa lance ; et comme elle ne peut plus en contenir, il laisse retomber le septième, mais si grièvement blessé qu'il meurt du coup.

Non autrement, on voit, le long des fossés et des canaux, les grenouilles frappées aux flancs et à l'échine par l'habile archer, jusqu'à ce que d'un côté et de l'autre sa flèche soit toute pleine et qu'on ne puisse plus en mettre. La lance de Roland se rompt sous le poids, et il se jette avec son épée au milieu de la bataille.

Sa lance rompue, il saisit son épée, celle qui jamais ne fut tirée en vain. Et à chaque coup, de la taille ou de la pointe, il extermine tantôt un fantassin, tantôt un cavalier. Partout où il touche, il teint en rouge, l'azur, le vert, le blanc, le noir, le jaune. Cimosque se lamente de n'avoir pas avec lui la canne et le feu, alors qu'ils lui seraient le plus utiles.

Et avec de grands cris et de grandes menaces, il ordonne qu'on les lui apporte ; mais on l'écoute peu, car quiconque a pu se sauver dans la ville, n'a plus l'audace d'en sortir. Le roi Frison qui voit fuir tous ses gens, prend le parti de se sauver, lui aussi. Il court à la porte et veut faire lever le pont, mais le comte le suit de trop près.

Le roi tourne les épaules et laisse Roland maître du pont et des deux portes. Il fuit et gagne tous les autres en vitesse, grâce à ce que son coursier court plus vite. Roland ne prend pas garde à la vile plèbe ; il veut mettre à mort le félon et non les autres. Mais son destrier ne court pas assez vite pour atteindre celui qui fuit comme s'il avait des ailes.

Par une voie, ou par une autre, Cimosque se met bien vite hors de vue du paladin. Mais il ne tarde pas à revenir avec des armes nouvelles. Il s'est fait apporter le tube de fer creux et le feu, et tapi dans un coin, il attend son ennemi comme le chasseur à l'affût, avec son épieu et ses chiens, attend le sanglier féroce qui descend détruisant tout sur son passage.

Brisant les branches et faisant rouler les rochers. Partout où se heurte son front terrible, il semble que l'orgueilleuse forêt croule sous la rumeur, et que la montagne s'entr'ouvre. Cimosque se tint à son poste, afin que l'audacieux comte ne passe pas sans lui payer tribut. Aussitôt qu'il l'aperçoit, il touche avec le feu le soupirail du tube, et soudain celui-ci éclate.

En arrière, il étincelle comme l'éclair ; par devant, il gronde et lance le tonnerre dans les airs. Les murs tremblent, le terrain frémit sous les pieds. Le ciel retentit de l'effroyable son. Le trait ardent, qui abat et tue tout ce qu'il rencontre et n'épargne personne, siffle et grince. Mais, comme l'aurait voulu ce misérable assassin, il ne va pas frapper le but.

Soit précipitation, soit que son trop vif désir de tuer le baron lui ait fait mal viser ; soit que son cœur tremblant comme la feuille ait fait trembler aussi son bras et sa main; soit enfin que la bonté divine n'ait pas voulu que son fidèle champion fût si tôt abattu, le coup vint frapper le ventre du destrier et l'étendit par terre, d'où il ne se releva plus jamais.

Le cheval et le cavalier tombent à terre, le premier lourdement, le second en la touchant à peine, car il se relève si adroitement et si légèrement, que sa force et son haleine en semblent accrues. Comme Antée, le Libyen, qui se relevait plus vigoureux après avoir touché le sol, tel se relève Roland, et sa force paraît avoir doublé en touchant la terre.

Que celui qui a vu tomber du ciel le feu que Jupiter lance avec un bruit si horrible, et qui l'a vu pénétrer dans un lieu où sont renfermés le soufre et le salpêtre, alors que le ciel et la terre semblent en feu, que les murs éclatent et que les marbres pesants et les rochers volent jusqu'aux étoiles,

Se représente le paladin après qu'il se fut relevé de terre. Il se redresse avec un air si terrible, si effrayant et si horrible à la fois, qu'il aurait fait trembler Mars dans les cieux. Le roi frison, saisi d'épouvante, tourne bride en arrière pour fuir. Mais Roland l'atteint plus vite qu'une flèche n'est chassée de l'arc.

Et ce qu'il n'avait pas pu faire auparavant à cheval, il le fera à pied. Il le suit si rapidement, que celui qui ne l'a pas vu ne voudrait point le croire. Il le rejoint après un court chemin; il lève l'épée au-dessus du casque et lui assène un tel coup, qu'il lui fend la tête jusqu'au col, et l'envoie rendre à terre le dernier soupir.

Soudain voici que de l'intérieur de la cité s'élève une nouvelle rumeur, un nouveau bruit d'armes. C'est le cousin de Birène, qui, à la tête des gens qu'il avait amenés de son pays, voyant la porte grande ouverte, a pénétré jusqu'au cœur de la ville encore sous le coup de l'épouvante où l'avait plongée le paladin, et qui la parcourt sans trouver de résistance.

La population fuit en déroute, sans s'informer de ce que sont ces nouveaux venus, ni de ce qu'ils veulent. Mais, quand on s'est aperçu à leurs vêtements et à leur langage que ce sont des Zélandais, on demande la paix et on arbore le drapeau blanc, et l'on informe celui qui les commande qu'on veut l'aider contre les Frisons qui retiennent son duc prisonnier.

Car la population avait toujours été hostile au roi de Frise et à ses compagnons, non seulement parce qu'il avait fait périr leur ancien seigneur, mais surtout parce qu'il était injuste, impitoyable et rapace. Roland s'interpose en ami entre les deux partis, et rétablit la paix entre eux. Les deux troupes réunies ne laissèrent pas un Frison sans le tuer ou le faire prisonnier.

On jette à terre les portes des prisons, sans prendre la peine de chercher les clefs. Birène fait voir au comte, par ses paroles de gratitude, qu'il connaît quelle obligation il lui a. Puis, ils vont ensemble, accompagnés d'une foule nombreuse, vers le navire où attend Olympie. Ainsi s'appelait la dame à qui, comme de droit, la souveraineté de l'île était rendue.

Celle-ci avait amené Roland sans penser qu'il ferait tant pour elle; il lui paraissait suffisant qu'il sauvât son époux, en l'abandonnant elle seule au péril. Elle le révère et l'honore, et tout le peuple avec elle. Il serait trop long de raconter les caresses que lui prodigue Birène, et celles qu'elle lui rend, ainsi que les remerciements que tous deux adressent au comte.

Le peuple remet la damoiselle en possession du trône paternel, et lui jure fidélité. Après s'être unie à Birène d'une chaîne qu'Amour doit rendre éternelle, elle lui donne le gouvernement de l'État et d'elle-même. Et celui-ci confie le commandement des forteresses et des domaines de l'île à son cousin.

Car il avait résolu de retourner en Zélande et d'emmener sa fidèle épouse avec lui, prétendant qu'il voulait tenter la conquête de la Frise, et qu'il avait un gage de succès qu'il appréciait fort, à savoir la fille du roi Cymosque, trouvée parmi les nombreux prisonniers qu'on avait faits.

Il prétendit aussi qu'il voulait la donner pour femme à son frère encore mineur. Le sénateur romain partit le même jour que Birène mit à la voile; et il ne voulut emporter de tant de dépouilles gagnées par lui rien autre chose que cet instrument qui, comme nous l'avons dit, produisait tous les effets de la foudre.

Son intention, en le prenant, n'était pas d'en user pour sa défense, car il avait toujours estimé qu'il n'appartenait qu'à une âme lâche de se lancer dans une entreprise quelconque avec un avantage sur son adversaire. Mais il voulait la jeter dans un lieu où elle ne pourrait plus jamais nuire à personne. C'est pourquoi il emporta avec lui la poudre, les balles et tout ce qui servait à cette arme.

Et, dès qu'il fut sorti du port, et qu'il se vit arrivé à l'endroit où la mer était la plus profonde, de sorte que, sur l'un et l'autre rivage, on n'apercevait aucun signe lointain, il la prit et dit : « — Afin que plus jamais chevalier ne se confie à toi, et que le lâche ne se puisse vanter de valoir plus que le brave, reste engloutie ici.

« O maudite, abominable invention, forgée au plus profond du Tartare par les mains mêmes du malin Belzébuth, dans l'intention de couvrir le monde de ruines, je te renvoie à l'enfer d'où tu es sortie. — » Ainsi disant, il la jette dans l'abîme, pendant que les voiles, gonflées par le vent, le poussent sur le chemin de l'île cruelle.

Le paladin est pressé d'un tel désir de savoir si sa dame s'y trouve, sa dame qu'il aime plus que tout l'univers ensemble, et sans laquelle il ne peut pas vivre une heure joyeux, qu'il ne met pas le pied en Ibernie, de peur d'être obligé de consacrer son temps à une œuvre nouvelle et d'être réduit plus tard à dire : Hélas! pourquoi ne me suis-je point hâté davantage!

Il ne permet pas non plus d'aborder en Angleterre ni en Irlande, ni sur les rivages opposés. Mais laissons-le aller où l'envoie l'Archer qui l'a blessé au cœur. Avant de parler encore de lui, je veux retourner en Hollande, et je vous invite à y retourner avec moi. Je sais qu'il vous déplairait autant qu'à moi que les noces s'y fissent sans nous.

Les noces furent belles et somptueuses, mais elles seront encore surpassées par celles qui, dit-on se préparent en Zélande. Cependant, je ne vous propose pas de venir à celles-ci, car elles doivent être troublées par de nouveaux incidents dont je vous parlerai dans l'autre chant, si à l'autre chant vous venez m'entendre.

CHANT X.

ARGUMENT. — Birène étant devenu amoureux d'une autre femme, abandonne Olympie. — Roger reçoit l'hippogriffe des mains de Logistilla qui lui apprend à le conduire. Il descend avec lui en Angleterre, où il voit le rassemblement des troupes destinées à porter secours à Charles. En passant en Irlande, il aperçoit dans l'île d'Ebude Angélique enchaînée à un rocher pour être dévorée par l'orque. Il abbat le monstre, prend la jeune fille en croupe, et descend avec elle sur le rivage de la Basse-Bretagne.

Parmi les amants les plus fameux qui donnèrent au monde, soit dans l'infortune, soit dans la prospérité, les meilleures preuves d'amour et les plus grands exemples de fidélité, je donnerai de préférence, non pas la seconde, mais la première place à Olympie. Et si elle ne doit pas être placée avant tous, je tiens à dire que, parmi les anciens et les modernes, on ne saurait trouver un amour plus grand que le sien.

Elle avait rendu Birène certain de cet amour, par des témoignages si nombreux et si évidents, qu'il serait impossible à une femme de faire plus pour assurer un homme de sa tendresse, même quand elle lui montrerait sa poitrine et son cœur tout ouverts. Et si les âmes si fidèles et si dévouées doivent être récompensées d'un amour réciproque, je dis qu'Olympie était digne d'être aimée par Birène, non pas autant, mais plus que soi-même;

Et qu'il ne devait pas l'abandonner jamais pour une autre femme, fût-ce pour celle qui jeta l'Europe et l'Asie dans tant de malheurs, ou pour toute autre méritant plus encore le titre de belle; mais qu'il aurait dû, plutôt que de la laisser, renoncer à la clarté du jour, à l'ouïe, au goût, à la parole, à la vie, à la gloire, et à tout ce qu'on peut dire ou imaginer de plus précieux.

Si Birène l'aima comme elle avait aimé Birène; s'il lui fut fidèle comme elle le lui avait été; si jamais il tourna sa voile pour suivre une autre voie que la sienne; ou bien s'il paya tant de services par son ingratitude, et s'il fut cruel pour celle qui lui avait montré tant de fidélité, tant d'amour, je vais vous le dire et vous faire, d'étonnement, serrer les lèvres et froncer les sourcils.

Et quand vous aura été dévoilée l'impitoyable cruauté dont il paya tant de bontés, ô femmes, aucune de vous ne saura plus si elle doit ajouter foi aux paroles d'un amant. L'amant, pour avoir ce qu'il désire, sans songer que Dieu voit et entend tout, entasse les promesses et les serments, qui tous se dispersent ensuite par les airs au gré des vents.

Les serments et les promesses s'en vont dans les airs, emportés et dispersés par les vents, dès que ces amants ont assouvi la soif qui les embrasait et les brûlait. Soyez, par cet exemple, moins faciles à croire à leurs prières et à leurs plaintes. Bien avisé et heureux, ô mes chères dames, celui qui apprend à être prudent aux dépens d'autrui.

Gardez-vous de ceux qui portent sur leur frais visage la fleur des belles années; car, chez eux, tout désir naît et meurt promptement, semblable à un feu de paille. De même que le chasseur suit le lièvre, par le froid, par le chaud, sur la montagne, dans la plaine, et n'en fait plus le moindre cas dès qu'il l'a pris, s'acharnant seulement à poursuivre ce qui le fuit;

Ainsi font ces jeunes gens qui, tant que vous vous montrez dures et hautaines envers eux, vous aiment et vous révèrent avec tout l'empressement que doit avoir l'esclave fidèle. Mais, aussitôt qu'ils pourront se vanter de la victoire, de maîtresses il vous faudra devenir esclaves, et voir s'éloigner de vous leur faux amour qu'ils porteront à d'autres.

Je ne vous défends pas pour cela — j'aurais tort — de vous laisser aimer, car, sans amant, vous seriez comme la vigne inculte au milieu d'un jardin, sans tuteur ou sans arbre auquel elle puisse s'appuyer. Je vous engage seulement à fuir la jeunesse volage et inconstante, et à cueillir des fruits qui ne soient pas verts et âcres, sans les choisir cependant trop mûrs.

Je vous ai dit plus haut qu'on avait trouvé parmi les prisonniers une fille du roi de Frise, et que Birène parlait, toutes les fois qu'il en avait l'occasion, de la donner pour femme à son frère. Mais, à dire le vrai, il en était lui-même affriandé, car c'était un morceau délicat; et il eût considéré comme une sottise de se l'enlever de la bouche, pour le donner à un autre.

La damoiselle n'avait pas encore dépassé quatorze ans; elle était belle et fraîche comme une rose qui vient de sortir du bouton et s'épanouit au soleil levant. Non seulement Birène s'en amouracha, mais on ne vit jamais un feu pareil consumer les moissons mûres sur lesquelles des mains envieuses et ennemies ont porté la flamme.

Aussi vite qu'il en fut embrasé, brûlé jusqu'aux moelles, du jour où il la vit, pleurant son père mort et son beau visage tout inondé de pleurs. Et comme l'eau froide tempère celle qui bouillait auparavant sur le feu, ainsi l'ardeur qu'avait allumée Olympie, vaincue par une ardeur nouvelle, fut éteinte en lui.

Et il se sentit tellement rassasié, ou pour mieux

dire tellement fatigué d'elle, qu'il pouvait à peine
la voir ; tandis que son appétit pour l'autre était
tellement excité, qu'il en serait mort s'il avait trop
tardé à l'assouvir. Pourtant, jusqu'à ce que fût
arrivé le jour marqué par lui pour satisfaire son
désir, il le maîtrisa de façon à paraître non pas
aimer, mais adorer Olympie, et à vouloir seulement ce qui pouvait lui faire plaisir.

Et s'il caressait la jeune fille, — et il ne pouvait se tenir de la caresser plus qu'il n'aurait dû, —
personne ne l'interprétait à mal, mais bien plutôt
comme un témoignage de pitié et de bonté. Car
relever celui que la Fortune a précipité dans
l'abîme, et consoler le malheureux, n'a jamais été
blâmé, mais a souvent passé pour un titre de
gloire, surtout quand il s'agit d'une enfant, d'une
innocente.

O souverain Dieu, comme les jugements humains sont parfois obscurcis par un nuage sombre !
Les procédés de Birène, impies et déshonnêtes,
passèrent pour de la pitié et de la bonté. Déjà les
mariniers avaient pris les rames en main, et, quittant le rivage sûr, emportaient joyeux vers la
Zélande, à travers les étangs aux eaux salées, le
duc et ses compagnons.

Déjà ils avaient laissé derrière eux et perdu de
vue les rivages de la Hollande — car, afin de ne
pas aborder en Frise, ils s'étaient tenus sur la
gauche, du côté de l'Écosse — lorsqu'ils furent
surpris par un coup de vent qui, pendant trois
jours, les fit errer en pleine mer. Le troisième jour,

à l'approche du soir, ils furent poussés sur une île inculte et déserte.

Dès qu'ils se furent abrités dans une petite anse, Olympie vint à terre. Contente, heureuse et loin de tout soupçon, elle soupa en compagnie de l'infidèle Birène; puis, sous une tente qui leur avait été dressée dans un lieu agréable, elle se mit au lit avec lui. Tous leurs autres compagnons retournèrent sur le vaisseau pour s'y reposer.

La fatigue de la mer, et la peur qui l'avait tenue éveillée pendant plusieurs jours, le bonheur de se retrouver en sûreté sur le rivage, loin de toute rumeur, dans une solitude où nulle pensée, nul souci, puisqu'elle avait son amant avec elle, ne venait la tourmenter, plongèrent Olympie dans un sommeil si profond, que les ours et les loirs n'en subissent pas de plus grand.

Son infidèle amant, que la tromperie qu'il médite tient éveillé, la sent à peine endormie, qu'il sort doucement du lit, fait un paquet de ses habits et, sans plus se vêtir, abandonne la tente. Comme s'il lui était poussé des ailes, il vole vers ses gens, les réveille, et sans leur permettre de pousser un cri, leur fait gagner le large et abandonner le rivage.

Ils laissent derrière eux la plage et la malheureuse Olympie, qui dormit sans se réveiller jusqu'à ce que l'aurore eût laissé tomber de son char d'or une froide rosée sur la terre, et que les alcyons eussent pleuré sur les ondes leur antique infortune. Alors, à moitié éveillée, à moitié endormie, elle étend la main pour embrasser Birène, mais en vain.

Elle ne trouve personne. Elle retire sa main, l'avance de nouveau et ne trouve encore personne. Elle jette un bras par-ci, un bras par-là, étend les jambes l'une après l'autre sans plus de succès. La crainte chasse le sommeil; elle ouvre les yeux et regarde : elle ne voit personne. Sans réchauffer, sans couver plus longtemps la place vide, elle se jette hors du lit et sort de la tente en toute hâte.

Elle court à la mer, se déchirant la figure, désormais certaine de son malheur. Elle s'arrache les cheveux, elle se frappe le sein et regarde, à la lumière resplendissante de la lune, si elle peut apercevoir autre chose que le rivage. Elle appelle Birène, et au nom de Birène les antres seuls répondent, émus qu'ils sont de pitié.

Sur le bord extrême du rivage, se dressait un rocher que les eaux avaient, par leurs assauts répétés, creusé et percé en forme d'arche, et qui surplombait sur la mer. Olympie y monta précipitamment, tant l'amour lui donnait de la force, et elle vit de loin s'enfuir les voiles gonflées de son perfide seigneur.

Longtemps elle les vit ou crut les voir, car l'air n'était pas encore bien clair. Toute tremblante, elle se laissa tomber, le visage plus blanc et plus froid que la neige. Mais quand elle eut la force de se relever, elle poussa de grands cris du côté de la route suivie par les navires, elle appela, aussi fort qu'elle put, répétant à plusieurs reprises le nom de son cruel époux.

Et ses pleurs et ses mains agitées en l'air suppléaient à ce que ne pouvait faire sa faible voix : « — Où fuis-tu si vite, cruel ! ton vaisseau n'a pas tout son chargement. Permets qu'il me reçoive aussi ; cela ne peut lui peser beaucoup d'emporter mon corps, puisqu'il emporte mon âme ! — » Et avec ses bras, avec ses vêtements, elle fait des signaux pour que le navire retourne.

Mais les vents, qui emportaient sur la haute mer les voiles du jeune infidèle, emportaient aussi les prières et les reproches de la malheureuse Olympie, et ses cris et ses pleurs. Trois fois, odieuse à elle-même, elle s'approcha du rivage pour se précipiter dans les flots ; enfin, détournant ses regards, elle retourna à l'endroit où elle avait passé la nuit.

Et la face cachée sur son lit qu'elle baignait de pleurs, elle lui disait : « — Hier soir tu nous as reçus tous deux ; pourquoi ne sommes-nous pas deux à nous lever aujourd'hui ? O perfide Birène ! ô jour maudit où j'ai été mise au monde ! Que dois-je faire, que puis-je faire seule ici ? Qui m'aidera, hélas ! qui me consolera !

« Je ne vois pas un homme ici, je ne vois même rien qui puisse me donner à croire qu'il y existe un homme ; je n'aperçois pas un navire sur lequel, me réfugiant, je puisse espérer m'échapper et retrouver mon chemin. Je mourrai de misère, et personne ne me fermera les yeux et ne creusera ma sépulture, à moins que je ne trouve un tombeau dans le ventre des loups qui habitent, hélas! dans ces forêts.

« Je le crains, et déjà je crois voir sortir de ces bois les ours, les lions, les tigres ou d'autres bêtes semblables que la nature a armées de dents aiguës et d'ongles pour déchirer. Mais ces bêtes cruelles pourraient-elles me donner une mort pire que celle que tu m'infliges? Je sais qu'elles se contenteront de me faire subir une seule mort, et toi, cruel, tu me fais, hélas! mourir mille fois!

« Mais je suppose encore qu'il vienne maintenant un nocher qui, par pitié, m'emmène d'ici, m'arrache aux loups, aux ours et aux lions, et me sauve de la misère et d'une mort horrible; il me portera peut-être en Hollande; mais ses forteresses et ses ports ne sont-ils pas gardés pour toi? Il me conduira sur la terre où je suis née, mais tu me l'as déjà enlevée par la fraude!

« Tu m'as ravi mes États, sous prétexte de parenté et d'amitié. Tu as été bien prompt à y installer tes gens pour t'en assurer la possession! Retournerai-je en Flandre, où j'ai vendu ce qui me restait pour vivre, bien que ce fût peu, afin de te secourir et de te tirer de prison? Malheureuse! où irai-je? Je ne sais.

« Irai-je en Frise où je pouvais être reine, ce que j'ai refusé pour toi, et ce qui a causé la mort de mon père et de mes frères, ainsi que la perte de tous mes biens? Ce que j'ai fait pour toi, je ne voudrais pas te le reprocher, ingrat, ni t'infliger un châtiment; mais tu ne l'ignores pas plus que moi, et voilà la récompense que tu m'en donnes !

« Ah ! pourvu que je ne sois pas prise par des corsaires et puis vendue comme esclave ! Avant cela, que les loups, les lions, les ours, les tigres et toutes les autres bêtes féroces viennent me déchirer de leurs ongles et m'emporter morte dans leur caverne, pour y dévorer mes membres déchirés ! — » Ainsi disant, elle enfonce ses mains dans ses cheveux d'or, et les arrache à pleines poignées.

Elle court de nouveau à l'extrémité du rivage, secouant la tête avec fureur et livrant au vent sa chevelure. Elle semble une forcenée, agitée non par un, mais par dix démons ; on dirait Hécube entrant en rage à la vue de Polydore mort. Puis elle s'arrête sur un rocher et regarde la mer, et elle semble elle-même un rocher véritable.

Mais laissons-la se plaindre, afin que je puisse de nouveau vous parler de Roger qui, par la plus intense chaleur, chevauche en plein midi sur le rivage, las et brisé de fatigue. Le soleil frappe les collines, et sous ses rayons réfléchis, on voit bouillir le sable fin et blanc. Peu s'en fallait que les armes qu'il avait sur le dos ne fussent en feu, comme elles avaient été jadis.

Pendant que la soif et la fatigue de la route lui faisaient ennuyeuse et désagréable compagnie sur le sable profond et la voie déserte, le long de la plage exposée au soleil, il rencontra, à l'ombre d'une tour antique qui surgissait sur le bord de la mer, tout près du rivage, trois dames qu'à leurs gestes et à leur costume il reconnut pour être de la cour d'Alcine.

Couchées sur des tapis d'Alexandrie, elles goûtaient avec délices la fraîcheur de l'ombre, au milieu de nombreux vases de vin variés et de sucreries de toute sorte. Tout près de la plage, jouant avec les flots de la mer, les attendait un petit navire prêt à gonfler sa voile au moindre vent favorable. Pour le moment, il n'y avait pas un souffle d'air.

Dès qu'elles eurent aperçu Roger qui s'en allait tout droit sur le sable mouvant, la soif aux lèvres et le visage couvert de sueur, elles commencèrent à lui dire qu'il n'avait pas le cœur si déterminé à poursuivre son chemin, pour ne point s'arrêter à l'ombre douce et fraîche, et refuser de reposer son corps fatigué.

Et l'une d'elles s'approche du cheval pour en prendre la bride, afin qu'il puisse descendre ; l'autre, lui offrant une coupe de cristal pleine d'un vin pétillant, redouble sa soif. Mais Roger à ce son n'entra pas en danse, car tout retard de sa part aurait donné le temps d'arriver à Alcine qui venait derrière lui, et qui déjà était proche.

Le fin salpêtre et le soufre pur, touchés du feu, ne s'enflamment pas si subitement ; la mer n'est pas si prompte à se soulever, quand la trombe obscure descend et s'abat en plein sur elle, comme la troisième le fut à éclater de colère et de fureur, en voyant que Roger suivait imperturbablement son droit chemin sur le sable et les méprisait, bien qu'elles se tinssent pour belles.

« — Tu n'es ni noble ni chevalier — dit-elle en criant aussi fort qu'elle put — et tu as volé tes armes ainsi que ce destrier qui ne te serait pas venu d'autre façon. Aussi, comme ce que je dis est vrai, je voudrais te voir punir d'une juste mort, et que tu fusses mis en quartiers, brûlé, ou pendu, voleur brutal, manant, arrogant, ingrat! — »

A toutes ces injures et à beaucoup d'autres paroles du même genre que lui adressa la dame courroucée, Roger ne fit aucune réponse, car il espérait peu d'honneur d'une si basse querelle. Alors la dame monta vivement avec ses sœurs, sur le bateau qui se tenait à leur disposition, et faisant force de rames, elles le suivirent dans sa marche le long de la rive.

La dame le menace toujours, le maudit et l'apostrophe, car elle a rejeté toute honte. Cependant Roger est arrivé au détroit par où l'on passe chez la fée plus sage. Là, il voit un vieux nocher détacher sa barque de l'autre rive aussitôt qu'il en a été aperçu, et se tenir prêt, comme s'il attendait son arrivée.

Le nocher s'approche, dès qu'il le voit venir, pour le transporter sain et sauf sur une meilleure rive. Si le visage peut donner une juste idée de l'âme, il devait être bienfaisant et plein de discrétion. Roger mit le pied sur la barque, rendant grâces à Dieu, et sur la mer tranquille il s'en allait, s'entretenant avec le nocher sage et doué d'une longue expérience.

Ce dernier loua Roger d'avoir su se délivrer à

temps d'Alcine et avant qu'elle lui eût fait boire le breuvage enchanté qu'elle avait donné à tous ses autres amants. Il le félicita ensuite d'être conduit vers Logistilla, chez laquelle il pourrait voir des mœurs saines, une beauté éternelle, une grâce infinie, qui nourrit le cœur sans jamais le rassasier.

« — Celle-ci — disait-il — remplit l'âme d'étonnement et de respect dès la première fois qu'on la voit. Quand on la connait davantage, tout autre bien paraît peu digne d'estime. L'amour qu'elle inspire diffère des autres amours, en cela que ceux-ci vous rongent tour à tour d'espoir et de crainte, tandis que le sien vous rend heureux du seul désir de la voir.

« Elle t'enseignera d'autres occupations plus agréables que la musique, les danses, les parfums, les bains ou la table. Elle t'apprendra à élever tes pensées épurées plus haut que le milan ne monte dans les airs, et comment, dans un corps mortel, on peut goûter en partie la gloire des bienheureux. — » Ainsi parlant, le marinier s'avançait du côté de la rive sûre, qui était encore éloignée,

Quand il vit la mer se couvrir de nombreux navires qui se dirigeaient tous de son côté. Avec ces navires, s'en venait Alcine outragée, à la tête de ses gens rassemblés par elle en toute hâte, pour reconquérir son cher bien qui lui avait été enlevé, ou perdre son trône et sa propre vie. C'est aussi bien l'amour qui la pousse, que l'injure qu'elle a reçue.

Depuis sa naissance, elle n'a pas éprouvé un

ressentiment plus grand que celui qui maintenant la ronge. C'est pourquoi elle fait tellement presser de rames, que l'écume de l'eau se répand d'une proue à l'autre. La mer et le rivage retentissent de cette grande rumeur, et l'on entend Écho résonner de toutes parts. « — Découvre l'écu, Roger, car il en est besoin ; sinon, tu es mort, ou pris honteusement. — »

Ainsi dit le nocher de Logistilla, et ajoutant le geste à la parole, il saisit lui-même le voile et l'enlève de dessus l'écu dont il démasque la lumière éclatante. La splendeur enchantée qui s'en échappe blesse tellement les yeux des ennemis, qu'elle les rend soudain aveugles et les fait tomber, qui à la poupe, qui à la proue.

Un des gens de Logistilla, en vedette au sommet du château, s'étant, sur ces entrefaites, aperçu de l'arrivée de la flotte d'Alcine, sonne la cloche d'alarme, et de prompts secours arrivent au port. Les balistes, comme une tempête, foudroient tout ce qui veut s'attaquer à Roger. Ainsi, grâce à l'aide qui lui vint de tous côtés, il sauva sa liberté et sa vie.

Sur le rivage sont venues quatre dames, envoyées en toute hâte par Logistilla : la valeureuse Andronique, la sage Fronesia, la pudique Dicilla et Sophrosine la chaste, plus que les trois autres ardente et résolue à agir. Une armée qui n'a pas sa pareille au monde sort du château, et se répand sur le bord de la mer.

Sous le château, dans une baie tranquille, était une flotte prête jour et nuit à livrer bataille au moindre signal, au premier ordre. Aussitôt le combat âpre et atroce s'engage sur mer et sur terre, et du coup fut reconquis ce qu'Alcine avait jadis enlevé à sa sœur.

Oh! combien l'issue de la bataille fut différente de celle qu'elle avait d'abord espérée! Non seulement Alcine ne parvint pas à s'emparer, comme elle le pensait, de son fugitif amant, mais de tous ses navires, naguère si nombreux qu'à peine la mer pouvait les contenir, elle peut à grand'peine sauver de la flamme qui a détruit le reste, une petite barque sur laquelle elle s'enfuit, misérable et seule.

Alcine s'enfuit, et sa malheureuse armée reste prisonnière; et sa flotte, brûlée, mise en pièces, est dispersée. Elle ressent toutefois plus de douleur de la perte de Roger que de toute autre chose. Nuit et jour elle gémit amèrement sur lui, et ses yeux versent des pleurs à son souvenir. Pour terminer son âpre martyre, elle se plaint de ne pouvoir mourir.

Aucune fée ne peut en effet mourir, tant que le soleil tournera ou que le ciel n'aura pas changé de système. Sans cela la douleur d'Alcine aurait été capable d'émouvoir Clotho, et de lui faire consentir à couper le fil de sa vie. Comme Didon, elle aurait mis fin à ses malheurs par le fer, ou, imitant la splendide reine du Nil, elle se serait plongée dans un sommeil de mort. Mais les fées ne peuvent jamais mourir.

Retournons à ce Roger, digne d'une éternelle

gloire, et laissons Alcine à sa peine. Je dis que, dès qu'il eut mis le pied hors de la barque, et qu'il eut été conduit sur une plage plus sûre, il rendit grâces à Dieu de tout ce qui lui était arrivé. Puis, tournant le dos à la mer, il hâte le pas, le long de la rive aride, vers le château qui s'élève auprès.

Jamais l'œil d'un mortel n'en vit, avant ni après, de plus fort ni de plus beau. Ses murs ont plus de prix que s'ils étaient de diamant ou de rubis. On ne connaît point sur terre de pierreries pareilles, et qui voudra en avoir une idée exacte devra nécessairement aller dans ce pays, car je ne crois pas qu'on en trouve ailleurs, sinon peut-être au ciel.

Ce qui fait qu'elles effacent toutes les autres, c'est qu'en s'y mirant, l'homme s'y voit jusqu'au plus profond de l'âme. Il voit si clairement ses vices et ses vertus, qu'il ne saurait plus croire ensuite aux flatteries ou aux critiques injustes qui lui sont adressées. La connaissance qu'il a acquise de soi-même, en se regardant dans le limpide miroir, le rend prudent.

La brillante lumière de ces pierreries, semblable au soleil, répand tout autour tant de splendeur, qu'elle peut faire le jour en dépit de Phébus. Et ce ne sont pas les pierres seules qui sont admirables, mais la matière et l'art se sont tellement confondus, qu'on ne saurait dire auquel des deux il faut donner la préférence.

Sur des arches si élevées, qu'à les voir on dirait

qu'elles servent de support au ciel, étaient des jardins si spacieux et si beaux, qu'il serait difficile d'en avoir de pareils à ras de terre. Au pied des lumineux créneaux se peuvent voir les arbustes odoriférants, ornés, été comme hiver, de fleurs brillantes et de fruits mûrs.

Il ne saurait pousser d'arbres si beaux hors de ces merveilleux jardins, pas plus que de telles roses, de telles violettes, de tels lis, de telles amarantes ou de tels jasmins. Ailleurs, le même jour voit naître, vivre et s'incliner morte sur sa tige dépouillée, la fleur sujette aux variations du ciel.

Mais ici la verdure était perpétuelle, perpétuelle la beauté des fleurs éternelles. Ce n'était pas que la douceur de la température leur fût plus clémente, mais Logistilla, par sa science et ses soins, et sans avoir besoin de recourir à des moyens surnaturels, ce qui paraîtrait impossible à d'autres, les maintenait dans leur première verdeur.

Logistilla témoigna beaucoup de satisfaction de ce qu'un aussi gentil seigneur fût venu à elle, et donna ordre qu'on l'accueillît avec empressement et que chacun s'étudiât à lui faire honneur. Longtemps auparavant était arrivé Astolphe, que Roger vit de bon cœur. Peu de jours après, vinrent tous les autres auxquels Mélisse avait rendu leur forme naturelle.

Après qu'ils se furent reposés un jour ou deux, Roger et le duc Astolphe, qui non moins que lui avait le désir de revoir le Ponant, s'en vinrent trouver la prudente fée. Mélisse parla au nom de tous les deux et supplia humblement la fée de les conseiller et de les aider, de telle sorte qu'ils pussent retourner là d'où ils étaient venus.

La fée dit : « — J'y appliquerai ma pensée, et dans deux jours, je te les rendrai tout prêts. — » Puis elle s'entretint avec Roger et, après lui, avec le duc. Elle conclut, finalement, que le destrier volant devait retourner le premier aux rivages aquitains. Mais auparavant elle veut lui façonner un mors avec lequel Roger puisse diriger ou modérer sa course.

Elle lui montre comment il lui faudra faire, quand il voudra qu'il monte, qu'il descende, qu'il vole en tournant, qu'il aille vite ou qu'il se tienne immobile sur ses ailes. Tout ce qu'un cavalier a coutume de faire avec un beau destrier sur la terre ferme, ainsi Roger, qui en devint complètement maître, faisait par les airs, avec le destrier ailé.

Après que Roger eut été bien instruit sur toutes ces choses, il prit congé de la fée gentille, à laquelle il resta depuis attaché par une grande affection, et il sortit de ce pays. Je parlerai tout d'abord de lui qui fit un heureux voyage, et puis je dirai comment le guerrier anglais, après de bien plus longues et bien plus grandes fatigues, rejoignit le grand Charles et sa cour amie.

Roger parti, il ne s'en revint pas par la même route qu'il avait déjà faite contre son gré, alors que l'hippogriffe l'entraînait au-dessus de la mer et loin de la vue des terres. Mais maintenant qu'il pouvait lui faire battre les ailes deçà, delà, où il lui convenait, il résolut d'effectuer son retour par un nouveau chemin, comme firent les Mages fuyant Hérode.

En quittant l'Espagne pour arriver en ces contrées, il était venu en droite ligne aborder dans l'Inde du côté où la mer orientale la baigne, aux lieux témoins de la querelle soulevée entre l'une et l'autre fée. Maintenant il se dispose à parcourir une autre région que celle où Éole souffle ses vents, et à ne mettre fin à son voyage qu'après avoir, comme le soleil, fait le tour du monde.

Il voit, en passant au-dessus d'eux, ici le Cathay, là la Mangiane et le grand Quinsi. Il vole au-dessus de l'Imaus, et laisse la Séricane à main droite. Puis, descendant toujours des pays hyperboréens de la Scythie aux rivages hyrcaniens, il arrive aux confins de la Sarmatie, et lorsqu'il fut parvenu là où l'Asie se sépare de l'Europe, il vit les Russes, les Prussiens et la Poméranie.

Bien que tout le désir de Roger fût de retourner promptement vers Bradamante, il avait tellement pris plaisir à courir ainsi à travers le monde, qu'il ne s'arrêta pas avant d'avoir vu les Polonais, les Hongrois, ainsi que les Germains et le reste de cette horrible terre boréale. Il arriva enfin en Angleterre.

Ne croyez pas, seigneur, que pendant ce long chemin, il se tienne constamment sur le dos du cheval. Chaque soir il descend à l'auberge, évitant autant que possible d'être mal logé. Pendant des jours et des mois qu'il suivit cette route, il put voir et la terre et la mer. Or, arrivé un matin près de Londres, le cheval ailé le déposa sur les bords de la Tamise.

Là, dans les prés voisins de la ville, il vit une nombreuse troupe d'hommes d'armes et de fantassins, qui, au son des trompettes et des tambours, défilaient par pelotons compacts, devant le brave Renaud, honneur des paladins. Si vous vous rappelez, je vous ai dit plus haut qu'il avait été envoyé dans ce pays par Charles, pour y chercher des secours.

Roger arriva juste au moment où se faisait la belle revue de l'armée. Pour en connaître le but, après être descendu sur terre, il interrogea un chevalier. Celui-ci, qui était courtois, lui dit que c'étaient les forces de l'Écosse, de l'Irlande, de l'Angleterre et des îles voisines, dont les nombreuses bannières étaient déployées en cet endroit;

Qu'une fois la revue terminée, les troupes se dirigeraient vers la mer, où les attendaient de nombreux navires ancrés dans le port, pour les transporter au delà de l'Océan. « — Les Français assiégés se réjouissent, fondant de grandes espérances sur les forces qui vont les sauver. Mais afin que tu sois complètement informé, je te signalerai séparément les divers bataillons.

« Tu vois bien cette grande bannière où les lis sont placés à côté des léopards ; elle est déployée dans les airs par le capitaine en chef, et tous les autres étendards devront la suivre. Le nom de ce capitaine est fameux parmi ces bandes. C'est Léonetto, la fleur des vaillants; il est passé maître au conseil et à l'action. Il est neveu du roi et duc de Lancastre.

« La première, qui, près du gonfalon royal, tremble au vent de la montagne, étalant trois ailes blanches sur champ de sinople, est portée par Richard, comte de Warwick. Au duc de Glocester appartient cette bannière qui a deux cornes de cerf sur une moitié de crâne; au duc de Clarence est celle qui porte un flambeau; celle où est figuré un arbre est au duc d'York.

« Vois cette lance brisée en trois morceaux: c'est le gonfalon du duc de Norfolk. Sur celui du beau comte de Kent, est la foudre; un griffon sur celui du comte de Pembroke; une balance sur celui du duc de Suffolk. Vois ce joug qui réunit deux serpents : c'est la bannière du comte d'Essex. Une guirlande sur champ d'azur indique celle de Northumberland.

« Le comte d'Arundel est celui qui a mis en mer cette barque qui s'abîme dans les flots. Vois le marquis de Barclay, et près de lui le comte de la Marche et le comte de Richmond. Le premier porte sur fond de sinople un mont fendu, le second un palmier, le troisième un pin sortant de l'onde. Le comte de Dorset et le comte de Southampton ont sur leur bannière, l'un un char, l'autre une couronne.

« Ce faucon qui incline ses ailes sur son nid est porté par Raimond comte de Devonshire; le jaune et le noir s'étalent sur la bannière du comte de Vigore ; un chien sur celle de Derby, un ours sur celle d'Oxford. La croix que tu vois briller sur celle-ci est au riche prélat de Bath. Vois cette chaise brisée sur fond gris : c'est l'étendard du duc Ariman de Sommerset.

« Les hommes d'armes et les archers à cheval sont au nombre de quarante-deux mille. Deux fois autant — et je ne me trompe pas de cent — sont ceux qui combattent à pied. Vois ces drapeaux, l'un gris, l'autre vert, l'autre jaune, et un autre bordé de noir et d'azur ; sous chacun de ces étendards marchent les fantassins de Godefroid, d'Henri, d'Herman et d'Odoard.

« Le premier est duc de Buckingham ; Henri a le comté de Salisbury et le vieux Herman la seigneurie d'Abergavenny : Odoard est comte de Shresbury. Ceux qui se tiennent un peu plus vers l'Orient sont les Anglais. Maintenant, tourne-toi vers l'Hespérie ; là où se voient trente mille Écossais conduits par Zerbin, fils de leur roi.

« Vois, entre deux licornes, le grand lion qui tient l'épée d'argent dans sa patte ; c'est le gonfalon du roi d'Écosse. Là est campé son fils Zerbin. Il n'est point de chevalier si brave parmi tant de guerriers. La nature le fit et puis brisa le moule. Il n'en est pas en qui brille autant de courage, autant de grâce, autant de puissance. Il est duc de Ross.

« Le comte d'Athol porte sur son étendard une barre dorée sur fond d'azur. L'autre bannière est celle du duc de Marr et montre un léopard brodé. Vois l'enseigne du vaillant Alcabrun, bigarrée de couleurs et d'oiseaux. Celui-ci n'est duc, comte ni marquis, mais le premier dans un pays sauvage.

« Au duc de Strafford est cette enseigne où l'on voit l'oiseau qui regarde fixement le soleil. Le comte Lucarnio, qui règne sur l'Angus, a pour emblème un taureau flanqué de deux dogues. Vois ici le duc d'Albanie dont l'étendard est mélangé de couleurs blanches et azurées. Un vautour, qu'un dragon vert déchire, figure sur l'enseigne du comte de Buchan.

« C'est le brave Arman qui a la bannière blanche et noire de la seigneurie de Forbes. Il a, à main droite, le comte d'Errol qui porte un flambeau sur champ vert. Maintenant, vois les Irlandais près de la plaine. Ils forment deux escadrons. Le comte de Kildare conduit le premier ; le comte de Desmond a composé le second de fiers montagnards.

« Le premier a sur son étendard un pin ardent, l'autre une bande rouge sur fond blanc. Les secours ne sont pas envoyés à Charles seulement par l'Angleterre, l'Écosse et l'Irlande ; mais il est venu des gens de la Suède, de la Norwège, de Thulé et même de l'Islande lointaine, de toute terre enfin située dans ces contrées naturellement ennemies de la paix.

« Ils sont seize mille, ou guère moins, sortis de leurs cavernes et de leurs forêts. Ils ont le visage, la poitrine, les flancs, le dos, les bras et les jambes velus comme des bêtes fauves. Autour de leur étendard entièrement blanc, semble se dresser une forêt de lances. Leur chef Morat le porte; il compte le teindre dans le sang maure. — »

Pendant que Roger regarde les enseignes variées de cette belle armée qui se prépare à secourir la France, et qu'il apprend les noms des seigneurs de Bretagne, quelques-uns de ceux-ci accourent, émerveillés, stupéfaits, pour contempler la bête unique et rare sur laquelle il est monté. Un cercle se forme vite autour de lui.

Aussi, pour augmenter encore leur étonnement et pour s'amuser un peu, le bon Roger secoue la bride du cheval volant et lui touche légèrement les flancs avec les éperons. Celui-ci prend son chemin vers le ciel, à travers les airs, et laisse tout le monde plein de stupéfaction. De là, Roger, après avoir vu, troupe par troupe, les forces anglaises, s'en alla du côté de l'Irlande.

Il vit la fabuleuse Hibernie où le saint vieillard creusa un puits au fond duquel il paraît qu'on trouve tant d'indulgences, que l'homme s'y purge de toutes ses fautes. De là, son destrier l'amena ensuite sur la mer qui lave les côtes de la basse Bretagne. C'est alors qu'en passant, il vit au dessous de lui Angélique liée sur un rocher nu,

Sur le rocher nu de l'île des Pleurs, car île des Pleurs était nommée la contrée habitée par cette population cruelle, féroce et inhumaine qui, comme je vous l'ai dit dans un chant précédent, parcourait en armes les rivages voisins, enlevant toutes les belles dames, pour les donner en pâture à un monstre.

Elle y avait été liée le matin même, et attendait, pour en être dévorée toute vive, la venue de ce monstre énorme, l'orque marine qui se nourrissait d'une abominable nourriture. J'ai dit plus haut comment elle fut enlevée par ceux qui la trouvèrent endormie sur le rivage, près du vieil enchanteur qui l'avait attirée là par enchantement.

Ces gens féroces, impitoyables, avaient exposé sur le rivage, à la merci de la bête cruelle, la belle dame aussi nue que la nature l'avait formée. Elle n'avait pas même un voile pour recouvrir les lis blancs et les roses vermeilles répandus sur ses beaux membres, et que la chaleur de juillet ou le froid de décembre n'aurait pu faire tomber.

Roger l'aurait prise pour une statue d'albâtre ou de tout autre marbre précieux, sculptée sur l'écueil par des statuaires habiles, s'il n'avait vu les larmes, répandues à travers les fraîches roses et les lis blancs, mouiller ses joues, et l'air soulever sa chevelure d'or.

Dès qu'il eut fixé ces beaux yeux, il se souvint de sa Bradamante. La pitié et l'amour l'émurent en même temps, et il eut peine à se retenir de pleurer. Après avoir modéré le mouvement d'ailes de son destrier, il dit doucement à la donzelle :

« — O dame, qui ne devrais porter que la chaîne avec laquelle Amour mène ses serviteurs,

« Et qui ne mérites ni un pareil traitement, ni aucune peine, quel est le cruel, à l'âme perverse et pleine d'envie, qui a lié l'ivoire poli de ces belles mains ? — » A ces paroles, force est à Angélique de devenir comme un blanc ivoire sur lequel on aurait répandu du vermillon ; elle rougit de voir nues ces parties que, quelque belles qu'elles soient, la pudeur doit faire céler.

Elle se serait caché le visage dans ses mains, si elles n'avaient pas été liées au dur rocher. Mais elle le couvrit de larmes — car on n'avait pu lui enlever le pouvoir de pleurer — et elle s'efforça de le tenir baissé. Puis, après de nombreux sanglots, elle commença à prononcer quelques paroles entrecoupées, sur un ton plaintif et las. Mais elle ne poursuivit pas, car une grande rumeur qui se fit entendre sur la mer l'interrompit soudain.

Voici apparaître le monstre démesuré, moitié caché sous les ondes, moitié hors de l'eau. Comme le navire, poussé par Borée ou le vent d'autan, a coutume de venir de loin pour regagner le port, ainsi la bête horrible accourt à la proie qui lui est montrée. La dame est à demi morte de peur, et la présence d'autrui ne la rassure pas.

Roger n'avait pas la lance en arrêt, mais il la tenait en main. Il en frappa l'orque. Je ne saurais dire à quoi ressemblait celle-ci, si ce n'est à une grande masse qui tourne et se tord. Elle n'avait pas la forme d'un animal, excepté par la tête dont les yeux et les dents sortaient comme si elle eût été celle d'un porc. Roger la frappe trois fois au front, entre les yeux, mais il semble qu'il touche du fer ou un dur rocher.

Le premier coup n'ayant rien valu, il se retourne pour faire mieux une seconde fois. L'orque, qui voit l'ombre des grandes ailes courir deçà, delà sur l'onde, laisse la proie certaine qui l'attend sur le rivage, et, furibonde, poursuit en vain cette nouvelle proie, derrière laquelle elle tourne et s'agite. Roger fond sur elle et lui porte de nombreux coups.

De même que l'aigle qui a coutume d'accourir du haut des airs dès qu'il a vu la couleuvre errant parmi l'herbe, ou étendue au soleil sur un rocher nu, où elle polit et fait reluire ses écailles jaunes, ne l'attaque pas du côté où la bête venimeuse siffle et se dresse, mais la saisit par le dos et bat des ailes afin qu'elle ne puisse pas se retourner et le mordre ;

Ainsi Roger, avec la lance et l'épée, ne frappe pas l'orque à l'endroit où son museau est armé de dents, mais il fait en sorte que chacun de ses coups tombe entre les oreilles, sur l'échine ou sur le queue. Si la bête se retourne, il change de place, et s'abaisse ou s'élève à temps. Mais, comme s'il frappait toujours sur du jaspe, il ne peut entamer l'écaille dure et solide.

C'est une semblable bataille que le moucheron hardi livre contre le dogue dans le poudreux mois d'août, ou bien dans le mois qui précède ou dans celui qui suit, alors que le premier voit fleurir la lavande et le second le vin doux couler à flots. Il plonge dans les yeux et dans la gueule mordante de son adversaire ; il vole autour de lui, sans l'abandonner un instant, et celui-ci fait entendre entre ses dents aiguës un grognement répété ; mais s'il l'attrape, il fait d'un seul coup payer tout cela au moucheron.

L'orque bat si fortement la mer de sa queue, qu'elle fait rejaillir l'eau jusqu'au ciel, si bien que Roger ne sait plus si les ailes de son destrier se déploient dans les airs, ou bien s'il nage dans la mer. Par moment, il en est à désirer d'avoir à sa disposition un bateau. Si cette aspersion se prolonge, il craint que les ailes de l'hippogriffe ne se mouillent tellement qu'il ne puisse ou ne veuille plus s'en servir.

Il prend alors la nouvelle résolution — et ce fut le meilleur — de vaincre le monstre cruel avec d'autres armes, et de l'éblouir par la splendeur de l'écu magique. Il vole au rivage où la dame était liée au rocher nu, et, pour éviter toute surprise, il lui passe au petit doigt de la main l'anneau qui pouvait rendre vain l'enchantement.

Je parle de l'anneau que Bradamante avait arraché à Brunel pour délivrer Roger, puis qu'elle avait donné à Mélisse lorsque cette dernière partit pour l'Inde, afin de le tirer des mains de la méchante Alcine. Mélisse, comme je vous l'ai dit précédemment, après s'être servie de l'anneau pendant plusieurs jours, l'avait rendu à Roger, qui depuis l'avait toujours porté au doigt.

Il le donne alors à Angélique, parce qu'il craint qu'il ne détruise l'effet fulgurant de son écu, et qu'il ne peut se défendre des yeux de la belle qui déjà l'avaient pris dans leurs rets. Cependant l'énorme cétacé s'en vient, pesant sur la mer de son ventre puissant. Roger se tient à son poste et lève le voile, et il semble qu'un second soleil surgisse dans le ciel.

La lumière enchantée frappe les yeux de la bête et produit son effet accoutumé. Comme la truite ou la carpe flottent à la surface de la rivière que le montagnard a troublée avec de la chaux, ainsi l'on peut voir, sur l'écume marine, le monstre horrible couché à la renverse. Deçà, delà, Roger le frappe, mais il ne trouve pas d'endroit où il puisse le blesser.

Pendant ce temps, la belle dame le supplie de ne pas s'acharner en vain sur la dure écaille : « — Reviens, pour Dieu, seigneur — disait-elle en pleurant.— délie-moi avant que l'orque ne se relève. Emporte-moi avec toi, et noie-moi au milieu de la mer. Ne permets pas que je sois engloutie dans le ventre de ce poisson féroce. — » Roger, ému à ces justes plaintes, délie la dame et l'enlève du rivage.

Le destrier, excité par l'éperon, presse du pied le sable, s'élance dans les airs et galope à travers les cieux. Il porte le cavalier sur son dos et la donzelle derrière lui sur sa croupe. Ainsi la bête fut privée d'un mets trop fin et trop délicat pour elle. Roger s'en va, tout en se retournant, et il imprime mille baisers sur le sein et sur les yeux brillants d'Angélique.

Il ne suivit plus la route qu'il s'était proposée

d'abord, et qui devait lui faire faire le tour de l'Espagne ; mais il arrêta son destrier sur le plus prochain rivage, là où la basse Bretagne avance dans la mer. Sur la rive était un bois de chênes ombreux, où il semble que Philomèle exhale constamment sa plainte. Au milieu, il y avait un pré avec une fontaine. Sur chacun de ses côtés, s'élevait un mont solitaire.

Ce fut là que le chevalier plein de désir arrêta sa course audacieuse, et descendit dans le pré, faisant replier les ailes à son destrier, non toutefois autant qu'il les avait déployées. A peine descendu de cheval, il a hâte d'en enfourcher un autre ; mais ses armes l'embarrassent, ses armes qu'il lui faut d'abord ôter, et qui mettent un obstacle à son désir.

Enfiévré d'impatience, il arrachait sans ordre les diverses parties de son armure. Jamais elles ne lui semblèrent si longues à enlever. S'il dénouait une aiguillette, il en nouait deux. Mais, seigneur, mon chant est déjà trop long, et peut-être êtes-vous fatigué de l'écouter. C'est pourquoi je remets la suite de mon histoire à un moment qui vous soit plus agréable.

CHANT XI.

ARGUMENT. — Angélique échappe à Roger au moyen de l'anneau enchanté, et se réfugie dans la demeure d'un pasteur. Roger, allant à sa recherche, voit un géant enlever une dame qui lui paraît être Bradamante.—Olympie, abandonnée par Birène et prise par des corsaires, est exposée dans l'île d'Ébude à la voracité du monstre marin. Roland la délivre. Survient Obert, roi d'Irlande, qui, devient amoureux d'Olympie et la prend pour femme, après avoir enlevé à Birène ses États et la vie.

Souvent un frein, quelque faible qu'il soit, suffit pour arrêter au milieu de sa course un destrier fougueux; mais il est rare que le mors de la raison arrête la furie libidineuse, quand elle a le plaisir en perspective. De même, l'ours ne se laisse pas facilement détourner du miel, dès que le parfum lui en est venu au nez, ou qu'il en a léché quelques gouttes.

Quelle raison pourrait refréner le bon Roger, alors qu'il veut jouir de la gentille Angélique qu'il tient nue dans un bois solitaire et propice? Il ne lui souvient plus de Bradamante, qui seule lui tenait naguère tant au cœur; ou s'il lui en souvient, il se croirait fou de ne pas apprécier et estimer aussi celle-là.

En pareille circonstance, l'austère Zénocrate n'aurait pas agi avec plus de continence que lui. Roger avait jeté la lance et l'écu, et il ôtait impatiemment le reste de ses armes, lorsque la dame, abaissant pudiquement ses yeux sur son beau corps nu, vit à son doigt l'anneau que Brunel lui avait enlevé jadis dans Albracca.

C'est l'anneau qu'elle porta autrefois en France, la première fois qu'elle en prit le chemin avec son frère, possesseur de la lance, tombée par la suite au pouvoir du paladin Astolphe. C'est avec lui qu'elle déjoua les enchantements de Maugis dans la caverne de Merlin, avec lui qu'elle délivra un matin Roland et d'autres chevaliers, tenus en servitude par Dragontine.

Grâce à lui, elle sortit invisible de la tour où l'avait enfermée un méchant vieillard. Mais pourquoi vais-je rappeler toutes ces choses, puisque vous les savez aussi bien que moi? Brunel, jusque dans sa propre demeure, vint lui ravir l'anneau qu'Agramant désirait posséder. Depuis, elle avait eu constamment la fortune contre elle, et finalement elle avait perdu son royaume.

Maintenant qu'elle se le voit en main, comme je l'ai dit, elle se sent tellement saisir de stupeur et d'allégresse, que, comme si elle craignait d'être en proie à un songe vain, elle en croit à peine à ses yeux, à sa main. Elle l'enlève de son doigt, et après l'avoir tenu dans chacune de ses mains, elle le met dans sa bouche. En moins de temps qu'un éclair, elle disparaît aux yeux de Roger, comme le soleil quand un nuage le voile.

Cependant Roger regardait tout autour de lui, et tournait comme un fou. Mais se rappelant soudain l'anneau, il resta confus et stupéfait, maudissant son inadvertance et accusant la dame d'avoir payé par cet acte d'ingratitude et de déloyauté le secours qu'elle avait eu de lui.

« — Ingrate damoiselle — disait-il — voilà le prix de mes services! tu aimes mieux voler l'anneau que de le recevoir en don? Pourquoi ne te l'aurais-je pas donné? Je t'aurais donné non seulement l'anneau, mais l'écu et le destrier ailé et moi-même. Tu peux disposer de moi comme tu veux, pourvu que tu ne me caches pas ton beau visage. Tu m'entends, cruelle, je le sais, et tu ne réponds pas. — »

Ainsi disant, il s'en allait autour de la fontaine, les bras étendus, comme un aveugle. Oh! combien de fois il embrassa l'air fluide, espérant embrasser en même temps la donzelle! Celle-ci s'était déjà éloignée; mais elle ne cessa de marcher jusqu'à ce qu'elle fût arrivée à une caverne qui, sous une montagne, s'ouvrait vaste et large, et où elle trouva les aliments dont elle avait besoin.

Là, habitait un vieux berger qui avait un nombreux troupeau de cavales. Les juments paissaient, au fond de la vallée, les herbes tendres, autour des frais ruisseaux. De chaque côté de la caverne, étaient des stalles où l'on pouvait fuir le soleil de midi. Angélique, sans se laisser encore voir, s'y reposa longtemps.

Et, sur le soir, à la fraîcheur, se sentant assez reposée, elle s'enveloppa d'un drap grossier, bien différent des vêtements gais, aux couleurs vertes, jaunes, bleues, azurées ou rouges, de toutes les couleurs imaginables enfin, qu'elle avait l'habitude de porter. Cette humble enveloppe ne peut cependant l'empêcher de ressembler à une belle et noble dame.

Qu'il se taise, celui qui loue Philis, ou Nérée, ou Amaryllis, ou Galatée qui fuit. O Tityre et Mélibée, avec votre permission, aucune d'elles ne l'égalait en beauté. La belle dame prit, parmi le troupeau de juments, celle qui lui convint le plus. Alors lui revint plus vivace le désir de retourner en Orient.

Pendant ce temps, Roger, après avoir cherché pendant longtemps en vain dans l'espoir de découvrir Angélique, s'apercevant enfin de son erreur et qu'elle s'était éloignée et ne l'entendait plus, était retourné à l'endroit où il avait laissé son cheval, pensant reprendre son voyage au ciel et sur terre. Mais il se trouva que le cheval, s'étant débarrassé du mors, s'élevait dans les airs en pleine liberté.

Roger fut très affecté, après sa déception, de se voir encore séparé du cheval-oiseau. Cette nouvelle mésaventure, non moins que la tromperie de femme dont il a été victime, lui oppresse le cœur. Mais ce qui lui pèse plus que l'une et l'autre, et ce dont il éprouve un sérieux ennui, c'est d'avoir perdu le précieux anneau, non pas tant à cause du pouvoir qui est en lui, que parce qu'il lui avait été donné par sa dame.

Tout dolent, il endossa de nouveau ses armes et remit l'écu à son épaule. Puis il s'éloigna de la mer, à travers les plaines herbeuses, et prit son chemin par une large vallée où, au milieu de hautes forêts pleines d'ombres, il vit le sentier le plus large et le plus fréquenté. Il ne va pas longtemps, sans entendre à sa droite, à l'endroit le plus touffu, un grand bruit retentir.

Il entend un bruit épouvantable, mêlé à un choc d'armes. Il hâte le pas parmi le taillis, et trouve deux guerriers en grande bataille, dans une étroite clairière. Leurs regards n'ont point de merci; ils semblent poursuivre je ne sais quelle dure vengeance. L'un est un géant à l'aspect féroce, l'autre est un franc et hardi chevalier.

Ce dernier se défend avec l'écu et l'épée, bondissant deçà, delà, pour ne pas être atteint par la massue que le géant brandit dans ses deux mains et dont il le menace sans cesse. Son cheval est étendu mort sur la route. Roger s'arrête, attentif au combat, et, au fond de l'âme, il désire que le chevalier soit vainqueur.

Il ne lui donne toutefois aucune aide, mais il se tient à l'écart et se contente de regarder. Voici qu'avec la massue, le plus grand frappe à deux mains sur le casque du plus petit. Sous le coup, le chevalier tombe. L'autre qui le voit par terre, privé de sentiment, lui délie le casque pour lui donner la mort, de sorte que Roger peut voir sa figure.

Roger reconnaît le visage découvert de sa douce, belle et très chère dame Bradamante, et il voit que c'est à elle que l'impitoyable géant veut donner la mort. Aussi, sans perdre une seconde, il l'appelle à la bataille et apparaît soudain, l'épée nue. Mais le géant, sans attendre un nouveau combat, prend dans ses bras la dame évanouie.

Il la place sur son épaule et l'emporte. Ainsi fait le loup pour le petit agneau ; ainsi l'aigle saisit dans ses serres crochues la colombe ou tout autre oiseau. Roger voit combien son intervention est urgente, et il s'en vient, courant le plus qu'il peut ; mais le géant marche si vite et à pas si longs, que Roger peut à peine le suivre des yeux.

Ainsi courant, l'un devant, l'autre à sa suite, par un sentier ombreux et obscur qui allait en s'élargissant de plus en plus, ils sortirent du bois et débouchèrent dans un grand pré. Mais je ne vous parle pas davantage de cela, car je reviens à Roland qui avait jeté au plus profond de la mer l'arme foudroyante portée jadis par le roi Cimosque, afin qu'on ne la retrouvât plus jamais au monde.

Mais cela servit peu, car l'impitoyable ennemi de l'humaine nature l'avait inventée, prenant exemple sur la foudre qui déchire les nuées et se précipite du ciel sur la terre. Il ne nous avait pas fait de don plus funeste, depuis qu'il trompa Ève avec la pomme. Il la fit retrouver par un nécromant, au temps de nos grands-pères, ou peu avant.

La machine infernale, après être restée cachée pendant de longues années sous plus de cent brasses d'eau, fut ramenée à la surface par enchantement et portée tout d'abord chez les Allemands.

Ceux-ci, après de nombreuses expériences, et le démon, pour notre malheur, leur ouvrant de plus en plus l'esprit, en retrouvèrent enfin l'usage.

L'Italie, la France et toutes les autres nations du monde apprirent par la suite l'art cruel. Les uns donnèrent une forme creuse au bronze sorti liquéfié de la fournaise; les autres percèrent le fer et construisirent des armes de formes diverses, petites ou grandes, et plus ou moins pesantes. Ils nommèrent les unes bombardes, du bruit qu'elles faisaient en éclatant; les autres canons simples, d'autres canons doubles.

Il y en eut qu'on appela fusil, fauconneau, couleuvrine, selon la fantaisie de leur inventeur. Toutes déchirent le fer, brisent et pulvérisent le marbre, et s'ouvrent un chemin partout où elles passent. Remets à la forge, ô malheureux soldat, toutes les armes, jusqu'à ton épée, et prends sur ton épaule un mousquet ou une arquebuse, sans cela, je le sais trop, tu ne pourrais toucher aucune paye.

Comment as-tu trouvé place dans le cœur de l'homme, ô scélérate et odieuse invention? Par toi, la gloire militaire a été détruite; par toi, le métier des armes est sans honneur; par toi, la valeur et le courage ne sont plus rien, car le plus souvent le lâche l'emporte sur le brave. Grâce à toi, la vaillance et l'audace ne peuvent plus se prouver sur le champ de bataille.

Par toi, sont déjà tombés et périront encore tant de seigneurs et de chevaliers, avant que s'achève cette guerre qui a mis en larmes le monde entier, mais plus spécialement l'Italie ! Je vous ai dit, et je ne me trompe pas, que personne ne fut plus cruel parmi les esprits mauvais et impitoyables qui existèrent jamais au monde, que celui qui imagina de si abominables engins.

Et je croirai que Dieu, pour en tirer une éternelle vengeance, tient enfermé dans le plus profond du noir abîme, son âme maudite, près de celle de Judas le maudit. Mais suivons le chevalier qui brûle du désir d'arriver promptement à l'île d'Ébude, où les belles et faibles dames sont données en pâture à un monstre marin.

Mais plus le paladin avait hâte d'arriver, moins le vent paraissait en avoir. Qu'il soufflât de droite ou de gauche, ou même en pleine poupe, la marche était toujours si lente, qu'on ne pouvait faire que fort peu de chemin avec lui. Parfois, il s'affaissait complètement ; d'autres fois, il soufflait en sens si contraire, qu'on était forcé de retourner en arrière ou de louvoyer vers le nord.

Ce fut la volonté de Dieu qu'il n'arrivât pas dans l'île avant le roi d'Hibernie, afin que pût plus facilement s'accomplir ce que je vous ferai entendre quelques pages plus loin. Parvenant à la hauteur de l'île, Roland dit à son nocher : « — Tu peux maintenant jeter l'ancre ici et me donner un bateau, car je veux descendre sur l'écueil sans être accompagné,

« Et je veux emporter le plus gros câble et la plus grande ancre que tu aies sur ton navire ; je te ferai voir pourquoi je les emporte, si je viens à

me mesurer avec le monstre. — » Il fit mettre
l'esquif à la mer et y entra, avec tout ce qui pouvait servir ses projets. Il laissa toutes ses armes,
excepté son épée ; puis vers l'écueil il se dirigea
sans être accompagné de personne.

Les épaules tournées vers la partie du rivage où
il veut descendre, il tire les rames sur sa poitrine,
comme le homard qui, de la mer, cherche à gagner
le bord. C'était l'heure où la belle Aurore déployait
ses cheveux d'or au soleil encore à moitié découvert,
à moitié caché, non sans exciter la colère de la jalouse Téthys.

S'étant approché de l'écueil dénudé, à une distance que pourrait parcourir une pierre lancée par
une main vigoureuse, il croit entendre une plainte,
mais il n'en est pas bien sûr, tellement le bruit arrive à son oreille faible et confus. Aussitôt il se
tourne vers la gauche, et ayant abaissé ses yeux
sur les flots, il voit une dame nue comme à sa
naissance, liée à un tronc d'arbre, et dont les pieds
baignent dans l'eau.

Comme il en est encore éloigné, et qu'elle tient
le visage baissé, il ne peut pas la distinguer très
bien. Il fait force de rames et s'avance plein du
désir d'en apprendre davantage. Mais au même
moment, il entend la mer mugir, et résonner les
cavernes ainsi que les forêts. Les ondes se gonflent,
et voici qu'apparaît le monstre sous le ventre duquel la mer est presque cachée.

Comme d'une vallée sombre s'élève la nue imprégnée de pluie et de tempête, puis se répand sur la terre, plus noire que la nuit et semble éteindre le jour, ainsi nage la bête ; et elle occupe une si vaste place sur la mer, qu'on peut dire qu'elle la tient toute sous elle. Les ondes frémissent. Roland, recueilli en lui-même, la regarde d'un air hautain et ne change ni de cœur ni de visage.

Et comme celui qui est fermement résolu à accomplir ce qu'il a entrepris, il accourt en toute hâte. Pour défendre du même coup la damoiselle et attaquer la bête, il place l'esquif entre l'orque et sa proie. Laissant tranquillement son glaive au fourreau, il prend en main l'ancre et le câble, puis il attend, d'un grand cœur, l'horrible monstre.

Dès que l'orque fut près, et qu'elle eut aperçu Roland à peu de distance d'elle, elle ouvrit, pour l'engloutir, une telle bouche qu'un homme y serait entré à cheval. Roland s'avance aussitôt et plonge dans la gueule avec l'ancre, et, si je ne me trompe, avec le bateau ; il attache l'ancre au palais et dans la langue molle,

De façon que les horribles mâchoires ne puissent plus remonter ni descendre. Ainsi, dans les mines, le fer étaye la terre où l'on pratique une galerie, afin qu'un éboulement subit ne vienne pas ensevelir le mineur occupé à son travail. D'un bec à l'autre l'ancre est si large, que Roland ne peut y arriver qu'en sautant.

Après avoir placé ce support, et s'être assuré que le monstre ne peut plus fermer la bouche, il tire son épée, et dans cet antre obscur, deçà, delà, avec la taille et la pointe, il frappe. De même qu'une forteresse ne peut se défendre efficacement quand les ennemis ont pénétré dans ses murs, ainsi l'orque ne pouvait se défendre du paladin qu'elle avait dans la gueule.

Vaincue par la douleur, tantôt elle s'élance hors de la mer et montre ses flancs et son échine écailleuse ; tantôt elle plonge, et, avec son ventre, elle remue le fond et fait jaillir le sable. Sentant que l'eau devient trop abondante, le chevalier de France se met à la nage. Il sort de la gueule où il laisse l'ancre fixée, et prend dans sa main la corde qui pend après.

Et avec cette corde, il nage en toute hâte vers le rivage. Il y pose solidement le pied, et tire à lui l'ancre dont les deux pointes étaient serrées dans la bouche du monstre. L'orque est forcée de suivre le câble mu par une force qui n'a pas d'égale, par une force qui, en une seule secousse, tire plus que ne pourraient le faire dix cabestans.

De même que le taureau sauvage qui se sent jeté à l'improviste un lazzo autour des cornes, saute deçà, delà, tourne sur lui-même, se couche et se lève, sans pouvoir se débarrasser, ainsi l'orque, tirée hors de son antique séjour maternel par la force du bras de Roland, suit la corde avec mille soubresauts, mille détours étranges, et ne peut s'en détacher.

Le sang découle de sa bouche en telle quantité, que cette mer pourrait s'appeler en ce moment la mer Rouge. Tantôt elle frappe les ondes avec une telle force, que vous les verriez s'ouvrir jusqu'au fond ; tantôt celles-ci montent jusqu'au ciel et cachent la lumière du soleil éclatant, tellement l'orque les fait rejaillir. A la rumeur, qui s'élève tout autour, on entend retentir les forêts, les montagnes et les plages lointaines.

Le vieux Protée, entendant une telle rumeur, sort de sa grotte et s'élève sur la mer. Quand il voit Roland entrer dans l'orque et en sortir, et traîner sur le rivage un poisson si démesuré, il s'enfuit à travers le profond océan, oubliant ses troupeaux épars. Le tumulte s'accroît au point que Neptune, ayant fait atteler ses dauphins à son char, courut ce jour-là jusqu'en Éthiopie.

Ino, toute en pleurs, tenant Mélicerte à son cou ; et les néréides aux cheveux épars ; les glauques tritons et les autres, s'en vont éperdus sans savoir où, les uns ici, les autres là, pour se sauver. Roland, après avoir tiré sur le rivage l'horrible poisson, voit qu'il n'a plus besoin de s'acharner davantage après lui, car, épuisé par les blessures et la résistance qu'il avait opposée, il était mort avant de toucher le sable.

Un grand nombre d'habitants de l'île étaient accourus pour contempler l'étrange bataille. Fanatisés par une religion fausse, ils regardèrent cette œuvre sainte comme une profanation. Ils se disaient qu'ils allaient se rendre de nouveau Protée ennemi, attirer sa colère insensée, et qu'il ramènerait ses troupeaux marins sur leurs terres, pour recommencer la guerre qu'il leur avait déjà faite ;

Et qu'il serait préférable de demander la paix au

dieu offensé avant qu'il fût arrivé pis. Ils pensèrent qu'ils apaiseraient Protée en jetant à la mer l'audacieux chevalier. Comme la flamme d'une torche se propage rapidement et arrive à enflammer toute une contrée, ainsi le dessein de jeter Roland à l'eau passe d'un cœur à l'autre.

Ils s'arment qui d'une fronde, qui d'un arc, qui d'un javelot, qui d'une épée, et descendent au rivage. Par devant, par derrière, de tous côtés, de loin et de près, ils l'attaquent de leur mieux. Le paladin s'étonne d'une si brutale et si injuste agression, et de se voir injurier à cause de la mort du monstre dont il espérait tirer gloire et récompense.

Mais comme l'ours qui, dans les foires, est mené par des Russes ou des Lithuaniens, ne s'émeut pas, lorsqu'il passe dans les rues, de l'importun aboiement des petits chiens qu'il ne daigne seulement pas regarder, le paladin redoutait peu ces vilains dont, avec un souffle, il aurait pu broyer toute la bande.

Et bien vite il se fit faire place, car il lui suffit de se retourner et de saisir Durandal. Cette foule insensée s'était imaginée qu'il ferait peu de résistance, ne lui voyant ni cuirassé sur le dos, ni écu au bras, ni aucune autre armure. Mais elle ignorait que, de la tête aux pieds, il avait la peau plus dure que le diamant.

Mais il n'est pas interdit à Roland de faire aux autres ce que les autres ne peuvent lui faire à lui-même. Il en occit trente en dix coups d'épée, ou s'il en employa plus, il ne dépassa pas ce nombre de beaucoup. Il eut bientôt débarrassé la plage autour de lui, et il se retournait déjà pour délier la dame, quand un nouveau tumulte et de nouveaux cris firent résonner une autre partie du rivage.

Pendant que le paladin avait retenu de ce côté les barbares insulaires, les Irlandais étaient descendus sans obstacle sur plusieurs points de l'île. Toute pitié étant éteinte en leur âme, ils avaient fait de tous côtés un effroyable carnage de toute la population. Soit justice, soit cruauté, ils n'épargnèrent ni le sexe, ni l'âge.

Les insulaires firent peu ou point de résistance, soit qu'ils eussent été assaillis trop à l'improviste, soit que l'île contînt peu d'habitants et qu'ils n'eussent été en aucune façon prévenus; leurs biens furent saccagés; on mit le feu aux habitations, et la population fut égorgée. Les remparts de la ville furent rasés au niveau du sol. Pas un être n'y fut laissé vivant.

Roland, sans se laisser troubler par cette grande rumeur, ces cris et ces ruines, s'en vint vers celle qui était attachée sur la pierre sombre pour être dévorée par l'orque marine. Il la regarde et il lui semble qu'il la reconnaît, et plus il s'approche, plus il croit reconnaître Olympie. C'était en effet Olympie qui avait reçu une si injuste récompense de sa fidélité.

Malheureuse Olympie! après les chagrins que lui avait causés l'amour, la fortune cruelle lui envoya le jour même des corsaires qui la transportèrent dans l'île d'Ebude. Elle reconnaît Roland à son retour sur le rivage, mais à cause de sa nudité, elle tient la tête baissée, et non seulement elle ne lui parle pas, mais elle n'ose pas lever les yeux sur lui.

Roland lui demande quel sort inique l'a conduite dans l'île, alors qu'il l'avait laissée avec son époux aussi heureuse qu'on peut l'être. « — Je ne sais — dit-elle — si j'ai à vous rendre grâce de m'avoir soustraite à la mort, ou si je dois me plaindre de ce que vous soyez cause que mes misères n'aient point été terminées aujourd'hui.

« Je dois, il est vrai, vous savoir gré de m'avoir soustraite à une sorte de mort trop horrible. Il eût été trop affreux d'être engloutie dans le ventre de cette brute, mais je ne puis vous remercier de m'avoir empêchée de périr, car la mort seule peut terminer ma misère. Je vous serai reconnaissante, au contraire, si je me vois, par vous, donner cette mort qui peut m'arracher à tous mes maux. — »

Puis, au milieu d'abondantes larmes, elle poursuivit, disant comment son époux l'avait trahie, et comment il l'avait laissée endormie dans l'île, où elle fut ensuite enlevée par les corsaires. Et, pendant qu'elle parlait, elle se détournait, dans l'attitude où l'on voit, sculptée ou peinte, Diane au bain, alors qu'elle jette de l'eau au visage d'Actéon.

Autant qu'elle peut, elle cache sa poitrine et son ventre, moins soucieuse de laisser voir les flancs et les reins. Roland cherche à faire entrer son esquif dans le port, afin de recouvrir de quelque vêtement celle qu'il avait délivrée de ses chaînes. Pendant qu'il s'en occupe, survient Obert, Obert le roi d'Hibernie, qui avait appris que le monstre marin gisait sur le rivage,

Et qu'un chevalier était allé à la nage lui placer dans la gueule une grosse ancre, et qu'il l'avait ainsi tiré sur le rivage, comme on tire un navire hors de l'eau. Obert, pour s'assurer qu'on lui a bien dit la vérité, est venu lui-même, pendant que ses gens livrent de tous côtés l'île d'Ébude à la flamme et à la destruction.

Bien que Roland fût tout couvert de sang et de vase — je veux parler du sang dont il s'était teint quand il sortit de l'orque où il était entré — le roi d'Hibernie le reconnut pour le comte, d'autant plus qu'en apprenant la nouvelle, il avait bien pensé qu'un autre que Roland n'aurait pu donner une telle preuve de force et de valeur.

Il le connaissait, car il avait été infant d'honneur en France, et en était parti, l'année précédente, pour prendre la couronne que son père lui avait laissée en mourant. Il avait eu l'occasion de voir souvent Roland et de lui parler une infinité de fois. Il court l'embrasser et lui fait fête, après avoir ôté le casque qu'il avait sur la tête.

Roland ne montre pas moins de contentement à voir le roi, que le roi n'en montre à le voir lui-même. Après qu'ils eurent l'un et l'autre redoublé leurs embrassements, Roland raconta à Obert la trahison faite à la jeune femme, et comment le perfide Birène en avait été l'auteur, lui qui aurait dû moins que tout autre s'en rendre coupable.

Il lui dit les preuves d'amour qu'elle lui avait si souvent données; comment elle avait perdu ses parents et ses biens, et comment enfin elle voulait mourir pour lui, ajoutant qu'il avait été témoin d'une grande partie de ces événements et qu'il pouvait en rendre bon compte. Pendant qu'il parlait, les beaux yeux bleus de la dame s'étaient remplis de larmes.

Son beau visage ressemblait à un ciel de printemps, quand la pluie tombe et qu'en même temps le soleil se dégage de son voile nuageux. De même que le rossignol secoue alors doucement ses plumes sous les rameaux reverdis, ainsi Amour se baigne dans les larmes de la belle et se réjouit de leur éclat.

A la flamme de ces beaux yeux, il forge la flèche dorée qu'il trempe dans le ruisseau de larmes qui descend sur les fleurs vermeilles et blanches de ses joues; dès que le trait est trempé, il le décoche avec force contre le jeune Obert que ne peuvent défendre l'écu ni la cotte de mailles, ni la cuirasse de fer. Pendant qu'il regarde les yeux et la chevelure d'Olympie, il se sent blessé au cœur, et il ne sait comment.

La beauté d'Olympie était des plus rares. Elle n'avait pas seulement remarquables le front, les yeux, les joues, les cheveux, la bouche, le nez, les épaules et la gorge; mais au-dessous des seins, les parties du corps qui d'habitude étaient cachées par les vêtements, étaient si parfaites, qu'elles l'emportaient sur tout au monde.

Elles surpassaient en blancheur la neige immaculée et étaient au toucher plus douces que l'ivoire. Les seins arrondis ressemblaient au lait qui s'échappe des corbeilles de jonc. Au milieu, descendait un étroit espace, pareil aux nombreuses vallées que l'on voit se former entre les collines, quand la douce saison fait fondre les neiges amoncelées par l'hiver.

Les flancs élancés, les belles hanches, le ventre plus poli et plus net qu'un miroir, paraissaient, de même que les cuisses blanches, sculptés par Phidias ou par une main plus experte encore. Dois-je aussi parler de ces parties qu'elle s'efforçait en vain de cacher? Je dirai, en somme, qu'en elle, de la tête aux pieds, se voyait autant de beauté qu'il en peut exister.

Si, dans les vallées de l'Ida, elle eût été vue par le berger phrygien, je ne sais trop si Vénus, bien qu'elle eût vaincu les autres déesses, aurait remporté le prix de beauté. Pâris ne serait point allé dans les pays d'Amiclée violer l'hospitalité sainte, mais il aurait dit : Hélène, reste avec Ménélas, car je n'en veux pas d'autre que celle-ci.

Et si elle avait été à Crotone, lorsque Zeuxis, voulant exécuter le tableau destiné au temple de Junon, fit poser nues tant de belles auxquelles il fut obligé, pour obtenir la perfection, de copier à chacune une partie du corps, il n'aurait pas eu besoin d'avoir recours à d'autres qu'à Olympie, car toutes les beautés étaient réunies en elle.

Je ne crois pas que jamais Birène eût vu ce beau corps dans sa nudité, car je suis certain qu'il n'aurait pas eu le courage de l'abandonner dans l'île déserte. Obert s'en enflamme, et j'en conclus que le feu ne peut rester couvert. Il s'efforce de la consoler et de lui donner l'espoir qu'un grand bien sortira du malheur qui l'accable en ce moment.

Et il lui promet d'aller avec elle en Hollande, et de ne se point reposer qu'il ne l'ait rétablie dans ses États, et qu'il n'ait tiré une juste vengeance du parjure et du traître. Il y emploiera toutes les forces dont peut disposer l'Irlande, et il se mettra à l'œuvre le plus promptement possible. En attendant, il fait chercher parmi les maisons à demi brûlées des robes et des vêtements de femme.

Il ne sera pas besoin, pour trouver des robes, d'en envoyer chercher hors de l'île, car il en est resté un grand nombre appartenant aux femmes données chaque jour en pâture au monstre. Sans chercher beaucoup, Obert en trouva en abondance et de toutes sortes. Il en fit revêtir Olympie, s'excusant de ne pouvoir la parer comme il aurait voulu.

Mais ni la soie brillante, ni l'or le plus fin qui soit jamais sorti des mains des Florentins industrieux, ni aucun vêtement, eût-il été l'œuvre de la patience et des soins de l'habile Minerve ou du dieu de Lemnos, ne lui auraient paru dignes de parer et de couvrir les beaux membres dont le souvenir le poursuivait sans cesse.

Le paladin Roland se montra à tous les points de vue très content de cet amour ; outre que le roi ne laisserait pas impunie la trahison de Birène, il se voyait par cette intervention déchargé d'une grave et ennuyeuse mission, car il n'était pas venu dans ces lieux pour Olympie, mais pour porter secours à sa dame.

Il était maintenant assuré qu'elle n'était pas dans l'île ; mais il n'avait pu savoir si elle y était venue, tous les habitants étant morts, et pas un seul n'étant resté d'une si grande population. Le jour suivant, on quitta le port, et ils s'en allèrent tous ensemble sur la flotte. Le paladin les suivit en Irlande, pour continuer sa route vers la France.

Il s'arrêta à peine un jour en Irlande, et les prières ne purent le faire rester davantage. Amour, qui le pousse à la recherche de sa dame, ne lui permet pas de s'arrêter plus longtemps. Il partit après avoir recommandé Olympie au roi. Il n'était pas besoin de rappeler à ce dernier ses promesses, car il fit beaucoup plus qu'il n'avait été convenu.

En peu de jours, il eut rassemblé une armée, et après avoir conclu alliance avec le roi d'Angleterre et le roi d'Écosse, il reprit la Hollande et ne laissa pas château ou ville debout en Frise. Il poussa la Zélande à la révolte et ne termina la guerre qu'après avoir mis à mort Birène, dont la peine fut loin d'égaler le crime.

Obert prit Olympie pour femme, et de simple comtesse en fit une grande reine. Mais retournons au paladin qui déploie ses voiles sur la mer et nuit et jour chemine. Il rejoignit le port d'où il avait tout d'abord pris la mer, et montant tout armé sur Bride-d'Or, il laissa derrière lui les vents et l'onde salée.

Je crois que pendant le reste de l'hiver il fit des choses dignes d'être racontées; mais elles furent alors tenues si secrètes, que ce n'est pas ma faute si je ne puis vous les redire. Roland était en effet plus prompt à accomplir des actions vaillantes qu'à les raconter ensuite; ceux-là seuls de ses hauts faits nous sont connus, qui ont pu avoir des témoins.

Comme il passa le reste de l'hiver sans faire parler de lui, on ne sut rien de bien certain à son égard; mais après que le soleil eut éclairé le signe de l'animal discret qu'emporta Phryxus, et que Zéphire, joyeux et suave, eut ramené le doux printemps, les admirables exploits de Roland reparurent avec les fleurs brillantes et la verdure nouvelle.

Du mont à la plaine, de la campagne au rivage de la mer, il va, plein de souci et de douleur. Soudain, à l'entrée d'un bois, un long cri, une plainte aiguë lui frappent les oreilles. Il presse son cheval, saisit son glaive fidèle et se dirige en toute hâte à l'endroit d'où vient le bruit. Mais je remets à une autre fois de vous dire ce qui s'ensuivit, si vous voulez bien m'écouter.

CHANT XII.

Argument. — Roland, toujours à la recherche d'Angélique, voit une femme qui lui ressemble dans les bras d'Atlante, lequel, changé en chevalier, paraît l'emporter. En le poursuivant, Roland parvient à un palais enchanté, où arrive également Roger qui court après celui qu'il prend pour le ravisseur de Bradamante. Angélique y arrive, elle aussi, et y trouve Roland, Sacripant, Ferragus, Gradasse et d'autres guerriers. Une querelle s'élève à son sujet entre quelques-uns d'entre eux, ce qui procure à Ferragus l'occasion de s'emparer du casque de Roland. Angélique se dirige vers le Levant et trouve dans un bois un jeune homme mortellement blessé. — Roland va vers Paris et détruit deux troupes de Maures. Plus loin il découvre un repaire de malandrins qui retiennent Isabelle prisonnière.

Lorsque Cérès, ayant quitté la mère des dieux, fut revenue en toute hâte dans la vallée solitaire où le mont Etna pèse sur les épaules d'Encelade foudroyé, elle ne trouva plus sa fille où elle l'avait laissée, loin de tout chemin fréquenté. Après s'être déchiré le visage, le sein, les cheveux, elle saisit deux pins ;

Elle les alluma aux feux de Vulcain et voulut qu'ils ne pussent jamais s'éteindre. Les tenant chacun dans une main, elle monta sur son char traîné par deux serpents, et chercha parmi les forêts, les champs, les monts, les plaines et les vallées, franchissant les fleuves, les marais, les torrents. Elle chercha sur terre et sur mer, et après avoir exploré la surface du monde entier, elle descendit dans les profondeurs du Tartare.

Si, comme il en avait le désir, Roland eût possédé le pouvoir de la déesse d'Éleusis, il n'aurait, dans sa recherche d'Angélique, laissé inexploré aucune forêt, aucun champ, aucun étang ou aucun ruisseau. Vallées, montagnes et plaines, la terre et la mer, le ciel et l'abîme de l'éternel oubli, il eût tout vu. Mais n'ayant pas le char et les dragons, il la cherchait du mieux qu'il pouvait.

Il l'a cherchée par toute la France. Maintenant il s'apprête à la chercher à travers l'Allemagne, la nouvelle et la vieille Castille, se proposant ensuite de passer la mer d'Espagne et d'aller en Lybie. Pendant qu'il songe à tout cela, une voix qui semble se plaindre parvient à son oreille. Il pousse en avant, et il voit devant lui un chevalier s'éloigner au trot d'un grand destrier.

Ce chevalier porte dans ses bras et retient par force, sur le devant de sa selle, une damoiselle qui paraît très affligée. Elle pleure et se débat avec l'apparence d'une grande douleur, et appelle à son secours. A peine le valeureux prince d'Anglante a-t-il vu cette jeune beauté, qu'il lui semble reconnaître celle qu'il a cherchée nuit et jour en France et dans les pays voisins.

Je ne dis pas que ce soit elle, mais elle ressemble à la gentille Angélique qu'il aime tant. Roland qui voit emporter sa dame, sa déesse, en proie à une telle douleur et à une telle désolation, est saisi de colère et de fureur. D'une voix terrible, il apostrophe le chevalier. Il l'apostrophe et le menace, et il pousse Bride-d'Or à toute bride.

Le félon ne s'arrête ni ne lui répond. Désireux de conserver sa précieuse proie, il va si rapide à travers les halliers, que le vent ne pourrait l'atteindre. L'un fuit, l'autre le chasse, et l'on entend les forêts profondes retentir de lamentations furieuses. Ils débouchèrent, en courant, dans un grand pré, au milieu duquel s'élevait une vaste et riche demeure.

Ce palais magnifique avait été fort habilement construit en marbres variés. Le chevalier, la donzelle sur son bras, courut droit à la porte d'or qui s'ouvrait au beau milieu. Presque au même instant arriva Bride-d'Or, portant Roland menaçant et dédaigneux. Aussitôt qu'il est entré dans le palais, Roland jette les yeux autour de lui, mais il ne voit plus le guerrier ni la donzelle.

Il descend aussitôt de cheval et parcourt, tout fulminant, les moindres recoins de cette belle demeure. Il court deçà, delà, et visite, sans se lasser, chaque chambre, chaque appartement. Après avoir fouillé tout l'étage inférieur, il monte les escaliers et ne perd pas moins son temps et sa peine à chercher en haut, qu'il n'en a perdu à chercher en bas.

Il voit les lits ornés d'or et de soie. Les murs, les parois et les parquets où il pose le pied, disparaissent sous les courtines et les tapis. En haut, en bas, le comte Roland va et vient, sans que ses yeux aient la joie de revoir Angélique, ou le voleur qui a ravi le beau visage aimé.

Et pendant qu'il portait en vain ses pas d'un côté et d'autre, plein de fatigue et de soucis, il rencontre Ferragus, Brandimart, le roi Gradasse, le roi Sacripant, et d'autres chevaliers qui s'en allaient en bas, en haut, faisant, comme lui, de vains détours, et maudissant l'invisible seigneur de ce palais.

Ils s'en vont tous cherchant, se plaignant tous de quelque larcin qu'on leur a fait. Celui-ci est en quête du destrier qu'on lui a enlevé; celui-là enrage d'avoir perdu sa dame; ceux-là accusent le châtelain d'autres méfaits; et tous sont tellement ensorcelés, qu'ils ne savent pas sortir de cette cage, où, depuis des semaines entières et des mois, ils sont retenus par cet enchantement.

Roland, après avoir fouillé quatre ou six fois tout l'étrange palais, dit à part soi : « — Je perdrais ici mon temps et ma peine, et peut-être le voleur a-t-il entraîné Angélique par une autre sortie, et est-il déjà loin. — » Guidé par cette pensée, il sort dans le pré verdoyant dont le palais était entouré.

Pendant qu'il faisait le tour de ce lieu champêtre, tenant les yeux fixés à terre, pour voir si, soit à droite, soit à gauche, il ne verra pas les traces d'un passage récent, il s'entend appeler d'une fenêtre. Il lève les yeux, et il lui semble entendre le parler divin, il lui semble voir le visage de celle qui l'a rendu si différent de ce qu'il était jadis.

Il lui semble entendre Angélique lui dire, à travers ses pleurs et ses prières : « — Viens, viens à mon aide ! Je te recommande ma virginité, qui m'est plus chère que mon âme, que ma vie. En présence de mon cher Roland, me sera-t-elle donc ravie par ce voleur ? Donne-moi plutôt la mort de ta main, que de me laisser subir un sort si cruel. — »

Ces paroles font revenir Roland, qui parcourt encore une ou deux fois chaque chambre, avec une nouvelle ardeur, et dont l'espoir allège la fatigue. Tantôt il s'arrête, croyant entendre une voix, qui ressemble à celle d'Angélique, réclamer son secours; mais il ne sait d'où elle vient, car tandis qu'il est d'un côté, elle se fait entendre d'un autre.

Mais revenons à Roger que j'ai laissé dans un sentier ombreux et obscur, au moment où, après avoir suivi le géant et sa dame, il a débouché du bois dans un grand pré. Il arriva à l'endroit où venait d'arriver Roland, si je reconnais bien le lieu. L'énorme géant disparut par la porte, et Roger, sans se lasser de le suivre, y entra après lui.

Dès qu'il a mis le pied sur le seuil, il regarde dans la grande cour et à travers les galeries. Il ne voit plus le géant ni sa dame, et c'est en vain qu'il tourne les yeux de tous côtés. En haut, en bas, il va et vient sans jamais rencontrer ce qu'il cherche. Il ne sait où le félon s'est caché avec la dame.

Après avoir passé quatre ou cinq fois en revue

les galeries et les salles, il y revient encore et ne s'arrête pas avant d'avoir cherché jusque sous les escaliers. Espérant qu'il les trouvera dans les forêts voisines, il part, mais une voix pareille à celle qui a appelé Roland l'appelle aussi et le fait rentrer de nouveau dans le palais.

La même voix, la même apparition que Roland avait prise pour Angélique, semble être à Roger la dame de Dordogne, dont il est de même séparé. De même à Gradasse et à tous ceux qui, comme lui, allaient errant dans le palais, l'apparition semble être la chose que chacun d'eux désire le plus.

C'était un nouvel et étrange enchantement imaginé par Atlante de Carène pour occuper tellement Roger à cette fatigue, à cette douce peine, qu'il pût échapper au funeste destin qui devait le faire mourir jeune. Après le château d'acier, qui ne lui avait pas réussi, après Alcine, il a encore voulu faire cet essai.

Atlante a attiré et tient dans cet enchantement, non seulement Roger, mais tous les chevaliers qui ont le plus de renommée en France, afin que Roger ne meurre pas de leur main. Et pendant qu'il les retenait dans cette demeure, il avait approvisionné abondamment le palais afin de ne laisser manquer de rien les dames et les chevaliers qui s'y trouvaient.

Mais revenons à Angélique. Ayant avec elle cet anneau si merveilleux qu'en le mettant dans sa bouche elle disparaît aux regards, elle porte à son doigt un préservatif assuré contre tout enchantement. Après avoir trouvé, dans la caverne de la montagne, de la nourriture, une haquenée et des vêtements autant qu'il lui en fallait, elle avait résolu de retourner dans son beau royaume de l'Inde.

Elle aurait voulu volontiers avoir pour escorte Roland ou Sacripant, non pas que l'un lui fût plus cher que l'autre, car elle s'était toujours montrée rebelle à leurs désirs ; mais devant, pour regagner le Levant, passer par tant de villes, de châteaux, elle avait besoin d'un guide, d'une escorte, et elle ne pouvait avoir en d'autres une plus grande confiance.

Elle les chercha longtemps l'un et l'autre, sans en découvrir la moindre trace, tantôt dans les cités, tantôt dans les villas, dans les forêts profondes et sur tous les chemins. Enfin la fortune la pousse vers le palais où Atlante avait réuni dans un étrange enchantement le comte Roland, Ferragus, Sacripant, Roger, Gradasse et tant d'autres ;

Elle y entre, car le magicien ne peut la voir. Elle cherche partout, invisible grâce à son anneau. Elle trouve Roland et Sacripant qui la cherchent vainement dans cette demeure. Elle voit comment, en leur présentant son image, Atlante les trompe l'un et l'autre. Pendant longtemps, elle se demande lequel des deux elle doit prendre pour compagnon, et elle ne sait à quoi se résoudre.

Elle ne sait pas lequel des deux il lui vaudrait le mieux avoir avec elle, du comte Roland ou du fier roi de Circassie. Roland pourra la défendre plus vaillamment et plus efficacement dans les moments périlleux ; mais si elle en fait son guide, elle risque d'en faire son maître, car elle ne voit pas comment elle pourrait s'en faire constamment obéir, ou même le renvoyer en France quand elle n'aura plus besoin de lui.

Quant au Circassien, elle pourra le renvoyer quand il lui plaira, l'eût-elle déjà fait monter au ciel. Cette seule raison la décide à le prendre pour escorte, à se fier à sa foi et à son zèle. Elle ôte l'anneau de sa bouche, et montre son visage sans voile aux regards de Sacripant. Elle croit s'être montrée à lui seul, mais soudain Roland et Ferragus surviennent.

Surviennent Roland et Ferragus. L'un et l'autre rôdaient en haut, en bas, au dedans et au dehors, cherchant dans l'immense palais celle qui était leur divinité. Ils coururent tous à la dame, car aucun enchantement ne les retenait plus, l'anneau qu'elle avait à sa main rendant vaines toutes les inventions d'Atlante.

Deux des guerriers que je chante avaient la cuirasse au dos et le casque en tête. Depuis qu'ils étaient entrés dans cette demeure, ils ne les avaient quittés ni le jour ni la nuit, car l'habitude qu'ils en avaient les leur rendait aussi faciles à porter que de simples vêtements. Le troisième, Ferragus, était aussi armé, mais il n'avait pas de casque et ne voulait pas en avoir,

Jusqu'à ce qu'il eût celui que le paladin Roland avait enlevé au frère du roi Trojan. Il l'avait juré lorsqu'il avait en vain cherché dans la rivière le casque fin de l'Argail. Bien qu'il ait eu Roland pour voisin dans ce palais, Ferragus n'en est pas venu aux mains avec lui, car ils ne se pouvaient reconnaître entre eux, tant qu'ils seraient dans cette enceinte.

Cette demeure était enchantée de telle sorte qu'ils ne pouvaient se reconnaître entre eux. Ni le jour ni la nuit, ils ne quittaient l'épée, le haubert ou l'écu. Leurs chevaux, la selle sur le dos, le mors suspendu à l'arçon, mangeaient dans une écurie, située près de l'entrée, et constamment fournie d'orge et de paille.

Atlante ne saurait et ne pourrait empêcher les guerriers de remonter en selle pour courir derrière les joues vermeilles, les cheveux d'or et les beaux yeux noirs de la donzelle qui fuit sur sa jument qu'elle talonne. Elle voit avec déplaisir les trois amants réunis, car elle les aurait peut-être choisis l'un après l'autre.

Quand elle les eut assez éloignés du palais pour ne plus craindre que l'enchanteur maudit pût exercer sur eux son pouvoir pernicieux, elle porta à ses lèvres de rose l'anneau qui lui avait fait éviter plus d'un danger. Soudain, elle disparut à leurs yeux, les laissant comme insensés et stupéfaits.

Son premier projet était de prendre avec elle Roland ou Sacripant qui l'aurait accompagnée dans son retour au royaume de Galafron, dans l'extrême Orient; mais soudain il lui vint un profond dédain pour tous les deux. Changeant en un instant de résolution, elle ne voulut rien devoir ni à l'un ni à l'autre, et pensa que son anneau lui suffirait pour les remplacer.

Les trois guerriers bafoués portent leurs regards stupéfaits d'un côté et d'autre à travers le bois. Tel le chien qui a perdu la trace du lièvre ou du renard qu'il chassait et qui s'est dérobé à l'improviste dans un terrier étroit, dans un épais taillis ou dans quelque fossé. La dédaigneuse Angélique se rit d'eux, car elle est invisible, et elle observe leurs mouvements.

Au milieu du bois se montre un seul chemin. Les chevaliers croient que la donzelle s'en va par là devant eux, car il est impossible de sortir d'un autre côté. Roland y court, Ferragus le suit, et Sacripant n'est pas moins prompt à donner de l'éperon. Angélique retient la bride à sa bête et derrière eux s'avance paisiblement.

Lorsqu'ils furent arrivés, tout courant, à l'endroit où le sentier se perdait dans la forêt, les chevaliers commencèrent à regarder dans l'herbe s'ils ne trouveraient pas quelques traces. Ferragus, qui parmi les plus hautains aurait pu avoir la couronne, se tourna vers les deux autres d'un air farouche, et leur cria : « — D'où venez-vous ?

« Retournez en arrière, ou prenez une autre voie, si vous ne voulez pas rester morts ici. Sachez que je ne souffre pas de compagnon quand il s'agit d'aimer ou de suivre ma dame. — » Roland dit au Circassien : « — Celui-ci pourrait-il s'exprimer autrement, s'il nous avait rencontrés tous les deux parmi les plus viles et les plus timides putains qui aient jamais tiré la laine des quenouilles? — »

Puis, tourné vers Ferragus, il dit : « — Brute, si je ne tenais compte que tu es sans casque, je t'apprendrais sans retard à connaître si ce que tu as dit est bien ou mal. — » L'Espagnol répondit : « — Pourquoi t'inquiètes-tu de ce qui m'est à moi fort indifférent? Moi seul, contre vous deux, je suis bon pour soutenir ce que j'ai dit, bien que je sois sans casque. — »

« — Ah! — dit Roland au roi de Circassie — rends-moi le service de lui prêter ton casque, afin que je le guérisse de sa folie, car je n'en ai jamais vu de semblable à la sienne. — » Le roi répondit : « — Qui serait le plus fou de nous trois? Si cette proposition te paraît honnête, prête-lui le tien; je ne serai pas moins capable que toi peut-être de corriger un fou. — »

Ferragus reprit : « — C'est vous qui êtes des imbéciles; s'il m'eût convenu de porter un casque, vous n'auriez déjà plus les vôtres, car je vous les aurais enlevés malgré vous. Mais pour vous raconter en partie mes affaires, sachez que je vais sans casque, et que j'irai de la sorte, jusqu'à ce que j'aie celui que porte sur sa tête le paladin Roland. — »

« — Donc — répondit en souriant le comte — tu penses pouvoir faire, tête nue, à Roland, ce que celui-ci fit jadis dans Aspromonte au fils d'Agolant? Je crois, au contraire, moi, que si tu le voyais face à face, tu tremblerais de la tête aux pieds. Loin de songer à vouloir son casque, tu lui donnerais de toi-même les autres armes dont tu es revêtu. — »

L'Espagnol vantard dit : « — Déjà plusieurs fois, j'ai tenu Roland tellement serré, que j'aurais pu facilement lui enlever toutes les armes qu'il avait sur le dos, et non pas seulement son casque. Si je ne l'ai pas fait, c'est qu'alors je n'avais pas formé le dessein que j'ai depuis conçu ; maintenant je l'ai résolu, et j'espère pouvoir l'accomplir sans peine. — »

Roland ne put se contenir plus longtemps ; il cria : « — Menteur, brute de païen, en quel pays, à quel moment m'as-tu tenu en ton pouvoir, les armes à la main? Ce paladin que tu vas te vantant d'avoir vaincu, c'est moi. Tu pensais qu'il était loin. Or, voyons si tu pourras m'enlever le casque, ou si je suis bon pour t'enlever à toi-même tes autres armes?

« Je ne veux pas conserver sur toi le moindre avantage. — » Ainsi disant, il délace son casque et le suspend à une branche de hêtre. En même temps, il tire Durandal. Ferragus, sans perdre le moins du monde courage, tire son épée et se met en position, de manière à pouvoir avec elle et avec son écu levé, couvrir sa tête nue.

Les deux guerriers commencèrent par faire décrire un cercle à leurs chevaux, tentant avec le fer le défaut de leurs cuirasses. Il n'y avait pas dans le monde entier un autre couple qu'on eût pu comparer à celui-là. Égaux en force et en vaillance, ils ne pouvaient se blesser ni l'un ni l'autre.

Car vous avez déjà entendu dire, mon seigneur, que Ferragus était invulnérable sur tout le corps, excepté à l'endroit où l'enfant prend sa première nourriture, alors qu'il est encore dans le ventre de sa mère. Jusqu'au jour où la pierre sombre du tombeau lui recouvrit la face, il porta sur cette partie, où il était accessible, sept plaques d'acier de la meilleure trempe.

Le prince d'Anglante était également invulnérable sur tout le corps, hors une partie. Il pouvait être blessé sous la plante des pieds; mais il la garantissait avec beaucoup de soin et d'art. Le reste de son corps était plus dur que le diamant, si la renommée nous a rapporté la vérité. L'un et l'autre, à la poursuite de leurs entreprises, allaient tout armés, plutôt comme ornement que par besoin.

La bataille devient cruelle, âpre, terrible à voir et pleine d'épouvante. Ferragus, soit qu'il frappe de la pointe ou de la taille, ne porte pas une botte qui ne tombe en plein. Chaque coup de Roland ouvre, rompt ou brise une plaque ou une maille. Angélique, invisible, assiste seule à un pareil spectacle.

Pendant ce temps, en effet, le roi de Circassie, pensant qu'Angélique courait non loin en avant, et voyant Ferragus et Roland aux prises, avait pris le chemin par lequel il croyait que la donzelle s'était échappée quand elle avait disparu à leurs yeux. C'est ainsi que la fille de Galafron fut seule témoin de cette bataille.

Après qu'elle l'eut contemplée quelque temps, saisie d'horreur et d'épouvante, le résultat lui en parut aussi dangereux pour elle d'un côté comme de l'autre. Une nouvelle pensée lui vient alors à l'esprit ; elle se décide à enlever le casque pour voir ce que feront les deux guerriers quand ils s'apercevront qu'il a été enlevé ; elle a toutefois la pensée de ne pas le garder longtemps.

Elle a bien l'intention de le rendre au comte, mais elle veut auparavant s'en amuser un peu. Elle détache le casque, puis elle s'éloigne sans rien leur dire. Elle était déjà loin, avant que l'un d'eux se fût aperçu du larcin, tellement l'un et l'autre étaient embrasés de colère.

Mais Ferragus, ayant le premier levé les yeux, s'écarte de Roland et lui dit : « — Vois, le chevalier qui était avec nous nous a traités comme des dupes et des sots ! Quel prix le vainqueur retirera-t-il de sa victoire, puisque celui-ci nous a volé le beau casque ? — » Roland s'arrête et jette les yeux sur la branche d'arbre ; il n'y voit plus le casque, et il est tout enflammé de colère.

Comme Ferragus, il conclut que c'était le chevalier qui était auparavant avec eux qui l'avait emporté. Tournant la bride, il fait sentir les éperons à Bride-d'Or. Ferragus, le voyant s'éloigner du champ de bataille, le suivit. Ils arrivèrent bientôt à un endroit où apparaissaient sur l'herbe les traces nouvelles du Circassien et de la donzelle.

Le comte prit sa route à gauche, vers une

vallée où le Circassien s'était dirigé lui-même. Quant à Ferragus, il se tint plus près de la montagne, là où était le sentier qu'Angélique avait suivi. En ce moment, Angélique était arrivée près d'une fontaine, dans un site ombreux et agréable, invitant chaque passant à s'arrêter sous ses ombres fraîches et à ne point la quitter sans y avoir bu.

Angélique s'arrête près des eaux claires, ne pensant pas que personne survienne. Grâce à l'anneau magique qui la cache, elle ne craint pas qu'aucun mauvais cas puisse lui arriver. Aussitôt descendue sur l'herbe épaisse de la rive, elle suspend le casque à une branche, puis elle cherche l'endroit le plus frais pour y lier sa jument et la faire paître.

Le chevalier d'Espagne qui avait suivi ses traces arrive à la fontaine. Angélique ne l'a pas plus tôt vu, qu'elle se rend invisible et remonte sur sa haquenée. Elle ne peut reprendre le casque qui était tombé sur l'herbe et avait roulé loin d'elle. Aussitôt que le païen eut aperçu Angélique, il courut à elle plein de joie.

Mais elle disparut, comme j'ai dit, avant qu'il eût pu la saisir, ainsi que disparaissent au réveil les fantômes vus en songe. Il s'en va, la cherchant à travers les arbres, et ses yeux impuissants ne peuvent plus la voir. Blasphémant Mahomet, Trivigant et tous les chefs de sa religion, Ferragus s'en revient à la fin vers la fontaine où, dans l'herbe, gisait le casque du comte.

Il le reconnut, dès qu'il l'eût vu, à l'inscription

gravée sur la visière et qui disait où Roland l'avait acquis, comment et quand, et à qui il l'avait enlevé. Le païen s'en arma la tête et le col, son chagrin ne l'empêchant point de le prendre, je veux dire le chagrin qu'il éprouvait d'avoir vu disparaître sa dame, comme disparaissent les esprits nocturnes.

Après qu'il a lacé sur sa tête le casque redouté, il pense que, pour qu'il soit pleinement satisfait, il ne lui reste plus qu'à retrouver Angélique qui apparaît et disparaît à ses yeux comme un éclair. Il la chercha par toute la forêt, et quand il eut perdu l'espoir de retrouver ses traces, il regagna le camp espagnol vers Paris,

Adoucissant la douleur cuisante qu'il éprouvait de n'avoir pu assouvir son grand désir, par le plaisir de posséder le casque qui avait appartenu à Roland, ainsi qu'il en avait fait le serment. Le comte en fut par la suite instruit, et il chercha longtemps Ferragus, jusqu'au jour où il lui enleva le casque de la tête, après lui avoir arraché la vie entre deux ponts.

Angélique, invisible et seule, poursuit son chemin, le visage troublé. Elle regrette qu'une trop grande précipitation lui ait fait laisser le casque près de la fontaine : « — J'ai fait une chose qu'il ne m'appartenait pas de faire — se disait-elle à elle-même — en enlevant au comte son casque. C'est là la première récompense, et elle est assez étrange, de tant de services que je lui dois!

« C'est dans une bonne intention, Dieu le sait,

que j'ai enlevé le casque, bien que l'effet produit ait été tout autre de ce que j'espérais. Ma seule pensée fut de mettre fin au combat, et non pas de donner l'occasion à cette brute d'Espagnol de satisfaire aujourd'hui son désir. — » Ainsi elle allait, s'accusant elle-même d'avoir privé Roland de son casque.

Mécontente et de mauvaise humeur, elle prit le chemin qui lui parut le meilleur pour aller vers l'Orient. La plupart du temps, elle marchait invisible; d'autrefois elle se montrait, selon qu'il lui semblait opportun, et selon les gens qu'elle rencontrait. Après avoir vu de nombreux pays, elle arriva à un bois où elle trouva un jouvenceau blessé au beau milieu de la poitrine, et gisant entre deux de ses compagnons morts.

Mais je n'en dirai pas davantage pour le moment sur Angélique, car j'ai beaucoup de choses à vous raconter avant de revenir à elle. Je ne consacrerai pas non plus, du moins de longtemps, d'autres vers à Ferragus et à Sacripant. Je suis forcé de les laisser pour le prince d'Anglante, dont je dois m'occuper avant tous les autres. Je dois dire les fatigues et les angoisses éprouvées par lui à la poursuite du grand désir qu'il ne parvint jamais à satisfaire.

A la première cité qu'il trouve sur son chemin, comme il a grand soin de voyager incognito, il met sur sa tête un casque nouveau, sans regarder si la trempe en est faible ou forte. Qu'elle soit ce qu'elle voudra, peu lui importe, puisqu'il est rassuré par l'enchantement qui le rend invulnérable. Ainsi couvert, il poursuit sa recherche; le jour, la nuit, la pluie, le soleil ne peuvent l'arrêter.

A l'heure où Phébus fait sortir de la mer ses chevaux au poil humide, où l'Aurore s'en vient parsemer tout le ciel de fleurs jaunes et vermeilles, où les étoiles abandonnant leurs chœurs nocturnes ont déjà disparu sous un voile, Roland, passant un jour près de Paris, donna une preuve éclatante de sa valeur.

Il se rencontra avec deux escadrons. Le premier était conduit par Manilard, Sarrasin aux cheveux blancs, roi de Noricie; jadis fier et vaillant, et maintenant meilleur pour le conseil que pour le combat. L'autre suivait l'étendard du roi de Trémisène, tenu pour un chevalier accompli parmi les Africains. Ceux qui le connaissaient l'appelaient Alzird.

Ces gens, avec le reste de l'armée païenne, avaient séjourné pendant l'hiver, les uns plus près, les autres plus loin de Paris, logés tous dans les villas ou dans les châteaux environnants. Le roi Agramant, après avoir perdu de longs jours à essayer de prendre Paris, résolut de tenter un assaut final, puisqu'il ne pouvait pas s'en emparer autrement.

Pour cette entreprise, il disposait de troupes innombrables; outre celles qui étaient venues avec lui et celles qui, d'Espagne, avaient suivi la royale bannière de Marsile, il avait à sa solde beaucoup de gens de France, car de Paris jusqu'au royaume d'Arles, y compris une grande partie de la Gascogne — quelques forteresses exceptées — tout lui était soumis.

A peine les ruisseaux tremblants eurent-ils commencé à fondre la glace sous leurs eaux tièdes, à peine les prés se furent-ils revêtus d'herbes nouvelles et les arbres de feuillage tendre, que le roi Agramant rassembla tous ceux qui suivaient sa fortune, pour réunir autour de lui son immense armée et donner à ses affaires une meilleure tournure.

A cet effet, le roi de Trémisène, ainsi que celui de Noricie, s'en allaient rejoindre en temps voulu le lieu indiqué pour passer en revue chaque troupe, et voir si elles étaient en bon ou mauvais état. Roland vint à les rencontrer par hasard, comme je vous ai dit, marchant tous les deux de compagnie. Quant à lui, il cherchait toujours, selon qu'il en avait pris l'habitude, celle qui le tenait sous les chaînes de l'amour.

Dès qu'Alzird vit s'approcher le comte qui n'avait pas son pareil au monde comme valeur, il lui parut à sa noble prestance, à son front superbe, l'égal du dieu des armes. Il resta stupéfait devant cette physionomie ouverte, ce fier regard, ce visage farouche. Il pensa qu'il avait affaire à un guerrier de haute vaillance, mais il eut trop de désir de l'éprouver.

Alzird était jeune et présomptueux, estimé pour sa force et son grand cœur. Il poussa son cheval en avant pour se mesurer avec le comte. Il eut mieux fait de se tenir avec sa troupe, car au premier choc le prince d'Anglante le jette à terre après lui avoir traversé le cœur. Le destrier, ne sentant plus le frein, s'enfuit plein de terreur.

Un cri subit, effroyable, s'élève, emplissant l'air de toutes parts, à la vue du jeune homme tombant et perdant son sang par une large ouverture. La troupe frémissante s'en vient au comte en désordre et le presse de la taille et de la pointe. C'est comme une tempête de dards empennés qui s'abat sur la fleur des chevaliers vaillants.

La rumeur est pareille à celle produite par une troupe de sangliers qu'on voit courir sur les coteaux ou à travers les champs, lorsque le loup sorti de sa caverne obscure, ou l'ours descendu de la montagne, en ont pris un jeune. Toute la bande se lamente avec des grognements effroyables. Ainsi la foule des infidèles s'était précipitée vers le comte en criant : « Sus! sus! »

En un instant la cuirasse reçoit mille coups de lance, de flèche et d'épée, et l'écu autant. Les uns le frappent dans le dos avec la masse, les autres le menacent par côté, d'autres par devant. Mais lui, qui ne donna jamais accès à la peur, ne fait pas plus de cas de cette tourbe vile et de toutes ces armes, que le loup, dans l'obscurité de la bergerie, ne se préoccupe du nombre des agneaux.

Il tenait nue à la main cette effroyable épée qui a mis à mort tant de Sarrasins. Aussi, celui qui voudrait compter le nombre de ceux qui tombent dans cette foule entreprendrait chose longue et difficile. Bientôt le sang coule le long du chemin rougi et qui peut à peine contenir tant de morts, car il n'y a ni bouclier ni casque qui puisse préserver là où l'impitoyable Durandal s'abat,

Non plus que les vêtements rembourrés de coton, ou les tissus roulés mille fois autour de la tête. Les gémissements et les plaintes s'élèvent dans les airs, en même temps que volent les bras, les épaules et les têtes coupés. La Mort cruelle erre sur le champ de bataille, sous mille formes horribles, et se dit : « — Aux mains de Roland, Durandal vaut mieux que cent de mes faux. — »

Un coup attend à peine l'autre. Bientôt, ils prennent tous la fuite, aussi promptement qu'ils étaient d'abord accourus, s'imaginant faire une bouchée d'un homme seul. Personne n'attend son ami pour s'ôter de la bagarre et s'éloigner avec lui. L'un fuit à pied, l'autre à grands renforts d'éperons ; aucun ne s'inquiète de savoir s'il prend la bonne route.

L'Honneur se tenait près d'eux, avec le miroir qui montre les taches de l'âme. Aucun d'eux ne s'y regarda, sauf un vieillard, dont l'âge avait glacé le sang, mais non le courage. Il comprit qu'il lui valait mieux mourir que se déshonorer en prenant la fuite. Je veux parler du roi de Noricie. Il met sa lance en arrêt contre le paladin de France,

Et la rompt sur l'écu du fier comte qui n'en est pas même ébranlé. Celui-ci, qui avait justement le glaive nu, en porte au roi Manilard un coup qui devait le traverser. Mais la fortune secourable voulut que le fer cruel fût mal assuré dans la main de Roland. On ne peut pas toujours frapper juste. Cependant le coup fait vider l'arçon

Au roi qu'il laisse tout étourdi. Roland ne se retourne point pour le frapper de nouveau ; il taille, tranche, fend, assomme les autres. Il semble à tous qu'ils l'ont sur les épaules. De même que par les airs, où l'espace s'ouvre devant eux, les étourneaux fuient l'audacieux émerillon, ainsi de toute cette troupe en déroute, les uns tombent, les autres fuient en se jetant la face contre terre.

L'épée sanglante ne s'arrête point que le champ de bataille ne soit vide de combattants. Roland hésite alors pour savoir de quel côté il doit continuer sa route, bien que tout le pays lui soit connu. Qu'il aille à droite ou à gauche, il ne songe qu'à chercher Angélique, et craint seulement d'aller où elle n'est pas.

Il poursuivit son chemin, s'informant souvent d'elle, marchant par les champs et par les bois, comme un homme hors de soi-même. La nuit venue, il s'écarta de la route, attiré par une lueur, qui, de loin, s'échappait des fentes d'un rocher situé au pied d'une montagne. Roland s'approcha du rocher pour voir si Angélique n'était pas venue s'y reposer.

Comme dans un bois d'humbles genévriers, ou par les chaumes de la vaste plaine, le chasseur qui poursuit le lièvre peureux, s'avance d'une marche incertaine à travers les sillons, explorant chaque buisson, chaque touffe d'herbe pour voir si la bête ne s'y est pas mise à couvert, ainsi Roland cherchait sa dame avec une grande patience, partout où l'espoir le poussait.

Le comte, se dirigeant en toute hâte vers ce rayon de lumière, arriva à un endroit où, au sortir de l'étroit défilé de la montagne, la forêt s'élargissait, et où se cachait une grotte spacieuse, devant laquelle croissaient des épines et des jeunes pousses, qui formaient comme un mur pour dérober ceux qui se trouvaient dans la grotte aux regards de quiconque aurait voulu leur nuire.

De jour on n'aurait pu la découvrir, mais de nuit, la lumière qui s'en échappait la faisait apercevoir. Roland s'imaginait bien ce que c'était. Pourtant il voulait en être plus certain; après avoir attaché Bride-d'Or en dehors, il s'approche doucement de la grotte, et écartant les rameaux touffus, il entre par l'ouverture, sans se faire annoncer.

Il descend plusieurs degrés dans cette tombe où les gens sont ensevelis vivants. La grotte, taillée au ciseau, était très spacieuse et n'était pas tout à fait privée de la lumière du jour, bien que l'entrée en laissât passer fort peu. Mais il en venait beaucoup d'une fenêtre qui s'ouvrait dans un trou du rocher à main droite.

Au milieu de la caverne, près d'un feu, était une dame à l'aspect agréable. Elle avait à peine dépassé quinze ans, comme il parut au comte au premier abord. Et elle était si belle, qu'elle changeait ce lieu sauvage en paradis, bien qu'elle eût les yeux baignés de larmes, signe manifeste d'un cœur dolent.

Près d'elle était une vieille ; elles semblaient en grande contestation, comme les femmes font souvent entre elles. Mais dès que le comte fut entré, elles se turent. Roland s'empressa de les saluer d'un air courtois, ainsi qu'il faut toujours faire avec les dames. Et elles, se levant aussitôt, lui rendirent gracieusement son salut.

Il est vrai qu'elles s'effrayèrent un peu en entendant à l'improviste sa voix, et en voyant entrer, armé de toutes pièces, un homme qui paraissait si terrible. Roland demanda qui pouvait être assez discourtois, injuste, barbare et atroce, pour tenir enseveli dans cette grotte un visage si gentil et si digne d'amour.

La jeune fille lui répondit d'une voix faible et entrecoupée de profonds sanglots. Aux doux accents de sa voix, on eût dit que les perles et le corail s'échappaient de sa bouche. Les larmes descendaient sur sa gorge à travers les lis et les roses de ses joues. Mais qu'il vous plaise, seigneur, d'entendre la suite dans l'autre chant, car il est désormais temps de finir celui-ci.

CHANT XIII.

Argument. — Isabelle raconte à Roland ses malheurs. Surviennent les malandrins habitants de la caverne. Roland les tue tous, puis il part emmenant Isabelle. — Bradamante apprend de Mélisse que Roger est tombé au pouvoir du vieux magicien. Elle va pour le délivrer et reste prise dans son propre enchantement. — Digression élogieuse de Mélisse sur les femmes appartenant à la maison d'Este.

Ils étaient bien favorisés, les chevaliers qui vivaient à cette époque ! Dans les vallons, dans les cavernes obscures et les bois sauvages, au milieu des tanières, des serpents, des ours et des lions, ils trouvaient ce qu'on aurait peine à rencontrer aujourd'hui au sein des palais superbes, à savoir des dames à la fleur de l'âge et dignes d'être qualifiées du titre de belles.

Je vous ai raconté plus haut que Roland avait trouvé dans une grotte une damoiselle, et qu'il lui avait demandé par qui elle y avait été amenée. Poursuivant le récit de cette aventure, je vous dirai qu'après s'être plusieurs fois interrompue par ses propres sanglots, elle mit le comte au courant de ses infortunes, d'une voix douce et suave, et le plus brièvement qu'elle put.

« — Bien que je sois certaine, chevalier — lui dit-elle — de porter la peine de ce que je vais te dire — car je pense que cette vieille s'empressera d'en donner avis à celui qui m'a enfermée ici — je suis prête à te révéler la vérité, dût ma vie en dépendre. Quel plus grand service puis-je du reste attendre de lui, sinon qu'il lui prenne un jour fantaisie de me faire mourir ?

« Je m'appelle Isabelle ; je fus la fille de l'infortuné roi de Galice. Je dis bien je fus, car je ne suis plus désormais que l'enfant de la douleur, de l'affliction et de la tristesse. C'est la faute de l'amour, et je ne sais si c'est de sa perfidie que je dois me plaindre le plus, car ses doux commencements furent dissimulés sous la tromperie et sous la fraude.

« Autrefois, je vivais heureuse de mon sort ; noble, jeune, riche, honnête et belle. Aujourd'hui, je suis humiliée et pauvre ; aujourd'hui je suis malheureuse. Et s'il est un sort plus terrible encore, il m'est réservé. Mais je veux que tu connaisses la cause première du malheur qui me frappe. Bien que tu ne puisses m'être utile en rien, je pense que par toi ma situation ne peut pas s'aggraver beaucoup.

« Mon père, voici aujourd'hui douze mois, donna à Bayonne des joutes dont le bruit attira sur nos terres les chevaliers de divers pays, venus pour y prendre part. Parmi eux tous, soit qu'Amour me le montrât ainsi, soit que le mérite éclate de lui-même, le seul Zerbin me parut digne de louanges. Il était fils du grand roi d'Écosse.

« Après l'avoir vu dans la lice accomplir des merveilles de chevalerie, je fus éprise d'amour pour lui, et je ne m'en aperçus que lorsque je reconnus que je ne m'appartenais plus moi-même. Pourtant, bien que cet amour se fût emparé de moi en maître, je m'applaudissais de ce que le hasard n'avait point mal placé mon cœur, mais l'avait au contraire donné à l'objet le plus digne qui fût au monde.

« Zerbin l'emportait sur tous les autres seigneurs en beauté et en vaillance. Il se montra épris pour moi — et je crois qu'il l'était en effet — d'un amour non moins ardent que le mien. Nous ne manquâmes pas de nous exprimer souvent notre commune ardeur, et quand, par la suite, nous fûmes séparés, nos âmes restèrent toujours unies.

« Car, les grandes fêtes terminées, mon Zerbin retourna en Écosse. Si tu sais ce que c'est que l'amour, tu peux juger combien je fus triste, pensant à lui nuit et jour. Et j'étais certaine que sa flamme ne brûlait pas moins vive dans son cœur. Il n'avait d'autre désir que de trouver un moyen pour m'avoir près de lui.

« Et comme nos croyances opposées — il était chrétien et moi musulmane — ne lui permettaient pas de me demander pour femme à mon père, il se décida à m'enlever secrètement. Sur les confins de ma riche patrie aux campagnes verdoyantes longeant l'Océan, était un beau jardin, sur une rive d'où l'on découvrait toutes les collines environnantes et la mer.

« Ce lieu lui parut propice à l'enlèvement auquel le forçait à recourir la diversité de nos religions. Il me fit savoir les mesures qu'il avait prises pour assurer le bonheur de notre vie. Il avait fait cacher près de Sainte-Marthe une galère montée par des gens armés, sous la conduite d'Orderic de Biscaye, maître de bataille sur mer et sur terre.

« Ne pouvant en personne exécuter cette entreprise, parce qu'en ce moment son vieux père l'avait envoyé porter secours au roi de France assiégé, il avait envoyé à sa place Orderic, qu'il tenait pour le plus fidèle et le plus dévoué de ses meilleurs amis. Cela devrait être en effet, si les bienfaits suffisaient toujours pour se créer des amis.

« Celui-ci était venu sur un navire armé et à l'époque convenue. Et c'est ainsi qu'arriva le jour tant désiré où je devais me laisser surprendre dans mon jardin. Orderic, accompagné d'une troupe de gens habitués aux coups de main maritimes, remonta pendant la nuit le fleuve voisin de la ville, et vint en silence jusqu'à mon jardin.

« De là, je fus transportée sur la galère, avant qu'on ne s'en fût aperçu en ville. De mes serviteurs surpris nus et désarmés, les uns s'enfuirent, les autres furent tués, quelques-uns furent emmenés captifs avec moi. Ainsi je quittai mon pays, avec une joie que je ne pourrais te dire, dans l'espoir de jouir bientôt de la présence de mon Zerbin.

« Nous étions à peine parvenus à la hauteur de la Mangiane, lorsque nous fûmes assaillis sur notre gauche par un coup de vent qui obscurcit l'horizon jusqu'alors serein, troubla la mer et souleva les ondes jusqu'au ciel. Le mistral se mit à souffler en travers de notre route augmentant d'heure en heure en violence, à tel point que nous essayâmes en vain de louvoyer.

« Vainement aussi on largua les voiles, on abaissa le mât sur le gaillard d'arrière ; nous nous voyions emportés malgré nous sur les écueils aigus qui sont devant la Rochelle. Si celui qui réside aux cieux ne nous était pas venu en aide, la tempête farouche nous eût brisés contre la terre. Le vent furieux nous poussait avec plus de rapidité qu'une flèche chassée de l'arc.

« Le Biscayen, voyant le péril, usa d'un moyen qui trompe souvent. Il eut recours à un bateau dans lequel il me fit descendre avec lui. Deux de nos compagnons y descendirent aussi, et tout le reste les aurait suivis, si les premiers descendus l'avaient permis. Mais ils les écartèrent à coups d'épée. Puis ils coupèrent le câble, et nous prîmes le large.

« Nous fûmes jetés sains et saufs sur le rivage, nous tous qui étions descendus dans le bateau ; tous les autres périrent avec le navire et furent la proie des flots. Pour moi, je levai les mains, rendant grâce à l'éternelle Bonté, à l'Amour infini qui m'avait sauvée de la fureur de la mer, afin de me permettre de revoir Zerbin.

« J'avais laissé sur le navire mes riches vêtements, mes joyaux et mes autres choses précieuses, mais l'espoir de revoir Zerbin me restant, peu m'importait que la mer eût englouti tout ce que je possédais. Sur le rivage désolé, où nous étions descendus, il n'y a aucun sentier, aucune habitation ; on y voit seulement une montagne livrant au vent sa cime ombreuse, et baignant ses pieds dans la mer.

« Ce fut là qu'Amour, ce tyran cruel, toujours si peu loyal à tenir ses promesses, toujours préoccupé de savoir comment il pourra déjouer et ruiner nos desseins, changea d'une manière affreuse mon espoir en douleur, et mon bonheur en malheur irréparable. L'ami à qui Zerbin s'est fié brûle de désirs et sent sa fidélité se glacer.

« Soit qu'il m'eût déjà désirée quand nous étions en mer, et qu'il n'eût pas trouvé l'occasion de montrer sa flamme ; soit que ses désirs eussent pris naissance en me voyant en sa puissance sur un rivage solitaire, il résolut d'assouvir sans plus de retard son immonde appétit. Mais auparavant il songea à se débarrasser d'un des deux marins qui s'étaient échappés avec nous dans le bateau.

« C'était un homme d'Écosse, nommé Almonio, et qui paraissait tout à fait dévoué à Zerbin, lequel l'avait recommandé à Orderic comme un guerrier accompli. Orderic lui dit que ce serait chose blâmable et imprudente que de me faire aller à pied jusqu'à la Rochelle ; il le pria en conséquence de nous y précéder et de m'envoyer un cheval.

« Almonio, qui ne concevait aucune crainte, partit immédiatement pour la ville dont le bois nous cachait la vue, et qui n'était éloignée que de six milles. Orderic se décide alors à découvrir son dessein à son autre compagnon, soit qu'il ne sache comment l'éloigner, soit qu'il ait en lui une entière confiance.

« Celui dont je parle, et qui était resté avec nous, était un nommé Corèbe, de Bilbao, qui tout enfant avait été élevé dans la même maison qu'Orderic. Le traître croit pouvoir lui communiquer sa coupable pensée, espérant qu'il serait plus sensible au plaisir de son ami qu'à l'honneur.

« Corèbe, en homme gentil et courtois, ne put l'entendre sans ressentir une grande indignation. Il l'appela traître et s'opposa par ses paroles et par ses actes à son mauvais dessein. Tous deux, enflammés de colère, mirent l'épée à la main. En les voyant tirer le fer, poussée par la peur, je me mis à fuir à travers la forêt sombre.

« Orderic, passé maître dans les armes, prit en quelques coups un tel avantage, qu'il renversa Corèbe à terre et le laissa pour mort. Il s'élança aussitôt sur mes traces, et je crois qu'Amour lui prêta ses ailes pour me rejoindre et lui enseigna toutes sortes de prières et de paroles séduisantes pour m'amener à l'aimer et à lui céder.

« Mais tout fut vain. J'étais décidée à mourir plutôt que de le satisfaire. Après qu'il eut compris que les prières, les promesses ou les menaces ne lui servaient à rien, il voulut user de violence. En vain, je le suppliai, en vain je lui parlai de la confiance que Zerbin avait mise en lui, et que j'avais eue moi-même en me remettant entre ses mains.

« Voyant que mes prières ne le touchaient pas,

que je n'avais à espérer aucun secours, et qu'il me pressait de plus en plus, ressemblant dans sa brutale concupiscence à un ours affamé, je me défendis avec les pieds, avec les mains, avec les ongles, avec les dents, je lui arrachai le poil du menton et lui déchirai la peau, tout en poussant des cris qui montaient jusqu'aux étoiles.

« Je ne sais si ce fut l'effet du hasard, ou de mes cris qui devaient s'entendre à une lieue, ou bien encore la coutume qu'ont les habitants de ce pays d'accourir sur le rivage quand un navire s'y brise et s'y perd, mais je vis soudain apparaître au sommet de la montagne une troupe de gens qui se dirigea vers nous. Dès que le Biscayen la vit venir, il abandonna son entreprise et prit la fuite.

« Seigneur, cette foule me sauva de ce traître, mais, pour employer l'image souvent dite en proverbe, elle me fit tomber de la poêle dans la braise. Il est vrai que ces gens ne se sont pas encore montrés assez sauvages et cruels envers moi pour m'avoir fait violence; mais ce n'est point par vertu, ni par bonne intention;

« Car s'ils me conservent vierge, comme je suis, c'est qu'ils espèrent me vendre plus cher. Voici bientôt huit mois accomplis, et le neuvième va commencer, que mon corps a été enseveli ici tout vivant. J'ai perdu tout espoir de revoir mon Zerbin, car, d'après ce que j'ai déjà pu entendre dire par mes ravisseurs, ils ont promis de me vendre à un marchand qui doit me conduire au soudan d'Orient. — »

Ainsi parlait la gente damoiselle, et souvent les sanglots et les soupirs interrompaient sa voix angélique, de façon à émouvoir de pitié les serpents et les tigres. Pendant qu'elle renouvelait ainsi sa douleur, ou calmait peut-être ses tourments, une vingtaine d'hommes armés d'épieux et de haches entrèrent dans la caverne.

Celui qui paraissait le premier entre eux, homme au visage farouche, n'avait qu'un œil dont s'échappait un regard louche et sombre. L'autre œil lui avait été crevé d'un coup qui lui avait coupé le nez et la mâchoire. En voyant le chevalier assis dans la grotte à côté de la belle jeune fille, il se tourna vers ses compagnons et dit : — « Voici un nouvel oiseau, auquel je n'ai pas tendu de filet et que j'y trouve tout pris. — »

Puis il dit au comte : « — Jamais je n'ai vu d'homme plus complaisant et plus opportun que toi. Je ne sais si tu as deviné ou si tu as entendu dire à quelqu'un que je désirais beaucoup posséder de si belles armes, des vêtements bruns aussi agréables. Tu es vraiment venu à propos pour satisfaire mes besoins. — »

Roland, remis sur pied, sourit d'un air railleur et répondit au brigand : « — Je te vendrai les armes à un prix qui ne trouve pas communément de marchand. — » Et tirant du foyer, qui était près de lui, un tison enflammé et tout fumant, il en frappa le malandrin à l'endroit où les sourcils touchent au nez.

Le tison atteignit les deux paupières et causa un

tel dommage à celle de gauche, qu'il creva au misérable le seul œil avec lequel il pouvait voir encore la lumière. Le coup prodigieux ne se contenta pas de l'aveugler; il l'envoya rejoindre les esprits que Chiron, avec ses compagnons, garde dans des marais de poix bouillante.

Il y avait dans la caverne une grande table, épaisse de deux palmes et de forme carrée. Posée sur un pied grossier et mal poli, elle servait au voleur et à toute sa bande. Avec la même agilité que l'on voit l'adroit Espagnol jeter et rattraper son fusil, Roland lance la table pesante à l'endroit où se tenait groupée toute cette canaille.

Il rompt à l'un la poitrine, à l'autre le ventre, à celui-ci la tête, à celui-là les jambes, à un autre les bras. Les uns sont tués du coup, les autres sont horriblement blessés. Les moins grièvement atteints s'empressent de fuir. Ainsi, parfois, un gros rocher, tombant sur un tas de couleuvres, qui, après l'hiver, se chauffent et se lissent au soleil, leur écrase les flancs et les reins, et leur broie la tête.

Divers cas se produisent, et je ne saurais dire combien : une est tuée, une s'échappe sans queue, une autre ne peut se mouvoir par devant et sa partie postérieure en vain s'agite et se dénoue. Une autre, plus favorisée, rampe en sifflant parmi les herbes et s'en va en serpentant. Le coup de la table fut terrible; mais il ne faut pas s'en étonner, puisqu'il fut porté par le valeureux Roland.

Ceux que la table avait peu ou point blessés —

et Turpin écrit qu'ils ne furent que sept — cherchèrent leur salut dans la rapidité de leurs pieds. Mais le paladin se mit en travers de l'issue, et après les avoir pris sans qu'ils se fussent défendus, il leur lia étroitement les mains avec une corde, qu'il trouva dans la demeure sauvage.

Puis il les traîna hors de la caverne dans un endroit où un vieux sorbier projetait sa grande ombre. Roland, après en avoir façonné les branches à coups d'épée, y attacha les prisonniers pour servir de nourriture aux corbeaux. Et il n'eut pas besoin de leur passer une corde au cou. Pour purger le monde de cette engeance, l'arbre lui-même lui fournit des crocs auxquels Roland les attacha par le menton.

A peine la vieille femme amie des malandrins les eut-elle vus tous morts, qu'elle s'enfuit en pleurant, les mains dans ses cheveux, à travers les forêts et les labyrinthes des bois. Après avoir suivi des chemins rudes et mauvais, rendus encore plus difficiles par la terreur qu'elle éprouvait, elle rencontra un chevalier sur la rive d'un fleuve. Mais je remets à plus tard à vous raconter qui c'était,

Et je retourne à la jeune fille qui supplie le paladin de ne pas la laisser seule, et lui demande à le suivre en tous lieux. Roland la rassure d'un air courtois. Puis, dès que la blanche Aurore, parée de sa guirlande de roses et de son voile de pourpre, eut repris son chemin accoutumé, le paladin partit avec Isabelle.

Sans trouver aucune aventure digne d'être contée, ils marchèrent plusieurs jours ensemble. Enfin ils rencontrèrent sur leur chemin un chevalier qu'on emmenait prisonnier. Je vous dirai par la suite qui il était, car, pour le moment, je suis détourné de ma route par quelqu'un dont il ne vous sera pas moins cher d'entendre parler ; j'entends la fille d'Aymon, que j'ai laissée tantôt languissante d'amoureux chagrins.

La belle dame, attendant en vain le retour de Roger, était à Marseille, où elle harcelait presque chaque jour les bandes païennes qui parcouraient, en pillant monts et plaines, le Languedoc et la Provence. Elle s'y conduisait en chef habile et en vaillant guerrier.

Elle attendait là, et l'époque marquée pour le retour de Roger étant dépassée de beaucoup, elle vivait, ne le voyant pas revenir, dans la crainte de mille accidents. Un jour qu'elle pleurait seule à l'écart en songeant à cela, elle vit arriver celle qui avait jadis, au moyen de l'anneau, guéri le cœur de Roger des enchantements d'Alcine.

Comme elle la voit après une si longue absence revenir sans son amant, Bradamante devient pâle comme la mort, et tremble tellement qu'elle ne peut se tenir debout. Mais la bonne magicienne vient à elle en souriant, dès qu'elle s'est aperçue de sa crainte, et la rassure avec l'air joyeux que prend d'habitude celui qui apporte une bonne nouvelle.

« — Ne crains pas — lui dit-elle — pour Roger, ô jeune fille, car il vit sain et sauf et t'adore toujours. Mais il est privé de sa liberté que lui a encore enlevée ton ennemi. Il faut que tu montes en selle, si tu veux le délivrer, et que tu me suives sur-le-champ. Si tu me suis, je te fournirai le moyen par lequel tu rendras Roger libre. — »

Elle poursuivit en lui racontant quelle erreur magique avait ourdie Atlante, et comment, en montrant à Roger le beau visage de sa maîtresse qui semblait captive d'un farouche géant, il l'avait attiré dans le château enchanté, où la vision avait ensuite disparu. Elle lui dit comment, par une semblable tromperie, il retenait dans le même lieu les dames et les chevaliers qui y venaient.

Tous, en voyant l'enchanteur, croient voir ce que chacun d'eux désire le plus ; sa dame, son écuyer, son compagnon d'armes, son ami ; car le désir humain n'est pas un. Tous vont à travers le palais, cherchant longtemps et sans autre résultat qu'une longue fatigue. Leur espérance et leur désir de retrouver l'objet de leurs vœux est si grand, qu'ils ne savent plus s'en aller.

« — Dès que tu seras arrivée — ajouta-t-elle — dans les environs de cette demeure enchantée, l'enchanteur viendra à ta rencontre sous l'apparence complète de Roger. Par son art détestable, il te fera voir ton amant vaincu par quelqu'un de plus fort que lui, afin de t'engager à lui porter secours et de t'attirer ainsi là où, avec les autres, il te tiendra en son pouvoir.

« Pour que tu ne te laisses pas prendre aux pièges dans lesquels sont tombés tous les autres, je t'avertis que ce n'est qu'une fausse semblance de Roger que tu verras t'appeler à son aide. Ne te laisses pas tromper, mais, dès qu'il s'avancera vers toi, arrache-lui son indigne vie. Ne crois pas que par là tu donneras la mort à Roger, mais bien à celui qui te cause tant d'ennuis.

« Il te semblera dur, je le reconnais, de tuer quelqu'un qui ressemble à Roger ; mais n'ajoute point foi à tes yeux auxquels l'enchanteur cachera la vérité. Prends une ferme résolution, avant que je te conduise dans le bois, afin de n'en pas changer ensuite, car tu resteras pour toujours séparée de Roger, si, par faiblesse, tu laisses la vie au magicien. — »

La vaillante jouvencelle, bien décidée à tuer cet artisan de fraudes, est prompte à revêtir ses armes et à suivre Mélisse, car elle sait combien elle lui est dévouée. Celle-ci, tantôt à travers les champs cultivés, tantôt à travers la forêt, la conduit rapidement à grandes journées, cherchant par ses paroles réconfortantes à lui alléger l'ennui de la route.

En dehors des beaux raisonnements qu'elle lui tenait, elle lui rappelait surtout et le plus souvent possible les glorieux princes et les demi-dieux qui devaient descendre d'elle et de Roger. Comme Mélisse connaissait tous les secrets des dieux éternels, elle savait prédire toutes les choses qui devaient arriver dans la suite des siècles.

« — Ah ! ma prudente conductrice — disait à la magicienne l'illustre damoiselle — tu m'as fait connaître ma belle descendance masculine pendant de nombreuses années ; dis-moi, de même, si, de ma race, il existera quelque dame digne d'être mise au nombre des femmes belles et vertueuses. — » Et la complaisante magicienne lui répondit :

« — Je vois sortir de toi les dames pudiques, mères d'empereurs et de rois puissants ; réparatrices et soutiens solides de familles illustres et de vastes domaines, et non moins remarquables sous leur robe, par leurs précieuses qualités, leur piété, leur grand cœur, leur sagesse, leur souveraine et incomparable continence, que les chevaliers sous leurs armures.

« Et si j'avais à te parler de chacune de celles qui seront l'honneur de ta race, ce serait trop long, car je n'en vois aucune que je dusse passer sous silence. Mais je ferai, entre mille, choix d'un ou deux couples, afin de pouvoir arriver jusqu'au bout. Que ne m'as-tu fait cette demande dans la caverne de Merlin ? Je t'aurais fait voir aussi leurs images.

« De ton illustre souche sortira l'amie des œuvres illustres et des beaux travaux ; je ne sais pas ce que je dois le plus louer, de la grâce et de la beauté, ou de la sagesse et de la chasteté de la libérale et magnanime Isabelle, dont l'éclatante lumière fera nuit et jour resplendir la ville située sur le Mincio, et à laquelle la mère d'Ocnus a donné son nom.

« Elle luttera, avec son digne époux, à qui prisera et aimera le plus la vertu, et à qui aura le plus de courtoisie. Si de l'un on doit raconter que, sur les bords du Taro et dans le royaume, il fut assez puissant pour délivrer l'Italie des Français, on dira de sa compagne, qui resta seule et chaste, qu'elle égala Pénélope, la femme d'Ulysse.

« Je résume en quelques mots, et j'en laisse plus d'un, les grands et nombreux mérites de cette dame que Merlin me fit connaître autrefois dans la grotte, le jour où pour aller à lui je me séparai du vulgaire. Et si je voulais déployer ma voile sur cette grande mer, je naviguerais plus longtemps que Tiphys. En somme, je conclus que le ciel la dotera des vertus les plus remarquables.

« Elle aura près d'elle sa sœur Béatrice à laquelle un tel nom conviendra de tout point, car non seulement elle possédera pendant sa vie tous les biens qu'il est permis d'avoir ici-bas, mais elle rendra son mari le plus heureux des princes, de telle sorte que, lorsqu'elle aura quitté ce monde, il retombera au rang des plus infortunés.

« Tant qu'elle vivra, le Maure, et Sforce et les couleuvres des Visconti seront redoutés, des neiges hyperboréennes aux rivages de la mer Rouge, de l'Inde aux monts qui donnent passage à la mer. Elle morte, eux et le royaume d'Insubrie tomberont en esclavage, au grand dommage de toute l'Italie. Sans elle la suprême prudence paraîtra aventureuse.

« Il en existera encore d'autres, portant le même nom, et qui naîtront bien des années avant elle. L'une d'elles ornera ses beaux cheveux de la splendide couronne de Pannonie. Une autre, après avoir délaissé les biens terrestres, sera placée au nombre des saintes sur la terre d'Ausonie et se verra rendre un culte et élever des autels.

« Je me tairai sur les autres, car, comme j'ai dit, il serait trop long de parler de toutes, bien que chacune pût faire l'objet d'un chant héroïque et éclatant. Je passerai sous silence les Blanche, les Lucrèce, les Constance et les autres, mères ou réparatrices de tant d'illustres maisons qui régneront en Italie.

« Plus que toutes celles qui ont jamais existé, ta maison sera célèbre par ses femmes, et je ne sais si elle ne le sera pas plus par les qualités des filles, que par la haute chasteté des épouses. Sache également à ce sujet que Merlin m'a éclairée sur ce point, pensant que j'aurais peut-être à te le répéter. J'ai donc un vif désir de t'en entretenir.

« Et je te parlerai d'abord de Ricciarda, modèle de courage et de chasteté. Jeune encore, elle restera veuve et en proie aux coups de la fortune, ce qui arrive souvent aux meilleurs. Elle verra ses fils dépouillés du royaume paternel, errer en exil sur la terre étrangère, laissant leurs jeunes enfants aux mains de leurs ennemis. Mais elle finira par être amplement dédommagée de ses malheurs.

« Je ne puis me taire sur l'illustre reine de l'antique maison d'Aragon dont je ne vois pas l'égale, pour la chasteté et la sagesse, dans l'histoire grecque ou latine. Je n'en connais pas non plus à qui la fortune se soit montrée plus amie, puisqu'elle sera choisie par la Bonté divine pour être la mère de cette belle race : Alphonse, Hippolyte et Isabelle.

« Ce sera la sage Éléonore qui viendra se greffer sur ton arbre fortuné. Que te dirai-je de sa seconde belle-fille qui doit lui succéder peu après, Lucrèce Borgia, dont la beauté, la vertu, le renom de chasteté et la fortune, croîtront d'heure en heure, comme la jeune plante dans un terrain fertile?

« Comme l'étain est à l'argent, le cuivre à l'or, le pavot des champs à la rose, le saule pâle au laurier toujours vert, le verre peint à la pierre précieuse, ainsi, comparées à celle que j'honore avant qu'elle soit née, seront les plus estimées pour leur sagesse et leurs autres vertus.

« Et par-dessus tous les grands éloges qui lui seront donnés pendant sa vie et après sa mort, on la louera d'avoir inculqué de nobles sentiments à Hercule et à ses autres fils, qui, par la suite, s'illustreront sous la toge et dans les armes; car le parfum qu'on verse dans un vase neuf ne s'en va point si facilement, qu'il soit bon ou mauvais.

« Je ne veux pas non plus passer sous silence Renée de France, belle-fille de la précédente, et fille de Louis XII et de l'éternelle gloire de la Bretagne. Je vois réunies dans Renée toutes les vertus qu'ait jamais possédées une femme, depuis que le feu échauffe, que l'eau mouille et que le ciel tourne autour de la terre.

« J'en aurais long à te dire sur Alde de Saxe,

la comtesse de Selano, Blanche-Marie de Catalogne, la fille du roi de Sicile, la belle Lippa de Bologne et autres. Mais si j'entreprenais de te dire les grandes louanges qu'elles mériteront toutes, j'entrerais dans une mer qui n'a pas de rivages. — »

Après qu'elle lui eut fait connaître, à son vif contentement, la plus grande partie de sa postérité, elle lui répéta à plusieurs reprises comment Roger avait été attiré dans le palais enchanté. Arrivée près de la demeure du méchant vieillard, Mélisse s'arrêta et ne jugea pas à propos d'aller plus loin, de peur d'être vue par Atlante.

Et elle renouvela à la jeune fille les conseils qu'elle lui avait déjà mille fois donnés, puis elle la laissa seule. Celle-ci ne chevaucha pas plus de deux milles, dans un étroit sentier, sans voir quelqu'un qui ressemblait à son Roger. Deux géants, à l'aspect féroce, le serraient de près pour lui donner la mort.

Dès que la dame voit dans un tel péril celui qui a toutes les apparences de Roger, elle change en doute la foi qu'elle avait dans les avis de Mélisse, et elle oublie toutes ses belles résolutions. Elle croit que Mélisse hait Roger pour quelque nouvelle injure ou pour des motifs qu'elle ignore, et qu'elle a ourdi cette trame inusitée pour le faire périr de la main de celle qui l'aime.

Elle se disait : « — N'est-ce pas là Roger, que je vois toujours avec le cœur, et qu'aujourd'hui je vois avec mes yeux ? Et si maintenant je ne le vois pas ou si je ne le reconnais pas, comment le verrai-je, comment le reconnaîtrai-je jamais ? Pourquoi veux-je en croire plutôt à autrui qu'à mes propres yeux ? A défaut de mes yeux, mon cœur me dit s'il est loin ou près. — »

Pendant qu'elle se parle ainsi, elle croit entendre la voix de Roger qui appelle à son secours. Elle le voit en même temps éperonner son cheval rapide et lui retenir le mors, tandis que ses deux féroces ennemis le suivent et le chassent à toute bride. La dame s'empresse de les suivre et arrive avec eux dans la demeure enchantée.

Elle n'en a pas plus tôt franchi les portes, qu'elle tombe dans l'erreur commune. Elle cherche en vain Roger de tous côtés, en haut, en bas, au dedans et au dehors. Elle ne s'arrête ni jour ni nuit ; et l'enchantement était si fort, et l'enchanteur avait été si habile, qu'elle voit sans cesse Roger et lui parle sans qu'elle le reconnaisse, ou sans que Roger la reconnaisse elle-même.

Mais laissons Bradamante, et n'ayez pas de regret de la savoir en proie à cet enchantement. Quand il sera temps qu'elle en sorte, je l'en ferai sortir, et Roger aussi. De même que le changement de nourriture ranime l'appétit, ainsi il me semble que mon histoire risquera d'autant moins d'ennuyer qui l'entendra, qu'elle sera plus variée.

Il faut aussi que je me serve de beaucoup de fils pour tisser la grande toile à laquelle je travaille. Qu'il ne vous déplaise donc pas d'écouter comment, sortie de ses tentes, l'armée des Maures a pris les armes pour défiler devant le roi Agramant, lequel, fortement menacé par les lis d'or, l'a rassemblée pour une nouvelle revue, afin de savoir combien elle compte de combattants.

Outre que bon nombre de cavaliers et de fantassins avaient disparu, beaucoup de chefs manquaient, et des meilleurs, parmi les troupes d'Espagne, de Lybie et d'Éthiopie. Les divers corps de nations erraient sans direction propre. Afin de leur donner un chef, et de remettre de l'ordre dans chacun d'eux, tout le camp était rassemblé pour la revue.

Pour remplacer les pertes subies dans les batailles et les conflits sanglants, le roi d'Espagne et le roi d'Afrique avaient envoyé des ordres chacun dans leur pays, pour en faire venir de nombreux renforts, et ils les avaient distribués sous les différents chefs. Avec votre agrément, seigneur, je remettrai à l'autre chant l'exposé de cette revue.

CHANT XIV.

Argument. — L'armée des païens s'étant rassemblée, on constate l'absence des deux troupes détruites par Roland. Mandricard, courant sur les traces du paladin, rencontre Doralice, fille du roi de Grenade, qui s'en va épouser Rodomont, roi de Sarze. Il tue le cortège, emmène Doralice avec lui et en fait sa femme. Les Maures donnent l'assaut à Paris.

Dans les nombreux assauts et les cruels conflits que l'Afrique et l'Espagne avaient eus avec la France, le nombre était immense des guerriers morts et abandonnés au loup, au corbeau, à l'aigle vorace. Et bien que les Français fussent plus maltraités, ayant perdu toute la campagne, les Sarrasins avaient à se plaindre plus encore, par suite de la perte d'un grand nombre de leurs princes et de leurs grands barons.

Leurs victoires avaient été si sanglantes, qu'ils n'avaient pas à s'en réjouir. Et s'il est permis, invincible Alphonse, de comparer les choses modernes aux choses antiques, la grande victoire dont la gloire est votre œuvre immortelle et dont Ravenne doit pleurer toujours, ressemble aux victoires des Sarrasins.

Les Morins et les Picards, ainsi que les forces normandes et d'Aquitaine pliaient déjà, lorsque vous vous jetâtes au milieu des étendards ennemis de l'Espagnol presque victorieux, ayant derrière vous ces vaillants jeunes hommes qui, par leur courage, méritèrent en ce jour de recevoir de vous les épées et les éperons d'or.

Ils vous secondèrent avec tant d'ardeur, vous suivant de près dans ce grand péril, que vous fîtes s'écrouler le gland d'or, et rompîtes le bâton jaune et vermeil. Un laurier triomphal vous est dû pour avoir empêché le lis d'être détruit ou défloré. Une autre couronne doit encore orner votre front, pour avoir conservé à Rome son Fabricius.

La grande Colonne du nom romain, que vous protégeâtes et sauvâtes d'une entière destruction, vous vaut plus d'honneur que si, sous votre main, était tombée toute la fière milice qui engraisse les champs de Ravenne, et toute celle qui s'enfuit, abandonnant les bannières d'Aragon, de Castille et de Navarre, après avoir éprouvé l'inutilité de ses épieux et de ses machines de guerre.

Cette victoire nous causa plus d'encouragement que d'allégresse; car notre joie fut trop troublée par la mort du capitaine français, général en chef de l'armée, et par celle de tant de chefs illustres qui étaient passés de ce côté des froides Alpes, pour voler à la défense des États de leurs confédérés.

Notre salut, notre vie furent assurés par cette victoire, chacun le reconnaît, car elle arrêta les progrès de la tempête que Jupiter irrité déchaînait sur nous. Mais nous ne pûmes nous en réjouir, ni nous livrer à la moindre fête, en entendant les gémissements, les pleurs d'angoisses que les veuves en robes sombres répandaient par toute la France.

Il faut que le roi Louis envoie, à la tête de ses troupes, de nouveaux capitaines, lesquels, pour l'honneur des fleurs de lis d'or, châtieront les pillards et les brigands qui ont pillé les moines blancs, noirs ou gris, violé les épouses, les filles et les mères, et jeté à terre le Christ enfermé dans l'hostie consacrée, pour voler les ciboires d'argent.

O malheureuse Ravenne, il eût mieux valu pour toi ne pas résister au vainqueur et prendre exemple sur Brescia, toi qui avais servi d'exemple à Rimini et à Faenza. Que Louis envoie le vieux et brave Trivulce, pour enseigner à ses soldats plus de retenue et leur faire voir que de semblables excès sont cause qu'un si grand nombre d'entre eux ont trouvé la mort par toute l'Italie.

De même qu'aujourd'hui le roi de France a besoin d'envoyer de nouveaux chefs à son armée, ainsi Marsile et Agramant, voulant remettre de l'ordre dans leurs troupes, les avaient alors convoquées dans la plaine, dès que l'hiver le leur avait permis, pour voir où il était urgent de nommer des chefs et de donner des instructions.

Marsile d'abord, puis Agramant, firent défiler devant eux leurs gens, troupe par troupe. Les Catalans marchent avant tous les autres sous la bannière de Doriphèbe. Après eux viennent les bataillons de Navarre privés de leur roi Fulvirant, qui avait reçu la mort de la main de Renaud. Le roi d'Espagne leur a donné Isolier pour capitaine.

Balugant conduit les gens de Léon, Grandanio ceux d'Algarve. Le frère de Marsile, Falsiron, commande les Castillans. Ceux qui sont venus de Malaga et de Séville suivent la bannière de Madarasse ainsi que ceux de la mer de Gades jusqu'à la fertile Cordoue, dont le Bétis arrose les vertes campagnes.

Stordiland, Tesire et Baricond font défiler l'un après l'autre leurs soldats. Le premier commande aux gens de Grenade, le second à ceux de Lisbonne, le troisième à ceux de Majorque. Après la mort de Larbin, son parent Tesire fut nommé roi de Lisbonne. Puis viennent les Galiciens, dont Serpentin a été nommé chef, en remplacement de Maricolde.

Ceux de Tolède et ceux de Calatrava, dont Sinagon portait naguère l'étendard, ainsi que tous ceux qui boivent les eaux de la Guadiana, sont conduits par l'audacieux Mataliste. Bianzardin commande à ceux d'Astorga, réunis en une seule troupe à ceux de Salamanque, de Placencia, d'Avila, de Zamora et de Palencia.

Ferragus a la conduite de ceux de Saragosse et de la cour du roi Marsile. Tous ces gens sont bien armés et vaillants. Parmi eux sont Malgarin, Balinverne, Malzarise et Morgant qu'un même sort avait contraints à vivre sur une terre étrangère. Chassés de leurs royaumes, ils avaient été recueillis à la cour de Marsile.

Font aussi partie de cette troupe, le grand bâtard de Marsile, Follicon d'Alméria, Doricont, Bavarte, Lagarlife, Analard; Archidant comte de Sagonte, Lamirant, le vaillant Langhiran, Malagur fertile en ruses, et bon nombre d'autres dont je me propose, quand il sera temps, de montrer les exploits.

Après que l'armée d'Espagne a défilé en bon ordre devant le roi Agramant, le roi d'Oran, presque aussi grand qu'un géant, paraît dans la plaine à la tête de sa troupe. Celle qui vient après lui regrette la mort de Martasin qui fut tué par Bradamante. Les soldats s'indignent qu'une femme puisse se vanter d'avoir donné la mort au roi des Garamantes.

La troupe de Marmonde vient la troisième.

Elle a laissé Argosto mort en Gascogne. A celle-ci, comme à la seconde, comme à la quatrième, il manque un chef, et, quoique le roi Agramant ait peu de capitaines, il songe cependant à leur en nommer. Il leur donne, pour les conduire, Burald, Ormide et Arganio.

Il confie à Arganio le commandement des guerriers de Lybie qui pleuraient la mort du nègre Dudrinasse. Brunel conduit les gens de la Tintigane ; il a le visage soucieux et les yeux baissés, car depuis que, dans la forêt voisine du château construit par Atlante à la cime d'un rocher, Bradamante lui avait enlevé l'anneau, il était tombé dans la disgrâce du roi Agramant.

Et si le frère de Ferragus, Isolier, qui l'avait trouvé lié à un arbre, n'avait pas raconté la vérité au roi, il aurait été pendu. Sur les prières d'un grand nombre de ses chevaliers, le roi changea de résolution, alors qu'il lui avait déjà fait mettre le lacet autour du cou. Il le lui fit enlever, mais en lui jurant qu'à la première faute il le ferait pendre.

C'était cela qui faisait marcher Brunel le visage triste et la tête basse. Farurant venait après lui, guidant les cavaliers et les fantassins de la Mauritanie. Immédiatement après, s'en venait le nouveau roi du Liban. Il avait avec lui les gens de Constantine, Agramant lui ayant donné la couronne et le sceptre d'or que possédait jadis Pinador.

Soridan marche à la tête des hommes d'armes de l'Hespérie, et Dorilon avec ceux de Ceuta.

I. 37

Pulian précède ceux de Nasamone; le roi Agricalte entraîne ceux d'Amonie, Malabuferce ceux de Fezzan. La troupe qui suit vient de Canarie et du Maroc; elle est commandée par Finadure. Balastre conduit ceux qui étaient auparavant sous les ordres du roi Tardoc.

Deux escadrons, l'un de Mulga, l'autre d'Arzilla, viennent ensuite. Le dernier a toujours son ancien chef; le premier l'a perdu, aussi le roi le confie à son fidèle ami Carinée. De même, Caïque reçoit le commandement des gens d'Almansilla qu'avait Taufirion. Celui des soldats de Gétulie est donné à Rimedont. Puis vient Balinfront, à la tête des gens de Cosca.

Cette autre troupe est formée des gens de Bolga; ils ont pour roi Clarinde qui a succédé à Mirabald. Vient ensuite Baliverse, que je veux que tu tiennes pour le plus grand ribaud de toute l'armée. Je ne crois pas en revanche, que dans tout le camp, se déploie une bannière qui rassemble une meilleure troupe que celle qui vient après avec le roi Sobrin, le plus prudent des chefs sarrasins.

Ceux de Bellamarina, que conduisait primitivement Gualciotto, ont maintenant pour chef le roi d'Alger, Rodomont de Sarse, qui venait de ramener de nouveaux fantassins et de nouveaux cavaliers. Pendant que le soleil se dérobait sous les nuées du grand Centaure, aux cornes horribles et cruelles, il avait été envoyé en Afrique par Agramant. Il en était revenu seulement depuis trois jours.

L'armée africaine n'avait pas de guerrier plus fort et plus audacieux que celui-là. Les défenseurs de Paris le redoutaient plus que Marsile, qu'Agramant et les chevaliers qui avaient suivi ces deux princes en France. Plus qu'aucun autre, il faisait parade de haïr notre Foi.

Puis viennent Prusion, roi des Alvaraches, et Dardinel, roi de Zumara. Je ne sais si des hiboux ou des corneilles, ou d'autres oiseaux de mauvais augure, perchés sur les toits ou croassant sur les branches, ont prédit à ces deux guerriers leur sort funeste, mais le ciel a fixé l'heure de leur mort à tous deux dans le combat qui doit se livrer le jour suivant.

Il ne restait plus à défiler que ceux de Trémisen et de Noricie, mais on n'apercevait pas leurs étendards, et l'on n'en avait pas de nouvelles. Agramant ne savait que dire, ni que penser de ce retard, lorsque fut enfin amené devant lui un écuyer du roi de Trémisen, qui lui raconta tout ce qui était arrivé.

Il lui raconta qu'Alzirde, Manilard et la plus grande partie de leurs soldats gisaient dans la poussière : « — Seigneur — lui dit-il — le vaillant chevalier qui a occis les nôtres, aurait tué toute la troupe, si j'avais tardé à m'enfuir ; et encore ai-je eu grand'peine à m'échapper. Il fait des cavaliers et des piétons, ce que le loup fait des chèvres et des moutons. — »

Peu de jours auparavant, était arrivé à l'armée du roi d'Afrique un chevalier dont personne, dans le Ponant ou dans tout le Levant, n'égalait la force et le courage. Le roi Agramant l'avait accueilli avec de grands honneurs, car il était le fils et le successeur du vaillant roi de Tartarie, Agrican. Il se nommait le féroce Mandricard.

Il s'était rendu fameux par de nombreux hauts faits, et il remplissait de sa renommée le monde entier. Mais ce dont il s'enorgueillissait le plus, c'était d'avoir conquis, dans un château de la fée de Syrie, le resplendissant haubert que le Troyen Hector avait porté mille ans auparavant. Il avait couru pour l'avoir une étrange et formidable aventure, dont le seul récit excite la peur.

Se trouvant présent lors du récit de l'écuyer du roi de Trémisen, il avait levé son front hardi, et avait pris sur-le-champ la résolution de suivre les traces du guerrier inconnu. Il garda soigneusement son projet pour lui, soit qu'il n'eût d'estime pour aucun de ses compagnons d'armes, soit qu'il craignît, en se dévoilant, qu'un autre tentât avant lui l'entreprise.

Il demanda à l'écuyer comment était la soubreveste du chevalier. Celui-ci répondit : « — Elle est toute noire; l'écu est noir aussi, et il ne porte aucun cimier. — » C'était la vérité, seigneur, car Roland, en quittant le quartier, avait voulu que, de même que son âme était en deuil, l'extérieur de sa mise fût de couleur sombre.

Marsile avait donné à Mandricard un destrier bai-châtain, avec les jambes et la crinière noires. Il était né d'une jument de Frise et d'un étalon d'Espagne. Mandricard saute sur lui tout armé et s'en va, galopant à travers la plaine. Il jure de ne point revenir parmi les escadrons sarrasins, avant d'avoir trouvé le champion aux armes noires.

Il rencontra bientôt plusieurs des gens échappés des mains de Roland, encore tout dolents de la perte, qui d'un fils, qui d'un frère immolés à leurs yeux. La tristesse et la lâcheté de leur âme se voyaient encore peintes sur leur figure blême; encore sous le coup de la peur qu'ils avaient eue, ils fuyaient, pâles, muets, affolés.

Après un court chemin, Mandricard arriva à un endroit où il eut sous les yeux un cruel et sanglant spectacle, mais un éclatant témoignage des merveilleuses prouesses racontées en présence du roi d'Afrique. Il voit de toutes parts des morts; il les retourne et mesure leurs blessures, mû par une étrange jalousie contre le chevalier qui avait mis tous ces gens à mort.

De même que le loup ou le mâtin, arrivés les derniers près du bœuf laissé mort par les paysans, ne trouvent plus que les cornes, les os et les pieds, le reste ayant été dévoré par les oiseaux et les chiens affamés, et considèrent avec dépit le crâne où rien ne peut se manger; ainsi faisait le cruel Barbare sur ce champ de carnage; il blasphémait de colère, et montrait un vif dépit d'être venu si tard à un si copieux festin.

Ce jour, et la moitié du suivant, il s'avança au hasard à la recherche du chevalier noir, dont il demandait sans cesse des nouvelles. Soudain il vit un pré couvert d'ombre, entouré d'un fleuve profond qui laissait à peine un petit espace libre d'où l'eau s'écoulait dans une autre direction. Ce lieu ressemblait à celui que le Tibre entoure sous les murs d'Otricoli.

Plusieurs chevaliers, couverts de leurs armures, se tenaient à l'endroit par où l'on pouvait entrer. Le païen demanda qui les avait rassemblés là en si grand nombre, et pour quelle cause. Le capitaine, frappé de l'air imposant de Mandricard, et jugeant à ses armes ornées d'or et de pierreries d'une grande valeur, qu'il avait affaire à un chevalier éminent, lui fit cette réponse :

« — Nous sommes envoyés par le roi de Grenade, notre maître, pour accompagner sa fille, qu'il a mariée au roi de Sarse, bien que le bruit n'en ait pas encore couru. Quand le soir sera venu, et que la cigale, qui seule se fait entendre à cette heure, se sera tue, nous conduirons la princesse à son père, au camp espagnol. Pour le moment, elle dort. — »

Mandricard, qui méprise le monde entier, veut voir si ces gens sauront bien ou mal défendre la dame qu'on leur a donnée à garder. Il dit : « — D'après ce que j'ai entendu, celle-ci est belle, et je serais aise de le savoir par moi-même. Conduis-moi vers elle, ou fais-la venir ici, car je suis pressé d'aller ailleurs. —

« — Tu es certes un grand fou, — » répondit le Grenadin ; mais il n'en dit pas davantage. Le

Tartare fondit sur lui, la lance basse, et lui traversa la poitrine. La cuirasse ne put arrêter le coup, et le malheureux tomba mort. Le fils d'Agrican retire sa lance, car il n'a pas d'autre arme offensive.

Il ne porte ni épée ni masse; parce que, quand il conquit les armes ayant appartenu au troyen Hector, il se trouva que l'épée manquait. Il jura alors — et il ne jura pas en vain — que sa main ne toucherait à aucune épée avant qu'il eût enlevé celle de Roland. Roland portait Durandal, qu'Almonte eut en si grande estime, et qu'avait primitivement portée Hector.

Grande est l'audace du Tartare, qui, malgré un tel désavantage, attaque toute cette troupe, criant : « — Qui veut me barrer le passage ? — » Et, la lance en arrêt, il se précipite au milieu d'eux. Les uns abaissent leur lance, les autres mettent l'épée hors du fourreau, et de toutes parts on l'assaille. Il en tue un grand nombre avant que sa lance ne se rompe.

Quand il la voit rompue, il prend à deux mains le tronçon qui est resté entier, et il en assomme tant d'adversaires, que jamais on ne vit semblable carnage. Pareil au juif Samson, qui exterminait les Philistins avec la mâchoire qu'il avait ramassée par terre, il fend les écus et brise les casques ; parfois, du même coup, il tue le cavalier et le cheval.

Ces malheureux courent à l'envi à la mort ; si l'un tombe, l'autre continue la lutte, et la façon ignoble dont ils sont tués leur paraît plus cruelle que la mort elle-même. Ils ne peuvent supporter de se voir enlever la vie qui leur est chère par un tronçon de lance, et de mourir sous d'étranges coups, comme des couleuvres ou des grenouilles.

Mais, quand ils se furent aperçus que de toute façon il est désagréable de mourir, et près des deux tiers d'entre eux étant déjà tués, les autres commencèrent à fuir. Comme s'il les considérait comme son propre bien, le cruel Sarrasin ne peut souffrir qu'un seul de cette troupe en déroute s'échappe de ses mains la vie sauve.

De même que les roseaux desséchés dans les marais, ou le chaume dans les champs dénudés, ne résistent pas longtemps au souffle de Borée attisant le feu allumé par le prudent agriculteur, alors que la flamme court par les sillons, crépite et crie, ainsi ces malheureux se défendent à peine contre la fureur dont Mandricard est enflammé.

Dès qu'il voit sans défenseur l'entrée qui a été si mal gardée, il s'avance par le sentier fraîchement tracé dans l'herbe, guidé par les lamentations qu'il entend, pour voir si la beauté de la dame de Grenade mérite les éloges qu'on en fait. Il passe sur les corps des serviteurs morts, et suit les contours du fleuve.

Il voit Doralice au milieu du pré — c'est ainsi que se nommait la donzelle — assise au pied d'un vieux frêne sauvage; elle se désolait. Les pleurs, comme un ruisseau qui coule d'une source vive, tombaient sur son beau sein, et l'on voyait sur son visage qu'elle se lamentait sur le sort de ses compagnons autant qu'elle craignait pour elle-même.

Sa terreur s'accrut, quand elle vit venir le chevalier souillé de sang, l'air farouche et sombre. Ses cris montent jusqu'au ciel ; elle tremble pour elle et pour ceux qui sont avec elle ; car, outre l'escorte de chevaliers, la belle infante avait, pour la conduire et la servir, des vieillards et un grand nombre de dames et de damoiselles, les plus belles du royaume de Grenade.

Dès que le Tartare voit ce beau visage qui n'a point son pareil dans toute l'Espagne, et qui peut dans les pleurs — que devait-ce être quand il souriait ! — tendre les inextricables rets d'amour, il ne sait s'il est encore sur terre ou dans le paradis. Il n'a tiré d'autre gain de sa victoire que de devenir le captif de sa prisonnière, et il ne sait comment cela s'est fait.

Cependant il ne saurait consentir à abandonner le fruit de ses peines, bien que par ses pleurs elle montre, autant qu'une femme peut le montrer, sa douleur et sa répugnance. Mais lui, espérant changer ces pleurs en joie suprême, se décide à l'emmener. Il la fait monter sur une blanche haquenée, et reprend son chemin.

Il rend la liberté aux dames, aux damoiselles, aux vieillards et aux autres qui étaient venus avec la princesse de Grenade, et leur dit doucement : « — Elle sera suffisamment accompagnée par moi. Je lui servirai de majordome, de nourrice, d'écuyer ; bref, je pourvoirai à tous ses besoins ; adieu donc tous. — » Ceux-ci, ne pouvant faire de résistance, s'en furent en pleurant et en poussant des soupirs.

Ils disaient entre eux : « — Quelle sera la douleur de son père, quand il apprendra cette aventure ! Quelle sera la colère, la rage de son époux, et quelle terrible vengeance il en tirera ! Ah ! pourquoi n'est-il pas ici, où il fait si faute, pour arracher à celui-ci l'illustre fille du roi Stordilan, avant qu'il l'ait emmenée plus loin ? — »

Le Tartare, content de l'excellente proie que lui ont value sa fortune et sa vaillance, ne paraît plus aussi pressé qu'avant de retrouver le chevalier à l'armure noire. Naguère il s'en allait, courant ; maintenant, il va tranquillement, lentement, et ne songe plus qu'à s'arrêter dans le premier endroit qu'il trouvera propice à assouvir sa flamme amoureuse.

Entre temps, il rassure Doralice, dont le visage et les yeux sont baignés de pleurs. Il invente une foule de choses ; il lui dit que depuis longtemps il a entendu parler d'elle, et que s'il a quitté sa patrie et son royaume où il était heureux et qui l'emporte sur tous les autres en renommée et en étendue, ce n'est point pour voir l'Espagne ou la France, mais pour admirer son beau visage.

« — Si un homme doit être aimé pour l'amour qu'il éprouve lui-même, je mérite votre amour, car je vous aime ; si c'est pour la naissance, qui est mieux né que moi ? Le puissant Agricant fut mon père. Si c'est pour la richesse, qui possède plus d'États que moi ? Je le cède en domaines à Dieu seul. Si c'est pour le courage, je crois vous avoir prouvé aujourd'hui que je suis digne d'être aimé aussi pour ma valeur. — »

Ces paroles, et beaucoup d'autres qu'Amour dicte à Mandricard, vont doucement consoler le cœur de la donzelle, encore tremblante de peur. Sa crainte se dissipe peu à peu, ainsi que la douleur dont elle avait eu l'âme transpercée. Elle commence à écouter avec plus de patience et de plaisir son nouvel amant.

Puis, par ses réponses de moins en moins farouches, elle se montre affable et courtoise envers lui ; parfois même elle consent à lever sur son visage des yeux qui ne demandent qu'à s'attendrir. Le païen, qui d'autres fois déjà a été féru des flèches d'Amour, non seulement espère, mais a la certitude que la belle dame ne sera pas toujours rebelle à ses désirs.

En cette compagnie, il s'en va content et joyeux, et il voit avec satisfaction, avec plaisir, approcher l'heure où la froide nuit invite tout être animé à prendre du repos. S'apercevant que le soleil est déjà bas et à moitié caché à l'horizon, il commence à chevaucher d'un pas plus rapide, jusqu'à ce qu'enfin il entende résonner les flûtes et les chalumeaux, et qu'il voie la fumée des villas et des chaumières.

C'étaient des habitations de pasteurs, meilleures et plus commodes que belles. Le gardien des troupeaux fit au chevalier et à la donzelle un accueil si courtois, qu'ils en furent enchantés. Ce n'est pas seulement dans les villes et dans les châteaux que l'on trouve des gens hospitaliers, mais souvent aussi dans les cabanes et les chaumières.

Que se passa-t-il pendant la nuit entre Doralice et le fils d'Agricant? Je ne me hasarde pas à le raconter, et je laisse chacun penser ce qu'il voudra. On peut croire cependant qu'ils furent tout à fait d'accord, car ils se levèrent le lendemain plus allègres, et Doralice rendit grâces au pasteur qui leur avait fait les honneurs de sa maison.

Errants ainsi d'un endroit à un autre, ils arrivèrent enfin sur les bords d'un fleuve qui descendait silencieusement vers la mer, et si lentement qu'on n'aurait su dire s'il coulait ou si ses eaux étaient stagnantes. Il était si clair et si limpide, que la lumière du jour pénétrait sans obstacle jusqu'au fond. Sur sa rive, à l'ombre fraîche et douce, ils trouvèrent deux chevaliers et une damoiselle.

Mais la haute fantaisie, qui ne me permet pas de suivre toujours le même sentier, m'entraîne loin de là, et veut que je retourne vers l'armée mauresque qui assourdit la terre de France de sa rumeur et de ses cris, tout autour de la tente où le fils du roi Trojan défie le Saint-Empire, et où Rodomont, plein d'audace, se vante de brûler Paris et de détruire Rome la Sainte.

Le bruit étant parvenu aux oreilles d'Agramant que les Anglais avaient déjà passé la mer, il fit appeler Marsile, le vieux roi de Garbe et les autres capitaines. Tous conseillent de faire un suprême effort pour prendre Paris, car on pouvait être certain qu'on ne le prendrait jamais, si on ne parvenait à s'en rendre maître avant l'arrivée des secours.

Déjà dans ce but on avait rassemblé de toutes parts d'innombrables échelles, des planches, des poutres, des fascines pour pourvoir aux besoins divers, ainsi que des bateaux et des ponts ; il ne reste plus qu'à disposer l'ordre dans lequel seront donnés le premier et le second assaut. Agramant veut combattre au milieu de ceux qui doivent attaquer la ville.

Quant à l'empereur, le jour qui précède la bataille, il ordonne aux prêtres et aux moines blancs, noirs et gris, de célébrer dans tout Paris des offices et des messes. Ses soldats, après s'être confessés et s'être ainsi préservés des ennemis infernaux, communient tous, comme s'ils devaient mourir le jour suivant.

Lui-même, au milieu des barons et des paladins, des princes et des prélats, il donne aux autres l'exemple, en entendant avec beaucoup de piété les offices divins dans la cathédrale. Les mains jointes et les yeux levés au ciel, il dit : « — Seigneur, bien que je sois plein d'iniquité et un impie, ta bonté ne voudra pas que ton peuple fidèle souffre à cause de mes fautes.

« Et, si ta volonté est que notre erreur reçoive un juste châtiment, au moins diffères-en la punition, de façon qu'elle ne nous vienne pas des mains de tes ennemis. Car, si nous succombons sous leurs coups, nous qu'on a coutume d'appeler tes amis, les païens diront que tu es sans pouvoir, puisque tu laisses périr tes serviteurs.

« Et pour un qui t'est aujourd'hui rebelle, il en naîtra cent par tout l'univers ; de sorte que les fausses doctrines de Babel chasseront ta loi et la feront disparaître. Défends ces nations ; ce sont elles qui ont délivré ton sépulcre des chiens immondes, et pris si souvent la défense de ta sainte Église et de ses vicaires.

« Je sais que nos mérites ne doivent pas peser une once en notre faveur, et que nous ne devons point espérer de pardon de toi, si nous considérons notre vie coupable ; mais, si tu nous favorises du don de la grâce, notre raison sera purifiée et réconfortée. Nous ne pouvons désespérer de ton aide, quand nous nous souvenons de ta pitié. — »

Ainsi disait le pieux empereur, dans l'humilité et la contrition de son cœur. Il ajouta encore d'autres prières, d'autres vœux commandés par la grandeur du péril et en rapport avec son rang de souverain. Sa chaleureuse supplique ne resta point sans effet, car son bon génie, qui tient la première place parmi les anges, les prit, déploya ses ailes vers le ciel et s'en vint les porter au Sauveur.

Une infinité d'autres prières furent également portées à Dieu par de semblables messagers. Les âmes bienheureuses, la pitié peinte sur le visage, se tournèrent toutes vers leur éternel amant, et lui témoignèrent même désir de voir accueillir la juste prière du peuple chrétien qui implorait secours.

Alors l'ineffable Bonté, qui ne fut jamais priée en vain par un cœur fidèle, leva ses yeux pleins de pitié, et fit signe à l'ange Michel de venir à lui : « — Va — lui dit-elle — vers l'armée chrétienne qui vient de débarquer en Picardie, et fais-la approcher des murs de Paris, sans que le camp ennemi s'en aperçoive.

« Va trouver d'abord le Silence, et dis-lui de ma part de te seconder dans cette entreprise. Il saura bien comment procéder dans cette circonstance. Cela fait, va sur-le-champ à l'endroit où la Discorde a son séjour. Dis-lui de prendre avec elle son brandon et sa torche, et d'allumer le feu dans le camp des Maures ;

« Et de répandre de telles divisions, de tels conflits entre ceux qu'on considère comme les plus vaillants, qu'ils se battent ensemble, jusqu'à ce que les uns soient morts, les autres prisonniers, d'autres blessés, d'autres entraînés par l'indignation hors du camp; de façon que leur roi puisse tirer d'eux le moins d'aide possible. — » L'oiseau béni ne répond rien à ces paroles, et s'envole loin du ciel.

Partout où l'ange Michel dresse son aile, les nuées se dissipent et le ciel redevient serein. Un cercle d'or l'entoure, pareil à l'éclair que l'on voit briller pendant la nuit. Tout en poursuivant sa route, le messager céleste se demande où il doit descendre pour être sûr de trouver l'ennemi de la parole, auquel il doit faire sa première commission.

Il cherche à se rappeler les lieux où il habite, et où il a coutume de séjourner. Enfin toutes ses pensées le portent à croire qu'il le trouvera parmi les religieux et les moines enfermés dans les églises et dans les monastères. Là, en effet, les discours sont tellement interdits, que le mot *silence* est écrit sur la porte de l'endroit où l'on chante les psaumes, où l'on dort, où l'on mange, et finalement à l'entrée de toutes les cellules.

Croyant le trouver là, il agite plus vivement ses ailes dorées. Il pense y trouver aussi la Paix, le Repos et la Charité. Mais à peine a-t-il pénétré dans un cloître, qu'il est bien vite détrompé. Ce n'est pas là qu'est le Silence; on lui dit qu'il n'y habite plus, et que son nom seul y reste inscrit.

Il n'y voit non plus ni la Piété, ni le Repos, ni l'Humilité, ni l'Amour Divin, ni la Paix. Ils y furent autrefois, il est vrai, dans les temps antiques. Mais ils en ont été chassés par la Gourmandise, l'Avarice, la Colère, l'Orgueil, l'Envie, la Paresse et la Cruauté. L'ange s'étonne d'une chose si insolite. Et comme il regarde plus attentivement cette troupe abrutie, il voit que la Discorde est aussi avec elle ;

La Discorde vers laquelle le père Éternel lui avait ordonné d'aller, après qu'il aurait trouvé le Silence. Il avait pensé qu'il lui faudrait prendre le chemin de l'Averne, car il croyait qu'elle se tenait parmi les damnés, et voilà — qui le croirait ! —

qu'il la retrouve dans ce nouvel enfer, au milieu
des saints sacrifices et des messes! Il paraît
étrange à Michel de voir là celle qu'il ne comptait
trouver qu'après un long voyage.

Il la reconnaît à ses vêtements de mille couleurs,
formés de bandes inégales, multiples et toutes
déchirées, qui, agitées par les vents, ou entr'ouvertes par sa marche, tantôt la couvrent et tantôt
la montrent nue. Ses cheveux, noirs et gris, mêlés
de filets d'or et d'argent, sont tout en désordre.
Les uns sont réunis en tresse, les autres retenus
par un galon. Une partie est éparse sur ses
épaules, l'autre dénouée sur son sein.

Elle avait les mains et la poitrine couvertes
d'assignations, de libelles, d'enquêtes, de papiers
de procédure, et d'un grand tas de gloses, de
consultations et d'écrits, au moyen desquels les
biens des pauvres gens ne sont jamais en sûreté
dans les villes. Devant, derrière, à ses côtés, elle
était entourée de notaires, de procureurs et d'avo-
cats.

Michel l'appelle à lui et lui ordonne de se transporter parmi les plus braves des chevaliers sarrasins, et de faire en sorte de les exciter à combattre
les uns contre les autres pour leur plus grande
ruine. Puis il lui demande des nouvelles du Silence.
Elle peut facilement en avoir, puisqu'elle va deçà,
de là, secouant partout ses feux.

La Discorde lui répond : — « Je ne me sou-
viens pas de l'avoir vu nulle part. Je l'ai entendu
nommer bien souvent, et faire son éloge par les

astucieux. Mais la Fraude, une de mes suivantes, l'accompagne quelquefois. Je pense qu'elle saura t'en donner des nouvelles. — » Et étendant le doigt, elle dit : « — La voilà ! — »

Cette dernière avait un visage agréable, un vêtement plein de décence, le regard humble, la démarche grave, le parler si doux et si modeste qu'elle ressemblait à l'ange Gabriel, disant : *Ave!* Tout le reste de sa personne était laid et hideux ; mais elle cachait ses difformités sous un vêtement long et large, dans les plis duquel elle portait toujours un poignard empoisonné.

L'ange lui demande quel chemin il doit prendre pour trouver le Silence. La Fraude lui dit : « — Jadis, il habitait ordinairement parmi les Vertus, près de saint Benoît, et non ailleurs, ou bien avec les disciples d'Élie, et dans les abbayes nouvellement fondées. Il résida longtemps dans les écoles, au temps de Pythagore et d'Architas.

« Après ces philosophes et ces saints, qui l'avaient retenu dans le droit chemin, il abandonna les mœurs honnêtes qu'il avait suivies jusque-là, pour se jeter dans des pratiques scélérates. Il commença par fréquenter pendant la nuit, les amants, puis les voleurs, et à se livrer à toute sorte de crimes. Longtemps il habita avec la Trahison, et je l'ai vu naguère avec l'Homicide.

« Avec ceux qui falsifient les monnaies, il se retire dans les lieux les plus secrets. Il change si souvent de compagnon et d'asile, que tu le trouverais difficilement. J'espère cependant te renseigner à cet égard. Si tu as soin d'arriver à minuit dans la demeure du Sommeil. Tu pourras sans faute l'y retrouver, car c'est là qu'il dort. — »

Bien que la Fraude ait l'habitude de tromper, ce qu'elle dit paraît si vraisemblable, que l'ange y croit. Il s'envole sans retard du monastère, ralentit le battement de ses ailes et calcule son chemin de façon à arriver à temps voulu à la demeure du Sommeil, où il savait bien trouver le Silence.

Il existe, en Arabie, une vallée agréable, loin des cités et des hameaux, qui s'étend à l'ombre de deux montagnes et est couverte de sapins antiques et de hêtres robustes. En vain le soleil y projette ses clairs rayons ; il ne peut jamais y pénétrer, tellement les rameaux épais lui barrent le passage. Là s'ouvre une caverne souterraine.

Sous la forêt obscure, une vaste et spacieuse caverne s'ouvre dans le roc. Le lierre rampant en couvre l'entrée de ses replis tortueux. C'est dans cette demeure que repose le Sommeil pesant. L'Oisiveté, corpulente et grasse, est dans un coin ; de l'autre, la Paresse est étendue sur le sol, car elle ne peut marcher et se tient difficilement sur ses pieds.

L'Oubli qui a perdu la mémoire se tient sur le seuil. Il ne laisse entrer et ne reconnaît personne. Il n'écoute aucun message et ne répond jamais. Il écarte indifféremment tout le monde. Le Silence veille tout autour ; il a des chaussures en feutre et un manteau de couleur sombre. A tous ceux qu'il rencontre, il fait de loin signe avec la main de ne pas approcher.

L'ange s'approche de son oreille et lui dit doucement : « — Dieu veut que tu conduises à Paris Renaud avec l'armée qu'il mène au secours de son prince. Mais il faut que tu le fasses si secrètement, que les Sarrasins n'entendent pas le moindre bruit, de façon qu'avant que la Renommée ait pu les aviser de l'arrivée de ces troupes, ils les aient sur les épaules. — »

Le Silence ne répond pas autrement qu'en faisant signe de la tête qu'il obéira. Il se met docilement à la suite du messager, et, d'un premier vol, tous deux arrivent en Picardie. Michel excite les courageux escadrons ; il leur fait franchir en peu de temps un long espace, et les mène en un jour devant Paris. Aucun d'eux ne s'aperçoit que c'est par un miracle.

Le Silence courait tout autour, les enveloppant d'une immense nuée, tandis que le reste de l'atmosphère était en pleine lumière. Et cette nuée épaisse ne permettait pas d'entendre en dehors d'elle le son des trompettes et des clairons. Puis le Silence se rendit au camp des païens, répandant après lui un je ne sais quoi qui rend chacun sourd et aveugle.

Pendant que Renaud — on voyait bien qu'il était conduit par l'ange — s'avançait avec tant de rapidité, et dans un tel silence qu'on n'entendait aucun bruit du camp sarrasin, le roi Agramant avait disposé son infanterie dans les faubourgs de Paris, sous les murailles et dans les fossés, pour tenter le jour même un suprême effort.

Celui qui pourrait compter l'armée que le roi Agramant a rassemblée contre Charles, pourrait aussi compter tous les arbres des forêts qui se dressent sur le dos ombreux de l'Apennin, les flots de la mer qui baigne les pieds de l'Atlas en Mauritanie, alors qu'elle est le plus en fureur, ou les étoiles que le ciel déploie à minuit sur les rendez-vous secrets des amoureux.

Les campagnes résonnent au bruit des coups répétés et lugubres des cloches. Une foule innombrable remplit toutes les églises, levant les mains et implorant le ciel. Si les trésors de la terre étaient aussi prisés de Dieu que des hommes aveugles, le saint consistoire aurait pu en ce jour obtenir une statue d'or pour chacun de ses membres.

On entend les vieillards vénérables se plaindre d'avoir été réservés pour de pareilles angoisses, et envier le bonheur de ceux qui reposent dans la terre depuis de nombreuses années. Mais les jeunes hommes, ardents et vigoureux, qui se soucient peu des dangers qu'ils vont affronter, et qui dédaignent les conseils des plus âgés, courent de toutes parts aux murailles.

Là étaient les barons et les paladins, les rois, les ducs, les marquis et les comtes, les soldats étrangers et ceux de la ville, tous prêts à mourir pour le Christ et pour sa gloire. Ils prient l'Empereur de faire abaisser les ponts afin qu'ils puissent courir sus aux Sarrasins. Charles se réjouit de leur voir tant d'ardeur dans l'âme, mais il ne veut pas les laisser sortir.

Il les place aux endroits opportuns pour barrer le passage aux barbares. Là, il se contente de mettre peu de monde ; ici une forte compagnie suffit à peine. Les uns sont chargés de manœuvrer les feux et les autres machines, suivant les besoins. Charles ne reste pas inactif. Il se porte çà et là, organisant partout la défense.

Paris s'étend dans une grande plaine, au centre de la France, presque au cœur. Le fleuve passe entre ses murs, la traverse et ressort de l'autre côté. Mais auparavant, il forme une île et protège ainsi une partie de la ville, la meilleure. Les deux autres — car la ville est divisée en trois parties — sont entourées, en dehors par un fossé, en dedans par le fleuve.

La ville, de plusieurs milles de tour, peut être attaquée par plusieurs points. Mais Agramant se décide à ne donner l'assaut que d'un côté, ne voulant pas éparpiller son armée. Il se retire derrière le fleuve, vers le Ponant. C'est de là qu'il attaquera, parce qu'il n'a derrière lui aucune ville, aucun pays qui ne lui appartienne jusqu'en Espagne.

Tout autour des remparts, Charles avait fait rassembler d'immenses munitions, fortifier les rives par des chaussées, élever des bastions, creuser des casemates. A l'entrée et à la sortie de la rivière dans la ville, de grosses chaînes avaient été tendues. Mais il avait surtout veillé à mettre en état les endroits où il craignait le plus.

Avec des yeux d'Argus, le fils de Pépin prévoit

de quel côté Agramant doit donner l'assaut ; le Sarrasin ne forme pas un projet sans qu'il ne soit immédiatement déjoué. Marsile, avec Ferragus, Isolier, Serpentin, Grandonio, Falsiron, Balugant et les guerriers qu'il a amenés d'Espagne, se tenaient dans la campagne tout armés.

Sobrin était à sa gauche, sur la rive de la Seine, avec Pulian, Dardinel d'Almonte et le roi d'Oran, à la stature de géant et long de six palmes des pieds à la tête. Mais pourquoi suis-je moins prompt à mouvoir ma plume que ces guerriers à se servir de leurs armes ? Le roi de Sarse, plein de colère et d'indignation, crie et blasphème, et ne peut rester en place.

De même que, dans les jours chauds de l'été, les mouches importunes ont coutume de se jeter sur les vases rustiques ou sur les restes des convives, avec un bruit d'ailes rauque et strident ; de même que les étourneaux s'abattent sur les treilles rouges de raisins mûrs, ainsi, remplissant le ciel de cris et de clameurs, les Maures se ruaient tumultueusement à l'assaut.

L'armée des chrétiens est sur les remparts ; inaccessibles à la peur, et dédaignant l'orgueilleuse témérité des barbares, ils défendent la ville avec les épées, les lances, les pierres et le feu. Quand l'un d'eux est tué, un autre prend sa place. Il n'en est point qui, par lâcheté, quitte le lieu du combat. Sous la furie de leurs coups, ils rejettent les Sarrasins au fond des fossés.

Ils ne s'aident pas seulement du fer ; ils

emploient les gros quartiers de roches, les créneaux entiers, les murs ébranlés à grand'peine, les toits des tours. L'eau bouillante versée d'en haut fait aux Maures d'insupportables brûlures. Ils résistent difficilement à cette pluie horrible qui pénètre par les casques, brûle les yeux,

Et fait plus de ravages que le fer. Qu'on pense à ce que devaient produire tantôt les nuées de chaux, tantôt les vases ardents d'où pleuvent l'huile, le soufre, la poix et la térébenthine. Les cercles entourés d'une crinière de flammes ne restent pas inactifs. Lancés de tous côtés, ils décrivent de redoutables courbes sur les Sarrasins.

Cependant, le roi de Sarse avait poussé sous les murs la seconde colonne, accompagné de Buralde et d'Ormidas qui commandent, l'un aux Garamantes, l'autre à ceux de Marmande. Clarinde et Soridan sont à ses côtés. Le roi de Ceuta se montre à découvert, suivi des rois de Maroc et de Cosca, connus tous deux pour leur valeur.

Sur sa bannière qui est toute rouge, Rodomont de Sarse étale un lion qui se laisse mettre une bride dans sa gueule féroce par sa dame. Le lion est son emblème. Quant à la dame qui lui met un frein et qui l'enchaîne, elle représente la belle Doralice, fille de Stordilan, roi de Grenade,

Celle qu'avait enlevée le roi Mandricard, ainsi que je l'ai dit. J'ai raconté où et à qui. Rodomont l'aimait plus que son royaume et que ses yeux. C'était pour elle qu'il montrait tant de vaillance, sans savoir qu'elle était au pouvoir d'un autre.

S'il l'eût su, il aurait fait pour la délivrer autant d'efforts qu'il en fit en ce jour devant Paris.

Mille échelles sont en même temps appliquées aux murs. Elles peuvent tenir deux hommes sur chaque gradin. Ceux qui viennent les seconds poussent ceux qui grimpent les premiers, car les troisièmes les font eux-mêmes monter malgré eux. Les uns se défendent avec courage, les autres par peur. Il faut que tous entrent dans le gué, car quiconque reste en arrière est tué ou blessé par le roi d'Alger, le cruel Rodomont.

Chacun s'efforce donc d'atteindre le sommet des remparts, au milieu du feu et des ruines. Tous cherchent à passer par où le chemin est le moins dangereux. Seul Rodomont dédaigne de suivre une autre voie que la moins sûre. Dans les cas désespérés et difficiles, les autres adressent leurs vœux au ciel, et lui, il blasphème contre Dieu.

Il était armé d'une épaisse et solide cuirasse faite avec la peau écailleuse d'un dragon. Cette cuirasse avait déjà entouré les reins et la poitrine de celui de ses aïeux qui édifia Babel et entreprit de chasser Dieu de sa demeure céleste, et de lui enlever le gouvernement de l'univers. Son casque, son écu, ainsi que son épée, ont été faits dans la perfection et pour cette occasion.

Rodomont, non moins indompté, superbe et colère que le fut jadis Nemrod, n'aurait pas hésité à escalader le ciel, même de nuit, s'il en avait trouvé le chemin. Il ne s'arrête pas à regarder si les murailles sont entières ou si la brèche est praticable, ou s'il y a de l'eau dans le fossé. Il traverse le fossé à la course et vole à travers l'eau bourbeuse où il est plongé jusqu'à la bouche.

Souillé de fange, ruisselant d'eau, il va à travers le feu, les rochers, les traits et les balistes, comme le sanglier qui se fraye à travers les roseaux des marécages de Malléa un ample passage avec son poitrail, ses griffes et ses défenses. Le Sarrasin, l'écu haut, méprise le ciel tout autant que les remparts.

A peine Rodomont s'est-il élancé à l'assaut, qu'il parvient sur une de ces plates-formes qui, en dedans des murailles, forment une espèce de pont vaste et large, où se tiennent les soldats français. On le voit alors fracasser plus d'un front, pratiquer des tonsures plus larges que celles des moines, faire voler les bras et les têtes, et pleuvoir, du haut des remparts dans le fossé, un fleuve de sang.

Le païen jette son écu, prend à deux mains sa redoutable épée et fond sur le duc Arnolf. Celui-ci venait du pays où le Rhin verse ses eaux dans un golfe salé. Le malheureux ne se défend pas mieux que le soufre ne résiste au feu. Il tombe à terre et expire, la tête fendue jusqu'à une palme au-dessous du col.

D'un seul coup de revers, Rodomont occit Anselme, Oldrade, Spinellaque et Prandon ; car l'étroitesse du lieu et la foule épaisse des combattants font que l'épée porte en plein. Les deux premiers sont perdus pour la Flandre, les deux autres pour la Normandie. Le Sarrasin fend ensuite en deux, depuis le front jusqu'à la poitrine, et de la jusqu'au ventre, le Mayençais Orger.

Il précipite du haut des créneaux dans le fossé, Andropon et Mosquin. Le premier est prêtre ; le second n'adore que le vin ; il en a plus d'une fois vidé un baquet d'une seule gorgée, fuyant l'eau comme si c'était du poison ou du sang de vipère. Il trouve la mort aux pieds des remparts, et ce qui l'ennuie le plus, c'est de se sentir mourir dans l'eau.

Rodomont taille en deux Louis de Provence, et perce de part en part Arnauld de Toulouse. Obert de Tours, Claude, Ugo et Denis exhalent leur vie avec leur sang. Près d'eux tombent Gauthier, Satallon, Odon et Ambalde, tous les quatre de Paris, et un grand nombre d'autres dont je ne saurais dire les noms et le pays.

Derrière Rodomont, la foule des Sarrasins applique les échelles et monte de toutes parts. Les Parisiens ne leur tiennent pas tête, tellement ils ont peu réussi dans leur première défense. Ils savent bien qu'il reste encore beaucoup à faire aux ennemis pour pénétrer plus loin, et que ceux-ci n'en viendront pas facilement à bout, car entre les remparts et la seconde enceinte s'étend un fossé horrible et profond.

Outre que les nôtres font une vigoureuse résistance au bas de ce fossé, et déploient une grande valeur, de nouveaux renforts qui se tenaient aux aguets derrière le rempart extérieur, entrent dans la mêlée et font, avec leurs lances et leurs flèches, un tel carnage dans la multitude des assaillants, que je crois bien qu'il n'en serait pas resté un seul, si le fils du roi Ulien n'eût pas été avec eux.

Il les encourage, et les gourmande et les pousse devant lui malgré eux. Il fend la poitrine, la tête, à ceux qu'il voit se retourner pour fuir. Il en égorge et en blesse un grand nombre. Il en prend d'autres par les cheveux, par le cou, par les bras, et les jette en bas, autant que le fossé peut en contenir.

Pendant que la foule des barbares descend, ou plutôt se précipite dans le fossé hérissé de périls, et de là par toutes sortes de moyens, s'efforce de monter sur la seconde enceinte, le roi de Sarse, comme s'il avait eu des ailes à chacun de ses membres, malgré le poids de son corps gigantesque et son armure si lourde, bondit de l'autre côté du fossé.

Ce fossé n'avait pas moins de trente pieds de large. Il le franchit avec la légèreté d'un lévrier, et ne fait, en retombant, pas plus de bruit que s'il avait eu du feutre sous les pieds. Il frappe sur les uns et sur les autres, et, sous ses coups, les armures semblent non pas de fer, mais de peau ou d'écorce, tant est bonne la trempe de son épée, et si grande est sa force.

Pendant ce temps, les nôtres qui ont tenu cachées dans les casemates de nombreuses fascines arrosées de poix, de façon que personne parmi les ennemis ne s'en est aperçu, bien que du fond du fossé jusqu'au bord, tout en soit rempli, et qui tiennent prêts des vases

Remplis de salpêtre, d'huile, de soufre et d'autres matières pareillement inflammables, les nôtres, dis-je, pour faire payer cher leur folle ardeur aux Sarrasins qui étaient dans le fossé, et cherchaient à escalader le dernier rempart, à un signal donné font de tous côtés éclater l'incendie.

La flamme, d'abord éparse, se réunit en un seul foyer qui, d'un bord à l'autre, remplit tout le fossé, et monte si haut dans le ciel, qu'elle pourrait sécher le cercle humide qui entoure la lune. Au-dessus roule une nuée épaisse et noire qui cache le soleil et éteint la clarté du jour. On entend des détonations continues, semblables au bruit formidable et lugubre du tonnerre.

Un concert horrible de plaintes, une épouvantable harmonie de reproches amers, les hurlements, les cris des malheureux qui périssent dans cette fournaise par la faute de leur chef, se mêlent d'une manière étrange au sifflement féroce de la flamme homicide. C'est assez, seigneur, c'est assez pour ce chant. Ma voix s'enroue, et je désire me reposer un peu.

FIN DU TOME PREMIER.

NOTES

DU TOME PREMIER

CHANT PREMIER

Page 1, ligne 7 et page 2, ligne 1. — *Qui s'était vanté de venger la mort de Trojan.* — Trojan était le père d'Agramant. Roland lui avait donné la mort. (Voir le premier chant du livre Ier du poëme de *Roland amoureux*, par Boïardo.)

Page 2, ligne 3. — *Je dirai de Roland...* — Le Roland du poëme d'Arioste est celui que la légende a immortalisé, sans qu'on ait encore pu savoir s'il a vraiment existé un personnage de ce nom. D'après cette légende, Roland était fils de Milon, comte d'Anglante (Angers), et de Bertha, l'une des filles de Charlemagne. Il reçut de l'empereur la sénatorerie de Rome, le marquisat de Brava (peut-être Bourges, que les Latins appelaient *Bravium*) et le comté d'Anglante, qui lui venait de son père.

Page 2, lignes 7 et 8. — *Par celle qui en a fait quasi autant de moi.* — On croit que le poète a fait ici allusion à Alessandra Benucci, dame florentine, veuve de Tito Strozzi, et qui habitait à la cour du duc de Ferrare. Arioste l'avait connue à Florence lorsqu'il s'y arrêta, à son retour de Rome en 1513, pour les fêtes de la Saint-

Jean. Il l'épousa secrètement, probablement en 1527. Elle lui survécut dix-neuf ans, étant morte en septembre de l'année 1552.

Page 2, ligne 12. — *Qu'il vous plaise, race généreuse d'Hercule.* — Arioste a dédié son poème au cardinal Hippolyte d'Este, fils d'Hercule Ier, deuxième duc de Ferrare, à la cour duquel le poète vécut quelque temps.

Page 2, lignes 28 et 29. — *... Avait dans l'Inde, en Médie, en Tartarie, laissé d'infinis et d'immortels trophées.* — Voir, au sujet des amours de Roland pour Angélique, et de ses exploits en Asie, le poème de Boïardo. Angélique et son frère Argail, tous deux enfants de Galafron, roi du Cathay (province du nord de la Chine), avaient été envoyés par leur père en France, afin de s'emparer par force ou par ruse des paladins de Charles, et de les lui amener prisonniers. Angélique avait pour arme son éclatante beauté. Son frère possédait une lance d'or qui était fée et qui renversait quiconque en était touché ; le cheval Rabican, plus rapide que le vent et qui se nourrissait d'air ; enfin un anneau qui rendait invisible dès qu'on le mettait dans la bouche et qui, porté au doigt, rompait tous les enchantements. Toutes ces choses sont longuement racontées par Boïardo.

Page 3, ligne 3. — *Pour faire repentir le roi Marsile et le roi Agramant.* — Marsile était roi d'Espagne et Agramant roi d'Afrique. Ce sont deux personnages fictifs.

Page 3, ligne 21. — *Et son cousin Renaud.* — D'après les romans héroïques, Renaud, un des paladins de Charles, était cousin de Roland. Il était fils d'Aymon de Darbena et de Béatrice, fille de Naymes, duc de Bavière. Tous deux étaient de la maison de Clermont et de la famille des rois de France.

Page 5, ligne 4. — *Au bord de la rivière se trouvait Ferragus.* — Ferragus était fils de Marsile ; Boïardo en parle, dans le xxxie chant du livre Ier, comme étant un des plus redoutables guerriers d'Espagne.

Page 6, ligne 8. — *Le seigneur de Montauban fut le premier qui...* — La famille de Renaud possédait le château de Montauban.

Page 8, lignes 22 et 23. — *L'un appartint à Almont et l'autre à Mambrin.* — Dans un poëme intitulé *Aspramonte*, et publié pour la première fois à Florence, en 1504, on lit que, pour venger la mort de son père tué par Almont, Roland tua ce dernier en combat singulier, et lui prit son casque, son armure enchantée, ainsi que son cheval *Bride d'or* et l'épée *Durandal*. Un autre roman, qui a pour titre : *les Amours de Renaud*, parle d'un païen nommé Mambrin, venu à la tête d'une armée contre Charles, et tué, dans une bataille, par Renaud, qui s'appropria son casque.

Page 9, ligne 7. — *Il jura par la vie de Lanfuse.* — Lanfuse était la mère de Ferragus.

Page 11, lignes 24 et 25. — *Et sa poitrine un Mont-Gibel.* — C'est ainsi que les Italiens appellent l'Etna.

Page 15, lignes 11 et 12. — *Elle l'envoya demander du secours en Orient.* — Voir dans le *Roland amoureux* de Berni, chant xxive, stances 67 et suivantes, comment et pourquoi Angélique envoya Sacripant auprès de Gradasse, pour lui demander secours.

Page 19, ligne 2. — *C'est Bradamante.* — Bradamante était sœur de Renaud, et fille naturelle du duc Aymon.

Page 20, lignes 11 et 12. — *C'était elle qui, dans Albracca, le servait jadis de sa main.* — Voir dans Boïardo, livre Ier, chant xxix, et dans le Berni, chants xxvi et xxviii, de quelle façon Bayard avait été laissé par Roland à Angélique, qui l'avait ensuite envoyé à Renaud.

Page 21, lignes 17 et 18. — *Les batailles d'Albracca vous sont donc déjà sorties de la mémoire ?* — Sacripant fait ici allusion au fait d'armes suivant : Bien que blessé et à la tête de trois cents hommes seulement, il avait arraché d'Albracca Angélique que le roi Agrican y tenait assiégée.

CHANT II

Page 24, ligne 25. — *Flamberge le fend.* — Flamberge était le nom de l'épée de Renaud, de même que l'épée de Roland s'appelait *Durandal* et celle de Roger *Balisarde*.

Page 30, lignes 2 et 3. — *La malheureuse fille d'Agolante.* Galacielle, dont on lira l'histoire dans le chant XXXVI. Boïardo, dans le XXVII⁰ chant de son livre Ier, raconte que le père de Galacielle, nommé Agolante, fut tué par Roland. Elle avait eu d'un chevalier, appelé Roger de Risa, un fils nommé aussi Roger, le principal héros du poème d'Arioste, et qu'aimait Bradamante.

CHANT III

Page 43, lignes 27 et 28. — *Alors qu'il fut trompé par la Dame du Lac.* — Les romans de chevalerie racontent que Merlin, enchanteur anglais, s'était épris de la Dame du Lac. Ayant préparé pour elle et pour lui un superbe tombeau, il lui apprit certaines paroles, lesquelles étant prononcées sur le couvercle du tombeau, en rendaient l'ouverture impossible. La dame, qui haïssait tout bas Merlin, lui demanda de se coucher dans le tombeau pour en expérimenter la capacité, et, quand il y fut, elle rabattit le couvercle et prononça les paroles fatales. Merlin mort, son esprit était resté dans le tombeau, d'où il répondait à ceux qui l'interrogeaient.

Page 45, ligne 14. — *L'antique sang issu de Troie.* — Boïardo, dans le chant XVI⁰ du livre Ier et dans le chant V⁰ du livre III, prétend que la famille de Roger descendait d'un neveu de Priam.

Page 46, lignes 17 et 18. — *Elle la recouvre d'un grand pentacule.* — Sorte de pentagone, sur lequel étaient peints des points, des signes et des caractères magiques, en usage aux nécromanciens, et destinés à protéger ceux qui en étaient recouverts des effets des enchantements.

Page 47, lignes 9 et 10. — *Je vois, par ses mains, la terre rougie du sang de Poitiers.* — Allusion au massacre des Mayençais, par le fils de Roger et de Bradamante, lequel vengea ainsi la mort de son père, tué par trahison dans le château de Ponthieu, en Picardie. Il va sans dire que les renseignements généalogiques sur la maison d'Este relatés ici par Arioste sont, pour la plupart, de pure imagination. La généalogie vraie des princes d'Este se trouve dans un remarquable ouvrage publié de nos jours par le comte Pompée Litta sur les familles illustres d'Italie.

Page 49, ligne 16. — *La belle terre qui est assise sur le fleuve où Phébus...* — Par cette périphrase, Arioste veut désigner Ferrare et son territoire situés sur le Pô, fleuve dans lequel, selon la Fable, fut précipité Phaéton.

Page 51, lignes 8 et 9. — *La terre qui produit des roses.* — Rhodes.

Page 56, lignes 7 et 8. — *Les deux que nous avons vus si tristes.* — Jules et Ferdinand d'Este, frères d'Alphonse Ier. Ayant conspiré contre ce dernier, ils furent condamnés à mort. Mais leur peine fut commuée en prison perpétuelle. Ferdinand mourut en prison en 1540, et Jules, rendu à la liberté par Alphonse II, mourut en 1561.

Page 58, lignes 9 et 10. — *Un anneau qui fut dérobé dans l'Inde à une reine.* — Voir Boïardo, chant v du livre II, et Berni, chant xxxiv, stances 30 et suivantes.

CHANT IV

Page 72, lignes 2 et 3. — *Son destrier se nommait Frontin.* — Frontin avait primitivement appartenu à Sacripant auquel il avait été volé par Brunel, qui le donna ensuite à Roger. Voir Berni, chant xxxiv, stance 43.

CHANT VI

Page 107, lignes 10 et 11. — *La vierge Aréthuse se fraya en vain sous la mer un chemin sombre et étrange.* — La nymphe Aréthuse, poursuivie par le fleuve Alphée, fut convertie en fontaine, et conduite par des voies sous-marines dans l'île d'Ortigie, toujours suivie par son indiscret amant, qui l'y rejoignit.

Page 110, lignes 20 et 21. — *J'étais cousin de Roland et de Renaud.* — Suivant les romans de chevalerie, Bernard de Clairval eut trois fils : Aymon, père de Renaud; Beuves d'Aigremont, père d'Aldigier, de Maugis et de Vivian, personnages dont il sera parlé plus loin, et Othon, roi d'Angleterre, père d'Astolphe.

Page 113, lignes 21 et 22. — *De même que l'Écosse et l'Angleterre sont séparées par une montagne et une rivière.* — Les monts Cheviot séparent l'Écosse de l'Angleterre, se ramifiant et s'étendant dans la partie septentrionale de l'une et dans la partie méridionale de l'autre. La *Tweed*, qui appartient à l'Écosse dans la partie inférieure de son cours, continue la démarcation, et se jette dans la mer du Nord.

CHANT VII

Page 128, lignes 8 et 9. — *Que Cléopâtre offrit au Romain vainqueur.* — A César, vainqueur de Pompée.

Page 134, lignes 13 et 14. — *Quand bien même Roger fût devenu plus vieux que Nestor.* — Suivant Homère, Nestor, roi de Pylos, dans le Péloponèse, vécut jusqu'à trois cents ans.

Page 137, ligne 18. — *Tu devinsses l'Adonis ou l'Atis d'Alcine.* — Adonis fut l'amant de Vénus, et Atis l'amant de Cybèle.

Page 139, lignes 27 et 28. — *Elle avait pris la figure*

d'Atlante de Carena. — Il y a deux villes du nom de Carena : l'une située en Syrie, l'autre en Médie. Il est probable qu'Arioste ne veut parler ici ni de l'une ni de l'autre, car, dans le chant v, il a précédemment appelé Atlante *le vieux Maure.* C'est d'une troisième ville de Carena, située probablement en Mauritanie, qu'il a entendu parler.

CHANT VIII

Page 156, ligne 3. — *S'étend une île nommée Ébude.* — C'est une île du groupe des Hébrides appelée aujourd'hui *Mull;* les Latins la nommaient *insula Ebudarum.*

Page 164, ligne 20. — *Il l'avait enlevé à un amostan.* — Le mot amostan est d'origine arabe; c'est la désignation d'une dignité chez les musulmans.

CHANT IX

Page 168, lignes 12 et 13. — *Sur les bords d'un fleuve qui sépare les Normands des Bretons.* — Probablement la petite rivière de *Couesnon,* qui se jette dans la baie Saint-Michel, près de Pontorson et qui sépare, en effet, la Bretagne de la Normandie.

Page 170, ligne 10. — *Il laisse Saint-Brieuc et Landriglier.* — Par Landriglier, Arioste entend la petite ville de Tréguier, le *Tricosium* des anciens.

Page 182, ligne 13. — *Près du Volano.* — Branche du Pô qui se sépare de la branche principale, près de Ferrare, et va se jeter, à quelques lieues plus loin, dans l'étang de Comacchio et de là dans l'Adriatique.

CHANT X

Page 198, lignes 14 et 15. — *On dirait Hécube entrant en rage.* — Hécube, veuve de Priam et esclave d'Ulysse, poursuivie par les Thraces pour avoir arraché les yeux à Polymestor, qui avait tué Polydore, le dernier de ses enfants, entra en une telle rage, qu'elle fut changée en chienne enragée.

Page 203, ligne 28. — *La splendide reine du Nil.* — Cléopâtre, qui se fit piquer par un aspic pour ne pas être traînée derrière le char du triomphateur romain.

Page 207, ligne 47. — *Et le grand Quinsi.* — Ville de la Chine appelée Chansay par Marco Polo. C'est la moderne Nanking.

Page 212, lignes 20 et 21. — *Où le saint vieillard creusa un puits.* — Allusion au puits qu'on prétend avoir été creusé par saint Patrice, en Irlande, et où chaque année vont se plonger les fidèles, dans l'espérance de se laver de leurs péchés.

CHANT XI

Page 220, ligne 9. — *Elle déjoua les enchantements de Maugis.* — Maugis, fils de Beuves d'Aigremont, était cousin de Bradamante. Il exerçait la magie.

Page 220, lignes 10, 11 et 12. — *Elle délivra un matin Roland et d'autres chevaliers tenus en servitude par Dragontine.* — Dragontine était une enchanteresse qui s'était emparée de Roland de la même façon qu'Alcine s'était emparée de Roger. (Voir Boïardo, liv. Ier, chant XIV.)

Page 224, lignes 28, 29 et 30. — *La machine infernale... fut ramenée à la surface par enchantement et portée tout d'abord chez les Allemands.* — L'arme à feu fut découverte accidentellement par un alchimiste allemand qui la communiqua aux Vénitiens. Ceux-ci en firent pour la première fois usage en 1380 contre les Génois.

Page 230, ligne 17. — *Ino tout en pleurs, tenant Mélicerte à son cou.* — Pour se soustraire à la fureur d'Atamante, son époux, Ino se jeta dans la mer, ayant dans ses bras son fils Mélicerte. Tous deux furent changés en divinités marines.

Page 239, ligne 16. — *L'animal discret qui porta*

Phryxus. — Phryxus, pour fuir les persécutions de sa belle-mère Ino, traversa la mer sur un bélier.

CHANT XII

Page 257, ligne 15. — *L'étendard du roi de Tremisène.* — Aujourd'hui Tlemcen, ville de la province d'Oran, en Algérie.

CHANT XIII

Page 273, lignes 10 et 11. — *Avec la même agilité que l'on voit l'adroit Espagnol jeter son fusil.* — Espagnol est ici pour Sarrasin, qui lui-même est synonyme d'Arabe. On sait que dans leurs fantasias les Arabes lancent et rattrapent leur fusil avec une grande dextérité.

Page 281, lignes 7 et 8. — *Lucrèce Borgia, dont la beauté, a vertu, le renom de chasteté...* — Cet éloge de Lucrèce Borgia, dans la bouche d'Arioste, paraîtrait étrange, si nous ne savions combien la poésie, depuis Dante et Pétrarque, avait perdu en dignité. Elle en était réduite à mendier la faveur des princes, et par conséquent à les louer jusque dans leurs vices les plus avérés. Arioste est, à cet égard, un des modèles du genre courtisanesque.

CHANT XIV

Page 286, lignes 6 et 7. — *Notre joie fut trop troublée par la mort du capitaine français...* — Gaston de Foix, tué à la bataille de Ravenne.

FIN DES NOTES DU TOME PREMIER

TABLE DES MATIÈRES

DU TOME PREMIER.

Pages.

Préface du traducteur   I

ROLAND FURIEUX

Chant premier. — Angélique, s'étant enfuie de la tente du duc de Bavière, rencontre Renaud qui est à la recherche de son cheval. Elle fuit de tout son pouvoir cet amant qu'elle hait, et trouve sur la rive d'un fleuve le païen Ferragus. Renaud, pour savoir à qui appartiendra Angélique, en vient aux mains avec le Sarrasin; mais les deux rivaux, s'étant aperçus de la disparition de la donzelle, cessent leur combat. — Pendant que Ferragus s'efforce de ravoir son casque qu'il a laissé tomber dans le fleuve, Angélique rencontre par hasard Sacripant, qui saisit cette occasion pour s'emparer du cheval de Renaud. Celui-ci survient en menaçant.   1

Chant II. — Pendant que Renaud et Sacripant combattent pour la possession de Bayard, Angélique, fuyant toujours, trouve dans la forêt un ermite qui, par son art magique, fait cesser le combat entre les deux guerriers. Renaud monte sur Bayard et va à Paris, d'où Charles l'envoie en Angleterre. — Bradamante, allant à la recherche de

Roger, rencontre Pinabel de Mayence, lequel, par un récit en partie mensonger et dans l'intention de lui donner la mort, la fait tomber au fond d'une caverne. 22

CHANT III. — La caverne où Bradamante est tombée communique avec une grotte qui contient le tombeau de l'enchanteur Merlin. Là, la magicienne Mélisse révèle à Bradamante que c'est d'elle et de Roger que sortira la race d'Este. Elle lui montre les figures de ses descendants et lui prédit leur gloire future. Au moment de quitter la grotte, Bradamante apprend de Mélisse que Roger est retenu dans le palais enchanté d'Atlante, et se fait enseigner le moyen de le délivrer. Rencontre de Bradamante et de Brunel . . 41

CHANT IV. — Bradamante arrache à Brunel son anneau enchanté, grâce auquel elle détruit le pouvoir d'Atlante et délivre Roger. Celui-ci laisse son cheval à Bradamante, et monte sur l'hippogriffe qui l'emporte dans les airs. — Renaud arrive en Écosse, où il apprend que Ginevra, fille du roi, est sur le point d'être mise à mort, victime d'une calomnie. S'étant mis en chemin pour aller la délivrer, il rencontre une jouvencelle qui lui raconte le fait pour lequel Ginevra a été condamnée à périr. 60

CHANT V. — Dalinda dévoile à Renaud la trame ourdie par son amant Polinesso contre Ginevra, laquelle est condamnée à mourir, s'il ne se présente personne pour la défendre contre Lurcanio, qui l'a accusée d'impudicité. Renaud arrive au champ clos, juste au moment où Lurcanio vient de commencer le combat avec un chevalier inconnu qui s'était présenté pour défendre la princesse. Il fait suspendre le combat, dénonce le calomniateur et lui fait confesser son crime 79

Pages.

CHANT VI. — On reconnaît que le chevalier inconnu est Ariodant, l'amant de Ginevra. Le roi la lui donne pour femme et pardonne à Dalinda. — Roger est porté par l'hippogriffe dans l'île d'Alcine, où Astolphe, cousin de Bradamante, changé en myrte, lui conseille de ne pas aller plus avant. Roger veut s'éloigner de l'île; divers monstres s'opposent en vain à sa fuite; mais surviennent plusieurs nymphes qui le font changer de résolution. 102

CHANT VII. — Roger, après avoir abattu une géante qui se tenait à la garde d'un pont, arrive au palais d'Alcine. Il en devient éperdument amoureux et reste dans l'île. Bradamante, n'ayant aucune nouvelle de lui, va chercher Mélisse et lui remet l'anneau enchanté qui doit servir à rompre les enchantements d'Alcine. Mélisse va avec cet anneau dans l'île et réveille la raison endormie de Roger, qui se décide à quitter ce dangereux séjour. 123

CHANT VIII. — Après avoir surmonté divers obstacles, Roger s'enfuit de l'île d'Alcine. Mélisse rend sa forme première à Astolphe, lui fait retrouver ses armes et tous deux se rendent chez Logistilla, où Roger arrive aussi peu après. — Renaud passe d'Écosse en Angleterre et obtient des secours pour Charles assiégé dans Paris. — Angélique est transportée dans l'île d'Ébude pour y être dévorée par un monstre marin. — Roland, trompé par un songe, sort déguisé de Paris et va à la recherche d'Angélique. 143

CHANT IX. — Roland ayant appris la coutume cruelle introduite dans l'île d'Ébude, soupçonne qu'Angélique y est en danger, et il se propose d'y aller; mais auparavant, il secourt Olympie, comtesse de Hollande et femme du duc Birène, poursuivie par le roi Cimosque. Il défait complète-

ment ce roi, et remet Olympie en possession de
ses États et de son mari. 166

CHANT X. — Birène, étant devenu amoureux d'une
autre femme, abandonne Olympie. — Roger reçoit l'hippogriffe des mains de Logistilla qui lui
apprend à le conduire. Il descend avec lui en Angleterre, où il voit le rassemblement des troupes
destinées à porter secours à Charles. En passant en
Irlande, il aperçoit dans l'île d'Ébude Angélique
enchaînée à un rocher pour être dévorée par
l'orque. Il abat le monstre, prend la jeune fille
en croupe, et descend avec elle sur le rivage de
la Basse-Bretagne. 189

CHANT XI. — Angélique échappe à Roger au
moyen de l'anneau enchanté, et se réfugie dans
la demeure d'un pasteur. Roger, allant à sa recherche, voit un géant enlever une dame qui lui
paraît être Bradamante. — Olympie, abandonnée
par Birène et prise par des corsaires, est exposée dans l'île d'Ébude à la voracité du monstre
marin. Roland la délivre. Survient Obert, roi d'Irlande, qui devient amoureux d'Olympie et la
prend pour femme, après avoir enlevé à Birène
ses États et la vie. 219

CHANT XII. — Roland, toujours à la recherche
d'Angélique, voit une femme qui lui ressemble
dans les bras d'Atlante, lequel, changé en chevalier, paraît l'emporter. En le poursuivant, Roland
parvient à un palais enchanté, où arrive également Roger qui court après celui qu'il prend pour
le ravisseur de Bradamante. Angélique y arrive,
elle aussi, et y trouve Roland, Sacripant, Ferragus, Gradasse et d'autres guerriers. Une querelle s'élève à son sujet entre quelques-uns
d'entre eux, ce qui procure à Ferragus l'occasion
de s'emparer du casque de Roland. Angélique se

dirige vers le Levant, et trouve dans un bois un jeune homme mortellement blessé. — Roland va vers Paris et détruit deux troupes de Maures. Plus loin il découvre un repaire de malandrins qui retiennent Isabelle prisonnière. 240

Chant XIII. — Isabelle raconte à Roland ses malheurs. Surviennent les malandrins habitants de la caverne. Roland les tue tous, puis il part emmenant Isabelle. — Bradamante apprend de Mélisse que Roger est tombé au pouvoir du vieux magicien. Elle va pour le délivrer et reste prise dans son propre enchantement. — Digression élogieuse de Mélisse sur les femmes appartenant à la maison d'Este. 264

Chant XIV. — L'armée des païens s'étant rassemblée, on constate l'absence des deux troupes détruites par Roland. Mandricard, courant sur les traces du paladin, rencontre Doralice, fille du roi de Grenade, qui s'en va épouser Rodomont, roi de Sarze. Il tue le cortège, emmène Doralice avec lui et en fait sa femme. Les Maures donnent l'assaut à Paris 284

Notes. 319

FIN DE LA TABLE DU TOME PREMIER.

IMPRIMÉ PAR A. QUANTIN
ANCIENNE MAISON J. CLAYE
POUR
ALPHONSE LEMERRE, ÉDITEUR
PARIS

www.ingramcontent.com/pod-product-compliance
Lightning Source LLC
Chambersburg PA
CBHW050805170426
43202CB00013B/2576